U0636945

国务院发展研究中心 研究丛书2015
Development Research Center of the State Council

丛书主编 · 李 伟

农村土地金融的制度与模式研究

程 郁 王 宾 著

INSTITUTION AND MODES
OF RURAL LAND FINANCE

中国发展出版社
CHINA DEVELOPMENT PRESS

图书在版编目（CIP）数据

农村土地金融的制度与模式研究/程郁，王宾著. —北京：中国发展出版社，2015.8

（国务院发展研究中心研究丛书.2015／李伟主编）

ISBN 978 - 7 - 5177 - 0364 - 8

Ⅰ.①农…　Ⅱ.①程…　②王…　Ⅲ.①农业用地—土地流转—农村金融—研究—中国　Ⅳ.①F832.35

中国版本图书馆 CIP 数据核字（2015）第 169158 号

书　　　名：农村土地金融的制度与模式研究
著作责任者：程郁　王宾
出 版 发 行：中国发展出版社
　　　　　　　（北京市西城区百万庄大街16号8层　100037）
标 准 书 号：ISBN 978 - 7 - 5177 - 0364 - 8
经 销 者：各地新华书店
印 刷 者：北京科信印刷有限公司
开　　　本：710mm×1000mm　1/16
印　　　张：17.25
字　　　数：210千字
版　　　次：2015年8月第1版
印　　　次：2015年8月第1次印刷
定　　　价：43.00元

联 系 电 话：(010) 68990642　68990692
购 书 热 线：(010) 68990682　68990686
网 络 订 购：http://zgfzcbs.tmall.com//
网 购 电 话：(010) 68990639　88333349
本 社 网 址：http://www.develpress.com.cn
电 子 邮 件：fazhanreader@163.com

"农村土地金融的制度与模式研究"
课题组

课题负责人

程　郁　国务院发展研究中心农村经济研究部　　副研究员

王　宾　国务院发展研究中心农村经济研究部　　副研究员

课题组成员

陈春良　国务院发展研究中心农村经济研究部　　副研究员

陈金亮　中国农业银行　　　　　　　　　　　　副研究员

阮荣平　中国人民大学农业与农村发展学院　　　副教授

张清勇　中国人民大学农业与农村发展学院　　　助理教授

曲　东　中国人民银行杭州中心支行

陈思丞　清华大学公共管理学院　　　　　　　　博士生

罗　兴　中国人民大学农业与农村发展学院　　　博士生

董　玄　清华大学公共管理学院　　　　　　　　博士生

推进高端智库建设　引领中国经济新常态

国务院发展研究中心主任、研究员　李伟

　　去年，中央提出我国经济发展进入"新常态"的重要判断。认识新常态，适应新常态，引领新常态，成为当前和今后一个时期我国经济发展的大逻辑。

　　一年来，面对错综复杂的国际国内环境，在经济下行压力加大、经济发展结构性矛盾凸显的形势下，党中央、国务院带领全国各族人民和干部群众，全面贯彻党的十八大和十八届三中、四中全会以及中央经济工作会议精神，坚持稳中求进的工作总基调，加强和创新宏观调控，深入推进改革开放，力求实现稳增长、促改革、调结构、惠民生、防风险的综合平衡。同时，重点推进"一带一路"、京津冀协同发展、长江经济带重大发展战略，大力推进"中国制造2025"的工业强国战略和"互联网＋"行动计划，鼓励和促进"大众创业、万众创新"。这些战略部署和政策措施取得了积极成效，在一定程度上对冲了经济下行压力。从今年上半年各项经济指标看，经济增长与预期目标相符，结构调整继续推进，农业形势持续向好，发展活力有所增强。同时，经济下行压力依然较大，一些企业经营困难，经济增长新动力不足和旧动力减弱的结构性矛盾依然突出，需要我们继续保持战略定力，持之以恒地推动经济结构战略性调整；

同时加强危机应对和风险管控，及时发现和果断处理可能发生的各类矛盾和风险。

一年多来，国务院发展研究中心对我国经济进入新常态问题进行了深入研究。我们认为，新常态是我国经济运行度过增速换挡期、转入中高速增长后的一种阶段性特征。我国经济发展进入新常态，符合后发追赶型国家经济发展的一般规律，是后发优势的内涵与强度、技术进步模式发生变化后的必然结果，其实质是追赶进程迈向更高水平的新阶段。

新常态下的经济发展，增长速度已经不是核心问题，关键是要提质增效。只有做好认识新常态、适应新常态、引领新常态的大文章，才能实现我国经济向形态更高级、分工更复杂、结构更合理的阶段转换。而实现这一阶段转换的重要标志，一是经济体制改革的阶段性任务基本完成，二是结构调整及发展方式转变取得实质性进展，三是新的经济增长动力基本形成。如果不能完成这样的转换，我们的"两个一百年"目标将很难实现，也难以跨越类似一些拉美国家曾经遭遇的"中等收入陷阱"。

新常态下，风险、挑战与机遇并存。一方面，我们要看到，过去30多年中国经济在快速增长的同时，也积累了不少风险。在经济快速增长时期这些风险往往被掩盖，一旦速度降低后可能会逐渐暴露出来。制造业严重的产能过剩问题，面临资产重组和结构调整，不可避免地会引发产业更替、企业劣汰、员工转岗。在地方政府性债务、影子银行、房地产、企业互联互保等方面都潜伏着不少风险，"高杠杆、泡沫化"，最终都会向财政金融领域聚积。同时，当经济达到中等收入水平之后，不仅经济问题会更加复杂，政治、社会问题也会更加突出。人们的温饱问题基本解决之后，就会对公平、正义提出更高的要求，相应的政治诉求也会不断提升，过去长期存在的贫富差距问题、腐败问题、环境问题、食品安全问题、社会信用缺失问题等，都有可能成为引发社会动荡的诱因。一旦社会稳定不能得到有效维持，追赶进程就会被迫放缓甚至中断。

在看到风险与挑战的同时，我们更应重视新常态下蕴藏着的新机遇。经济发展进入新常态，没有改变我国发展仍处于可以大有作为的重要战略机遇期的判断，改变的是重要战略机遇期的内涵和条件；没有改变我国经济发展总体向好的基本面，改变的是经济发展方式和经济结构。经济结构调整难免阵痛，但调整成功了就会提升资产质量，提升产业结构，并创造新的工作岗位和更大的价值。虽然一些传统产业需求饱和了，面临转产调整，但一些新兴技术、新的业态和新的需求正在涌现，供给创造需求的空间十分巨大。虽然国际市场对我国传统出口商品的需求增长放缓了，但我们利用装备能力、产业配套能力和资本输出等优势，在新一轮国际分工中，迎来向产业链中高端迈进的历史机遇。保护环境、治理污染表面看会增加成本，但提供需求快速增长的生态产品，走低碳、绿色发展道路，环保技术、新能源等领域则会带来新的增长动力。

总之，中国经济发展所处的新常态，既是由过去时发展而来的现在时，更是蕴含着巨大变革和创新活力，迈向历史发展新阶段的未来时。在这个演化过程中，认识新常态很重要，适应新常态也很重要，但更重要的是引领新常态，推动中国经济发展迈上新台阶。作为直接为党中央、国务院重大决策提供研究咨询服务的智库机构，国务院发展研究中心应该、也有信心能够对此发挥重要而独特的作用。

当前，国务院发展研究中心自身的建设与发展正在迎来一个新的历史机遇期。继 2013 年 4 月和 2014 年 1 月习近平总书记两次对国务院发展研究中心有关智库建设工作的报告作出重要批示之后，今年1月中办、国办公布的《关于加强中国特色新型智库建设的意见》将中心列为第一批国家高端智库建设试点单位，同时又列为负责联系协调智库的党政所属政策研究机构。我们深感使命光荣、责任重大、前景广阔。

在这样的背景下，"国务院发展研究中心研究丛书"连续第六年与读者见面了。今年的中心研究丛书包括19部著作，集中反映了过去一年多中心的优秀研究成果。其中，《信息化促进中国经济转型升级》全面、深入地研究了新一代信息技术正在对产业结构产生的深刻影响，分析了信息化推动中国经济转型升级的有利条件与挑战，并提出了实施信息化推动经济转型升级的"2+2"战略及政策建议，有助于人们理解和落实2015年政府工作报告提出的"互联网+"和"中国制造2025"战略；《国家（政府）资产负债表问题研究》《支撑未来中国经济增长的新战略性区域研究》等10部著作，是国务院发展研究中心各研究部（所）的重点研究课题报告；还有8部著作是优秀招标研究课题报告。

不久前，国务院发展研究中心刚刚度过了35岁生日，正从"而立"走向"不惑"。根据我们已经上报中央的国家高端智库建设试点方案，中心将实施"政策研究与决策支持创新工程"，推进研究提质、人才创优、国际拓展、保障升级四大计划。我们真诚地欢迎读者朋友们对这套丛书不吝批评、指正，提出宝贵的意见和建议；并热切地期待在今后的工作中继续得到社会各界的关心、支持与帮助，使我们在建设国际一流的中国特色新型智库、服务于改革开放和经济社会发展、推动国家治理现代化的道路上不断进步，为国家、为社会作出更大的贡献。

2015年8月1日

我国农村金融服务长期供给不足，农村贷款难、贷款贵、贷款慢的问题一直突出，极大制约了农业与农村发展。近年来，国家不断深化推进"金融支农"工作，通过强化县域金融机构当地存款投放当地的约束、补贴支持金融机构在村镇设立服务网点、调整涉农业务风险管理标准、对农村金融机构定向降准，以及给予支农再贷款和再贴现等支持，鼓励金融机构下沉农村、调动其"三农"信贷投放的内在积极性。尽管取得了一定的成效，但上述的政策激励约束无法从根本上解决现实中农村有效抵押资产缺乏与金融机构基于资产抵押的信贷供给机制之间的矛盾，我国农村金融发展陷入了难以破除的制度僵局。

因为缺少银行认可的抵押品，绝大多数农户受到正规信贷"排斥"。这一方面，抑制其扩大再生产的愿望，使得一般农户无法通过便利融资改变落后的生产方式；另一方面，长期的信贷约束导致了贷款申请的心理压抑，使得农户对获取正规信贷的信心极低，其金融需求更多地寻求非正规渠道解决。农村对资金的强烈需求与渴望推动了各类非正式金融的快速发展。在当前我国对非正规金融缺乏有效监管和规范的条件下，农村"山寨银行"、高利贷问题频发，增加了农民贷款成本负担并危害了农村金融市场的健康发展。与此同时，由于我国农村土地不允许设置抵押，附着于土地之上的长期性生产投资形成资产的抵押也受到了限制，在此条件下，蓬勃兴起的新型农业经营主体的发展面临两大困境：一是因资本积累缓慢而难以有效推进农业生产投资的改进；二是规模经营对流动资金的需求量比较大，如果投入土地之上的固定生产投资无法有效周转，将加剧其经营风险。在我国向农业现代化转型的关键阶段，农业与农村发展建设投资的需求加速增长，金融资金的配置跟不上将会极大阻碍农业的现代化发展。

从金融机构的角度看，以储蓄资金为主的银行类金融机构对风险控制有着严格要求，需要抵押担保来确保贷款有确定的还款来源，以保障储户资金的安全性。面对巨大的农村贷款需求，金融机构缺乏切实可行的放贷机制，农村放贷难与贷款难问题同样严峻，农村金融系统内大量资金在现行的制度下无法直接向农村放贷。一些银行信贷资金向农村的投放甚至不得不通过各类转贷平台（比如担保、小额贷款、融资平台公司等）实现，大大推高农村贷款的成本。在当前政策日益强化对农村资金投放的激励约束导向下，金融机构也迫切需要创新抵押担保机制，以在确保银行风险可控的条件下增加信贷投放渠道。农地作为农村最有价值和最具抵押潜力的资产，被认为是解决农村金融供需矛盾的关键突破口和抵押担保方式创新的重点。2012年，银监会启动林权抵押贷款，并在实施"金融服务进村入社区""阳光信贷"和"富民惠农金融创新"三大工程的过程中，探索推进农村承包地经营权和宅基地住房财产权"两权抵押"。

然而，我国农村土地产权历经多次在农民与集体之间变换与分化，形成了独特的农村土地产权制度，农民所拥有的土地产权是不完整的，法律上不允许农地设置抵押，这极大制约了农地抵押融资的发展。党的十八届三中全会通过的《中共中央关于全面深化改革若干重大问题的决定》（以下简称《决定》）以及 2014 年中央 1 号文件，明确要求"赋予农民对承包地占有、使用、收益、流转及承包经营权抵押、担保权能""慎重稳妥推进农民住房财产权抵押、担保、转让"，为农地抵押融资试点的推进创造了重要的制度基础。2015 年 8 月 24日，国务院印发《关于开展农村承包土地的经营权和农民住房财产权抵押贷款试点的指导意见》要求，"稳妥有序开展'两权'抵押贷款业务，有效盘活农村资源、资金、资产，增加农业生产中长期和规模化经营的资金投入"。但当前我国农村土地产权制度改革还有很长的路要走，农村土地"三权分置"改革、农村土地产权确权颁证、相关法律的修改、农村土地流转制度的规范、农村土地产权交易市场的发展等还需要逐步推进，农村土地产权抵押贷款试点改革应当全盘考虑、统筹设计和系统推进，必须要以上述各项制度的建设完善作为其发展的基石。我国农村土地产权关系的复杂性、土地经营的分散性以及土地产权交易的受限性，决定了农村土地产权抵押贷款的发展无法完全依靠市场机制来实现，而现阶段我国农业的弱质性以及承载的多重基本保障功能，比如，农村土地的社会保障功能、农业的生态涵养和保护功能以及粮食安全的保障功能等，也要求农村土地产权抵押贷款的发展需要全面、有力的政策支持和有效的政策引导机制，以确保抵押的设置和资本的引入不会损害农民的基本土地权益、国内粮食生产能力和农村生态环境。

　　尽管我国农村土地产权抵押改革具有复杂性与艰巨性，试点发展过程中还存在诸多问题，但农村土地产权抵押融资仍是农业与农村发展不可或缺的金融支持制度。农业生产的高风险性、分散性、微利性等特殊性，决定了对其金融服务的成本高、收益低、风险大，农村金融发展始终存在市场失灵问题。发达国家在向农业现代化迈进的过程中，都建立了制度性的农村金融体系为农业发展提供长期、低息的资金支持。德国、美国和法国通过建立政策支持的农地金融制度，在政府的信用背书和一定财政资金的引导下以农地资产抵押带动社会资本向农村转移，形成了以政策性筹资的导向性配置为基础的市场化金融供给机制。日本和我国台湾地区曾因分散化农地市场价值实现困难而放弃农地金融制度，转而采取政策金融公库模式，由财政或政府发行国债为农业发展提供政策性贷款支持，这不仅形成了巨大的财政负担，也未能促进农业规模经营发展。最近，台湾地区和日本又分别建立"农地银行"和"农地中间管理机构"，以促进农地连片集中流转为基础重启农地抵押融资制度，为农业规模化、现代化发展提供长期资金支持。可见，农地金融是农业现代化发展和农村金融市场必不可少的重要支点。我国农业生产总值居世界首位，占世界农业生产总值的23.1%，农业现代化改造以及向生态可持续发展的转型需要大量的资金投入，仅靠财政或国债资金是无法支撑的，必须建立有效的政策机制充分调动全社会资本投入农业与农村的发展建设。将农村土地产权抵押贷款作为农业支持政策和农村政策性金融的重要平台，不仅能够撬动商业化金融资源，有效扩大政策支持的范围和力度，而且有助于农村政策性金融形成市场可持续发展机制。

在我国农业现代化加速推进过程中，伴随着农业适度规模经营的发展，建立农村土地产权抵押贷款制度具有必要性和迫切性。但在特殊的国情下，我国农村土地产权抵押的发展需要系统的制度设计，应综合平衡农业生产支持、农民基本土地权益保护、农村土地市场有序发展，以及农村金融可持续发展的关系，促进建立相互支撑、良性互促的发展机制。通过对国内农村土地抵押贷款试点模式与问题的研究以及农地金融制度国际经验的总结，本研究希望能够立足于农业现代化发展需求，找到一条适合于我国国情的农村土地产权抵押制度的发展道路。

　　研究发现，我国发展农村土地产权抵押贷款最大的困难和纠结在于，农村土地承包经营权作为集体成员发展权的不可剥夺性与银行对抵押权市场价值可实现性要求的矛盾。解决这一问题不仅仅是简单地修改法律允许农村土地产权设置抵押，还需要在制度上构建一个具有政策保护性的农地管理平台和交易市场，为抵押权价值的实现和农民基本土地权益的保障提供有效支撑。这就决定了农村土地抵押贷款必须是要以政府保障为基础，核心要保护好以下三个方面的权益，以确保农村土地产权抵押贷款的可操作性和可持续性。一是要确保在土地流转、抵押、处置过程不损害农户的承包权，流转与抵押农地的处置都应首先保障农户承包土地的基本收益权和合约到期后对土地的最终索回权，抵押处置时需设立对承包人基本权利保护的豁免条款。二是要以经营权的确权颁证充分保障经营者的经营权，通过政策性的农地管理平台规范土地流转与使用，为经营者隔离可能存在的土地社会矛盾和政策变动风险。三是要以农地的政策性收储机制确立对银行土地抵押权价值实现的市场底线保护，通过托底收购与开发整治再流转确保土地——资本链条的不断裂。

　　而另外一个影响农村土地产权抵押贷款发展的关键性问题是，因为对农贷款的收益与成本、风险不对等，银行发放农村土地抵押贷款的动力不足，特别是无法提供长期性贷款。要发挥农村土地抵押贷款长期融资功能，实现支持农业产业升级和生态可持续发展的政策目标，还需要一个可持续的政策性融资机制为贷款银行提供低成本、低流动性约束的资金支持。借鉴国际经验，本研究提出了建立国家农地抵押银行的构想，借助国家信用对集合的抵押农地资产进行债券化融资，通过"批发贷款"和"委托贷款"形式为银行提供资金支持，以农地资产的战略储备和抵押债券的购买、赎回调节农地市场与金融市场的供需平衡，建立起金融资本向农业与农村供给的长效机制。这种统一的政策性农地资产再融资机制，既有利于农村土地产权抵押贷款的规范管理，也能够通过再融资项目的导向性选择发挥政策引导作用。以抵押的农地资产为纽带连接商业性、合作性金融机构，充分调动具有资源、网络和管理优势的市场化金融机构服务"三农"，放大政策支农效果和提高支农资金利用效率，使农地抵押贷款成为调节和支持农业发展的新政策手段。

对于我国是否适合发展农村土地产权抵押贷款以及如何发展，业界有着广泛的争论。而我们认为只要有合理的制度设计，形成完善的配套制度条件，我国仍然可以在不完全的农村土地产权之上建立起农村土地产权抵押贷款的市场化运作机制，但其前提是要政府在制度建设和市场运行上的支持。基于这样的认识，我们尝试构建农村土地产权抵押的制度体系框架，并根据现实发展需要提出农村土地产权抵押贷款商业性与政策性的多功能结构层次，以及以配套制度完善为条件的逐层推进发展思路。

囿于知识与能力的限制，研究难免存在不足。谨希望能以此书引发大家广泛的思考和研究，对我国农村土地和金融的制度创新提出更好的思路和建议，为促进我国农业现代化发展创造有利的制度条件。

作　者

2015 年 8 月

目录
Contents

我国农地金融制度的发展思路与建议

一、农村土地金融制度发展的重要意义

近十年来，国家层面"金融支农"政策不断强化和升级，但金融机构服务"三农"的积极性却难以实质性提高。其根本原因在于，政策的推行没有解决金融机构风险管理要求与农村信贷风险保障不足的矛盾。在农村资产无法抵押的条件下，以资产为限的信贷规则限制了商业性金融机构对农业务的开展，缺乏向农村客户贷款的制度支持机制。因而，多年"金融支农"政策的高举只体现在个别点上的突破，而整体上农村金融供给不足、普惠程度不高的状况依然没有改善，农户对获取正规信贷的信心仍处于极低状态。全国获得农户贷款的农户数，从 2006 年的 8652 万人持续下降到 2012 年的 5074 万人（中国人民银行，2013）。根据 2014 年《中国农村家庭金融发展报告》，农村家庭的正规信贷可获得率仅为 27.6%，远远低于全国家庭 40.5% 的水平。

农村信用合作社大范围商业化改制后，短期内重建和恢复农村合作金融体系存在难度；农业发展银行业务单一、活力不足决定了我国

农村政策性金融的支持功能非常薄弱。在这样的条件下，我国迫切需要创新制度机制，调动商业性金融服务农村的积极性，为其能够在农村大规模开展金融业务创造有利的制度条件。发展农村土地金融制度是以市场化手段引导资本支持"三农"的可行途径。农村土地及其关联资产的资本化，既是我国农村产权改革赋予农民完整的资产权益的重要方面，也是增强资本流动性支持农业现代化经营的需要。在不断完善农村产权市场的基础上，以农村土地及其地上附着物资产抵押为基础，有利于建立金融资本流向农村的市场利益驱动机制，从根本上解决了银行面向"三农"服务的制度困境。如果能够统筹设计、正确引导、合理规范，农村土地金融制度还将成为放大政策性金融支农的重要杠杆，探索出一条商业可持续的农村政策性金融发展道路。

（一）赋予农民土地资产抵押权是全面深化改革的重要内容

党的十八届三中全会通过的《中共中央关于全面深化改革若干重大问题的决定》（以下简称《决定》）中明确要求，要在"坚持和完善最严格的耕地保护制度前提下，赋予农民对承包地占有、使用、收益、流转及承包经营权抵押、担保权能""保障农户宅基地用益物权，改革完善农村宅基地制度，选择若干试点，慎重稳妥推进农民住房财产权抵押、担保、转让，探索农民增加财产性收入渠道。建立农村产权流转交易市场，推动农村产权流转交易公开、公正、规范运行"。发展农村土地抵押贷款制度成为新时期我国推进改革的重点领域之一，十八届三中全会已经明确了改革的方向，并从农村承包地与宅基地产权制度、土地产权交易市场体系、农村金融制度创新等方面进行了全面系统的部署。

2014 年的中央 1 号文件《关于全面深化农村改革加快推进农业现

代化的若干意见》进一步提出，要"在落实农村土地集体所有权的基础上，稳定农户承包权、放活土地经营权，允许承包土地的经营权向金融机构抵押融资"，要求慎重稳妥推进农民住房财产权抵押、担保、转让。2014 年 9 月 29 日，中央全面深化改革领导小组召开第五次会议，审议《关于引导农村土地承包经营权有序流转发展农业适度规模经营的意见》《积极发展农民股份合作赋予集体资产股份权能改革试点方案》。习近平主席在会上明确指出，要在坚持农村土地集体所有的前提下，促使承包权和经营权分离，形成所有权、承包权、经营权三权分置、经营权流转的格局；积极发展农民股份合作、赋予集体资产股份权能改革试点的目标方向，是要探索赋予农民更多财产权利，明晰产权归属，完善各项权能，激活农村各类生产要素潜能，建立符合市场经济要求的农村集体经济运营新机制。

随着中央改革思路的明确，目前全国已有 19 省的相关地区已开始进行试点探索。为了保证试点工作有序进行，中国人民银行牵头研究制定了农村土地承包经营权和宅基地住房财产权抵押贷款的整体试点方案，国土部完成了宅基地制度改革试点方案的编制，两个方案均已报中央深化改革领导小组讨论审议。2015 年 8 月 24 日，国务院印发《关于开展农村承包土地的经营权和农民住房财产权抵押贷款试点的指导意见》要求，"稳妥有序开展'两权'抵押贷款业务，有效盘活农村资源、资金、资产，增加农业生产中长期和规模化经营的资金投入，为稳步推进农村土地制度改革提供经验和模式，促进农民增收致富和农业现代化加快发展"。2014 年 7 月 31 日银监会、农业部联合出台的《金融支持农业规模化生产和集约化经营的指导意见》，提出"稳妥推动开展农村土地承包经营权抵押贷款试点，主动探索土地经营权抵押融资业务新产品，支持农业规模经营主体通过流转土地发展适度规模经营"。2014 年 8 月 1 日，农业部下发《关于推动金融支持和服务现代农业发展的通知》要求，"推动农业机械设备、运输工具、水域滩涂养殖权、承包土地经营权等为标的的新型抵押担保，开展农业保险保单、农产品订单质押"，"配合推进金融支持农业规模化生产和集约化经营、农村承包土地经营权抵押贷款等试点"。2014 年 11 月中办和国办联合下发的《关于引导农村土地经营权有序流转发展农业适度规模经营的意见》提出，"引导金融机构建立健全针对新型农业经营主体的信贷、保险支持机制，创新金融产品和服务，加大信贷支持力度，分散规模经营风险"。2014 年 9 月审议通过的《积极发展农民股份合作赋予集体资产股份权能改革试点方案》明确了，"赋予农民对集体资产股份占有、收益、有偿退出及抵押、担保、继承权"，"慎重开展赋予农民对集体资产股份抵押权、担保权试点，试点要在制定相关管理办法的基础上开展"。

试点改革需要配套推进的相关修法工作也正在紧锣密鼓的研究之中。目前，《农村土地承包法》的修改工作已经正式启动，界定农村土地集体所有权、农户承包权以及土地经营权之间的权利关系，赋予土地经营权抵押、担保的权能，将是修法主要考虑的内容之一。全国范围内农村土地承包经营权、宅基地住房财产权和农村集体建设用地使用权的地籍调查和确权登记颁证工作也在积极推进。2015 年 2 月 25 日，十二届全国人大常委会第十三次会议审议了《关于授权国务院在北京市大兴区等 33 个试点县（市、区）行政区域暂时调整实施有关法律规定的决定（草案）》的议案，并在全国人大常委会上决定启动北京大兴区在内的 33 个农村土地制度改革试点，允许试点地区在试点期间暂停执行《土地管理法》和《城市房地产管理法》，有利于创新推进农地资产的市场化运作，为农地抵押融资业务的发展奠定重要的制度与市场基础。随着试点改革的推进和配套制度的完善，农村土地资产抵押担保创新将有效撬动金融资本、激活农村金融市场。

（二）发挥农村土地融资功能是支持农业现代化发展的重要条件

当前，我国正处于城镇化快速发展和农业经营深度转型的关键时期。一方面，工业化与城镇化的推进，使得2.7亿农村劳动力流入了城市，其中已有5000多万户农户把自己不耕种的土地流转了出去，土地流转规模近五年内翻了1.5番，截至2013年底，全国承包耕地流转面积达到3.4亿亩。另一方面，农村耕地资源的自发市场化调节促进形成了一批规模经营主体，到2012年底，全国经营耕地面积在50亩以上的专业大户已达287.5万户；其中，家庭农场87.7万户，经营土地面积1.76亿亩，户均经营耕地200.2亩，年收益18.47万元，均明显高于普通承包农户。农业规模化新型经营主体的大量兴起，预示着我国的农业生产方式将发生巨大的转型。2014年中央一号文件聚焦于推进农业现代化经营，以稳定农户承包权、放活土地经营权为基础，支持承包土地的经营权流转和抵押，促进农业的适度规模经营发展，加快构建新型农业经营体系。

农业现代化发展需要更深入的金融支持，农地抵押贷款制度创新是实现"三农"增信最关键的突破口。新型农业经营主体扩大生产规模、改善设施与生产条件需要大量的资金投入，这是现有的小额信贷、联保农贷业务难以满足的。农业经营存在着自然与市场双重风险，决定了其金融服务的成本高、收益低、风险大，在缺乏抵押、担保、保险等风险分散机制的条件下，金融机构的放款意愿极低。当前农村有效抵押物缺乏、政策性担保缺位以及农业保险保障水平低，这使得农村金融的供需矛盾陷入了难以破除的僵局。推进农业现代化发展首先需要以制度创新解决对新型农业经营主体的贷款增信问题，农村承包地经营权和住房财产权抵押、担保，为新型农业经营主体的融资增信创造了重要的制度条件。土地作为农村最丰裕、最可靠、最有价值的资产，如果能够充分发挥其融资功能、盘活资产价值，对于引导信贷资金投入支持农业与农村发展具有非常重要的意义。

土地抵押融资在各国农业现代化转型中具有举足轻重的作用。在主要发达国家，农地抵押贷款是稳定和支持农业生产者的重要制度基础，为农业生产者扩大经营规模、改进生产方式、改良土壤质量等现代化经营的方式提供长期、稳定的低成本资金供给。美国、法国、德国农地抵押贷款的发展是为了给农场主购买土地和农业固定生产资料提供低成本资金支持，一直到现在美国仍然是通过农地金融制度促进其农地休耕、水土保持和目标价格补贴等政策目标的实现；日本和韩国的农地金融制度主要是为了引导土地改良、促进适度规模经营、改进生产技术、提高土地利用效率和扶持自耕农发展；台湾地区的农地抵押贷款是配合"小地主大佃农"政策实施，重点为"大佃农"提供无息的土地租赁贷款和低息的购地贷款、农机贷款支持。

（三）农地抵押为金融机构向农村的资金供给提供可操作的途径

传统金融制度要求与农村需求特征的不匹配，使得农村金融长期以来存在着严重市场失灵。特别是为解决农村信用社大量的不良贷款问题，推进农村信用社改革后基本是按照商业银行的标准，对其不良贷款和资本充足率进行监管，大大缩小了其业务创新的空间。农村有效抵押物的缺乏与金融机构单一的信贷甄别机制形成强烈的现实冲突，如果没有信贷机制的创新和配套制度的支持，农村金融的供需矛盾将成为难以破除的僵局。

　　农地抵押有助于增强信贷员向农业贷款的激励。在目前尚无法改变农村银行类金融机构以资产为限的信贷规则和风险管理规范的条件下，支持农村金融的发展就必须为农村创造合格、有效的抵押品。农村土地是农村最大且最符合抵押品要求的资产，如果能够建立农地抵押贷款机制、实现其资产的资本化，将为金融机构批量化地向农村发放贷款创造制度上的激励和支持机制，有利于撬动金融资本支持农业与农村发展。如果农地被认可为合格的抵押品，在银行管理系统内部则可以将其视为能够冲抵贷款的资产，则有助于银行保持较高的资本充足率和较低的不良贷款率，从而使其更加积极地向农业经营主体发放贷款。特别是在现行银行对信贷员严格的贷款风险责任考核制度下，为了降低贷款的风险和减少责任和压力，信贷员更愿意发放有抵押的贷款。

　　农地抵押有利于建立市场可持续的农村政策金融制度。农业的弱质性与农村的分散性，决定了农村金融的发展离不开政策支持。因此，很多国家或地区对于农村金融采取了财政贴息、政府担保、政策金融公库或财政委托贷款等支持方式，但这些支持机制都难以摆脱对财政资金的长期依赖，在政府财力有限的条件下，这难以实现对贷款需求主体的全面覆盖，而易于形成非市场化的信贷配给。并且在政府担保和补贴的条件下，农村贷款主体不能完全感受贷款的风险责任与成本，不利于强化其信用意识和培育有效的信贷市场需求主体。农村土地经营权作为农业生产者所必备的基础生产要素，其抵押权的赋予可以全面覆盖所有合格的农业生产经营者。通过农地抵押的方式执行政策性金融支持，不仅能够撬动商业化金融资源，扩大支持的范围和力度，而且有助于形成市场可持续的政策金融支持机制。并且以农村土地资产抵押为基础的贷款，相比于其他的贷款机制，对于农业生产经营者有着更强的还款约束，因为贷款的违约将直接面临土地经营权的损失，能够强化市场的激励约束机制，推进农村信用环境的建设。

（四）抵押土地再融资是引导金融资本向农村转移的重要途径

近十年来，国家层面"金融支农"的政策不断强化和升级，但金融机构服务"三农"的积极性却难以实质性提高，其原因在于没有根本解决金融机构对农贷款的收益与成本、风险不对等的问题。农业生产的高风险性、分散性、微利性等特殊性，决定了对其金融服务的成本高、收益低、风险大，有严格期限和风险控制要求的储蓄资金，始终与农业的融资需求存在不匹配性。将农村存款上存或向城市、非农产业转移是现行制度下金融机构的合理化选择。尽管近些年，人民银行和银监会通过考核、奖励、费用补贴、定向降准以及支农再贷款、再贴现等措施，强化对涉农贷款投放的激励约束，使得资金从农村净流出的状况有所好转。而由于没有能够建立促进资金从城市向农村转移的机制，2012年主要金融机构资金从农村的净流出仍高达4630.05亿元。虽然经过几次扩大支农再贷款规模，2014年支农再贷款总额度达到3089亿元，年末全国支农再贷款余额2154亿元，但相比农村金融资金的流出仍有一定的差距。而且在我国向农业现代化转型的关键阶段，农业与农村发展建设投资的需求加速增长，金融资金的配置跟不上将会阻碍农业现代化发展。

建立抵押土地的再融资通道有利于保障农业长期投资的资金来源。银行类金融机构以储蓄资金为主的资金来源结构，决定了其难以发放中长期贷款支持农业与农村发展的长期性建设投资。相比其他的抵押品，土地资产的稳定性有利于支持长期融资。我国推进农业发展方式转变过程中，存在着大量农田基础设施建设、土地集中连片整理、土壤改良、农业现代化生产设施设备等投入的资金缺口，农地抵押更重要的意义在于发挥其长期融资功能，为农业产业转型升级提供资金支持。以农地抵押贷款为基础，建立抵押贷款证券化和抵押债券贴现机制，能够在全社会范围内募集资金支持农业农村发展，建立一种城市资本向农村转移的制度渠道，保证农村金融机构长期性、低成本的资金来源，从资金来源上解决当前金融机构风险控制与农村贷款需求的不匹配问题。

合理运用抵押土地再融资将创造一种新的政策性调控手段。当前我国对农业的政策支持方式单一地依赖于财政资金，这既不能满足发展现实的需求，也难以提高资金的使用效率。我国农村政策性金融又面临支持范围、机构网点、放贷资金有限等局限性，支持农业发展的作用难以全面放大。如果能够对符合政策要求的农地抵押贷款开通资产再融资渠道，将可以通过政策性债券筹集资金的导向性配置，调动具有资源、网络和管理优势的市场化金融机构完成政策任务，创造一种政府支持和引导农业发展的新政策手段，使政策性金融支农的功能强化、范围扩大和效率提高。

二、当前对农村土地金融制度发展的争议

尽管农地抵押是解决我国农村金融供需矛盾的重要突破口，但在中国以分散小农为主的土地制度和经济社会条件下，具有现实合理性的农地抵押的推行面临着法律、市场、社会等多重障碍，发展过程中出现种种问题，其根源在于支持农地抵押的配套制度体系尚未建立。

土地具有可靠的安全性、持久的自偿性、确定的增值性、证券化的流动性等特征（吴文杰，1997；周诚，2003），是非常理想的信贷

抵押品。但对于农村土地与房屋是否能够成为合法有效的抵押物，目前仍存在争议。

第一种观点认为，农村土地与其他土地一样具有经营性价值，在获得有效授权和可流转交易的条件下，能够成为有效的抵押物。Lerman 等（2002）、Deininger（2003）和阮建青（2011）的研究认为，土地产权的清晰化有利于促进土地经营权市场的发展，从而使银行更愿意接受土地作为抵押品。Feder（1998）的研究表明，土地登记使土地能够成为正规金融机构的抵押品，并且产权确认会使地价上升，经过登记具有合法产权的农户比没有合法产权的农户能够多获得52%的正式金融机构的贷款。肖诗顺和高锋（2010）认为，在经历过农村产权改革后，我国农村土地产权已经完全具备了排他性、可分割性以及一定的可转让性，理论上讲土地权利可以作为与农村金融机构进行贷款交易的标的。

第二种观点认为，农村土地抵押受制于现行的法律制度，以农村土地为抵押的合约无法获得法律上对抵押权的支持。我国《物权法》《担保法》均规定了农村集体所有的土地使用权不能设置抵押[①]。依据《物权法》第180条关于抵押财产范围的规定以及《物权法》第184条、《担保法》第37条对禁止抵押的财产的规定，农村私有房屋不在禁止之列，因而农民的住房理论上是可以抵押的。但由于法律禁止了宅基地的抵押，使得在现行"房地一体"的政策下，农民房屋财产权的抵押受到了事实上的限制。对于农村土地承包经营权的抵押，法律上一直存在争议。《农村土地承包法》虽然认可了农村土地承包经营

---

① 《物权法》第184条和《担保法》第37条规定："耕地、宅基地、自留地、自留山等集体所有的土地使用权不得抵押，但法律规定可以抵押的除外"。《物权法》第183条和《担保法》第36条规定："乡（镇）、村企业的土地使用权不得单独抵押"。

权可以通过抵押的方式流转①，但在 2005 年颁布的《关于审理涉及农村土地承包纠纷案件适用法律问题的解释》认定土地承包经营权抵押合同无效，这意味着土地承包经营权抵押贷款得不到法律保护（郭继，2010）。我国《物权法草案》第五次审议稿提出了土地承包经营权人在一定条件下可以将土地承包经营权抵押，但在第六次审议时删除了该项规定。不支持从立法上赋予农村土地完整的抵押、担保权能的重要原因：一是农户土地承包经营权和宅基地均是无偿分配取得的，不能等同于完全的私产，将其设置抵押会损害集体所有者的权益；二是农村土地承担着社会保障性功能，在当前农村社会保障体系尚未建立、农民工市民化问题未能有效解决的情况下，将作为农民生存保障的土地承包经营权和宅基地用于抵押，将会产生大量无家可归的失地农民（中国物权法研究课题组，2003）；三是农村土地是集体所有的，农户承包地具有团体内部分配的性质，允许土地承包经营权抵押，将可能使农村土地承包经营权转移到集体成员之外，会改变农村集体经济的性质，对农村社会治理带来不利影响（王卫国，1997）。陈锡文（2014）指出，当前在法律上农村土地使用权仍是不允许抵押的，土地抵押可能引发高利贷和以抵押担保为名的私下土地买卖，相关法律的修改需要经过审慎研究。

第三种观点认为，应该修订相关法律赋予农村土地完整的使用权权能，使之能够成为合法的抵押物。允许农村土地承包经营权、农民住房财产权抵押，既解决了农村信贷一直解决不了的抵押品缺乏问

① 《农村土地承包法》第 49 条规定："通过招标、拍卖、公开协商等方式承包农村土地，经依法登记取得土地承包经营权证或者林权证等证书的，其土地承包经营权可以依法采取转让、出租、入股、抵押或者其他方式流转"；第 32 条规定："通过家庭承包取得的土地承包经营权可以依法进行转包、出租、互换、转让或其他方式流转"。

题，也让农民获得了充分的土地权利，实现了对农民真正的还权赋能（郑风田，2009；王冠玺，2010）。韩俊（2004，2013）指出，赋予农民更加完整的土地财产权是维护农民土地权益的关键，应将包括转让、出租、入股、抵押等的处分权有条件地赋给农户。2014 年中央 1 号文件要求，"有关部门要抓紧研究提出规范的实施办法，建立配套的抵押资产处置机制，推动修订相关法律法规"，以支持承包土地经营权的抵押。在现实中，土地承包经营权抵押一直大量存在，这反映了人们对有效利用土地权利的诉求，应顺应客观现实的发展，及时研究修改《担保法》《物权法》《农村土地承包法》等法律法规，为农村土地承包经营权抵押融资提供法律保障（张红宇，2013）。周其仁（2004，2005，2011）认为，城乡土地权利不对等造成了土地资源的市场错配，农村土地也应该与城市土地一样赋予农民完全的产权，包括转让权和抵押权，而现行法律在这方面的规定存在矛盾，需要适应新的发展需求修改法律。但也有人主张法律修订需要审慎稳妥，对于农村土地承包经营权抵押的合法性问题，更切实有效的方法是在分离承包权和经营权的基础上，通过修改司法解释准予对流转的经营权设置抵押。

第四种观点认为，农村土地自身价值低、价值难以实现等问题，使其事实上难以发挥抵押物有效的风险保障功能。农村土地承包经营权的价值评估一般是以其土地租金或农业产出价值为基础，农村土地的流转被限定在集体范围内，这使得农村土地的市场估值比较低，特别是家庭承包土地的面积比较小且分散，对于金融机构来说不具有有效的抵押价值。而且农村土地产权不稳定、农村土地流转市场不发达、宅基地一户一宅的制度以及农村土地的社会保障功能等，制约了农村土地抵押价值的实现，在贷款出现偿还风险时，金融机构无法对抵押物进行处置。陈锡文（2010）认为，农村是一个熟人社会，即使外来人愿意要买土地和房子，也不一定能被村里人接纳，因此土地的流动性有限，处置困难。马九杰等（2011）认为，农村土地至少在以下五个方面还难以符合理想抵押品的要求：（1）可以被处置，即担保财产可以容易地从借款人转移给放贷者；（2）可售卖，即容易变现；（3）抵押品失去后借款人有遭受损失的感觉；（4）担保品在合约期必须保值；（5）给借款人带来交易成本。目前，农村土地规模小、价值低、承担较强生存保障功能（王兴稳和纪月清，2007），以及取消贷款抵押物赎回权和处置土地成本较高（钟甫宁和纪月清，2009），使得银行不愿意接受农村土地作为抵押物。

三、农地抵押发展存在的制度约束与现实问题

目前，农地抵押贷款业务已经在全国 19 个省的相关地区开展试点，在试点过程中一些地区出现一系列的问题，配套制度建设的滞后致使现实的困境难以突破，多地的农地抵押贷款陷入发展的困局。

（一）农村土地产权制度不健全，农地抵押的权益难以保障

经营权缺乏法律有效认可，权利不独立、权能不完善，抵押的设置存在制度障碍。土地承包经营权虽属用益物权，但是包括抵押担保权利在内的部分关键权利，我国在法律上没有赋予农村土地承包经营权人。党的十八届三中全会《决定》要求赋予农民对承包经营权抵押、担保权能，2014 年 1 号文件提出了"稳定农户承包权、放活土地经营权"，明确了承包权与经营权分离的思路，将经营权独立出来设置抵押，为农村土地承包经营权抵押贷款业务的开展提供了政策支

撑。然而，目前法律上尚未对经营权做出相应的规定和有效的保障，经营权能否抵押以及经营权抵押是否还需要经过村集体或承包户的同意均未给以明确规定，以土地承包经营权设置抵押还缺乏法律依据，分离出来的经营权及以其设置的抵押权难以获得法律的充分保护。现行土地制度和农业补贴政策对承包权利人保护和支持的力度较大，但对土地经营（使用）权利人的权益保护不足，经营权作为独立的权利束还有待配套制度的支持。虽然地方政府协调国土、住建、法律等相关部门，在确权保证、诉讼受理上给予了必要的支持，但真正发生贷款违约问题时，只能采取协调的方式解决，对于抵押物的处置无法走司法拍卖程序。因为对经营权和抵押权的保障制度尚未有效确立，山东、湖北等试点地区已经出现了经营权和抵押权难以保障的问题。既有承包农户违约，在流转合约未到期就收回土地经营权，致使经营大户的经营无法持续；也有规模经营大户经营难以维系后，银行在众多承包户的压力下无法通过对经营权的再流转行使其抵押权。

农地确权工作尚未全面推进，抵押操作存在现实困难。农地抵押贷款发展的重要条件是取得明确的土地、房产的权属证明，并可以据此进行抵押登记。目前，农村土地确权工作刚刚铺开，2014 年 3 个省整省、27 个县整县试点，今年扩大到 12 个省区、33 个县（市、区），全国全面完成计划需要 5 年的时间。截至 2014 年底，中央安排及地方自行推进的全国开展土地承包经营权确权登记颁证试点县数已达 1988 个（占全国县数的 2/3），涉及 1.3 万个乡镇、19.5 万个村，3.3 亿亩承包耕地。农村土地确权开展的范围有限，决定了能够实施推进农地抵押贷款业务的地区也有限。而在确权过程中，很多土地存在村民之间或村民与集体之间的历史纠葛，地块的权利归属划分还有分歧，确权工作有着一定难度。由于农村住房违建问题突出，建新不拆旧、一户多宅现象普遍，宅基地确权更加难以实施。并且绝大多数确权试点地区只是对农户承包权进行确权，对经营者合法取得的流转经营权还没有系统开展确权颁证工作，只有浙江长兴、天津等少数地区自行探索实施。农地确权的滞后，使得农地抵押缺乏合法有效的凭证，一些地区在确权难的情况下采取自行颁发仅限用于抵押的凭证，在法律上难以得到有效的支持和保护，也将给未来处理相关的产权遗留问题留下难题。

（二）发展定位不明确、思路不清晰，内在动力机制缺乏

抵押权利定位不清，配套制度完善尚有一定困难。目前，关于土地承包经营权抵押的试点方案迟迟未能出台，对于抵押的究竟是承包权还是经营权这一问题在上层制度上就一直未明确，基层在操作上也存在巨大困难，各地试点过程中对经营权抵押的权益产生了各种不同的理解。比如，吉林和四川的土地收益权抵押、枣庄的使用权抵押、宁夏和甘肃的承包经营权、浙江和福建的流转经营权，等等。而对于农村住房财产权的抵押，究竟抵押的是房还是"房地一体"抵押，地方在操作上仍存疑惑。在现行法律条件下，宅基地是不允许抵押的，农村住房是否能够单独构成抵押要件，以及抵押的农村住房价值是否应当保护土地价值、处置时宅基地如何与房产分离等，都成为实际面临的难题。农地抵押的权利定位不清，后续相应抵押的有效法律凭证、评估定价基准、抵押权保护与处置机制等都难以形成制度化的规范。

性质定位不清，实施主体缺乏积极性和发展的可持续性。农地抵押贷款试点是作为金融支持"三农"的重要政策举措提出的，但对于其业务的性质究竟是政策性金融还是商业性金融一直没有明确。如果从商业性金融的角度来发展，农地资产进行合法抵押的制度障碍较

多、抵押资产的处置比较困难，对于金融机构来说业务实施的交易成本较高。因此，只有通过融资平台、或政策性担保对农地抵押进行反担保，金融机构才会愿意参与。市场化的担保机构将必然提高农户贷款的成本，比如，重庆农地抵押贷款综合利息成本（包括评估、担保等费用）至少在12%以上、成都为11.5%～14.8%，不能解决农户面临的贷款贵的问题。政策性担保机构又面临着财政兜底压力较大、政策性担保公司缺乏可持续机制的问题。实际上，大部分试点地区出台的政策都对农地抵押的上浮利率做了限制，使得金融机构难以通过更高的贷款收益来弥补交易成本和风险的增加。而目前，中央对此没有给予明确指示，也没有配套的政策性资金支持农地抵押贷款业务的开展，只是要求各地自行根据地方财政情况提供政策性担保或风险补偿，但支持的力度明显不够，出于对风险的规避，金融机构不敢大规模推开农地抵押贷款业务。所以，农地抵押贷款的实施主体主要是当地的农村金融机构（农村信用社、农村商业银行、农村合作银行、村镇银行），受总行统一管理的大型商业银行很少介入。实际上，很多地区金融机构开展农地抵押贷款业务也只是配合政府"唱唱戏"，做几个典型案例支撑政绩，真正大规模铺开的地区并不多。

功能定位不清，大量农地抵押的意义不大。农地抵押应着力解决的是农村金融的普惠性还是贷款增信的问题，并没有考虑清楚，使得现实中很多抵押没有太大意义，供需双方的积极性都不高。在试点实践中，农地抵押的形式多种多样。既有基于农户家庭承包经营权抵押发放给一家一户的小额贷款，也有以流转后经营权抵押发放给规模经营大户的，还有以入股土地为抵押发放给合作社及其社员的。对于针对个体农户的承包经营权抵押，由于农户家庭自有承包土地面积非常有限，大多数家庭的农地抵押评估价值一般就在2万～3万元左右，即使土地资源较为丰富的东北地区，普通农户家庭土地评估价值也不会超过 10 万。在很多农村小额信用贷款开展比较好的地区，信用等级较高的农户也能够获得相应额度的信用贷款。分散小农户的农地抵押大大增加了金融机构的管理成本，并且农户家庭承包经营土地所承载的社保功能以及土地零碎性都使得出现贷款违约时处置更加困难，因而，实际上抵押只是一种形式上的，增强了对农户的信用约束，起到的是替代"信用"的功能。严格意义上讲，个体农户的农地抵押只在银行缺乏农户信用记录的情况下有意义，在当前农村信用体系不完善和信用评价方法依赖于个人资产的条件下，增强了贷款的普惠性。解决这些问题，农地抵押并不是最好的途径，而需要依靠完善农村金融的制度环境。对于农户来说，贷款额度太小并不能满足需求，这样一点钱其他方式也很容易借到，因而很多农户不愿意去申请农地抵押贷款。对于金融机构来说，抵押权实现的不确定性，决定了其不能真正发挥风险分散功能，农地抵押贷款所要求的优惠利率又使其难以弥补过高的交易成本，因而个体农户农地抵押贷款业务成了"鸡肋"。

（三）农村土地流转和抵押的制度规范尚未建立，变通操作潜藏巨大风险

土地流转机制不健全阻碍了土地流转的健康发展，不规范的土地流转行为比较容易引发纠纷，经营权的不稳定导致了设置抵押的困难。全国还有 2/3 的县和乡镇没有建立土地流转服务平台，有近 40% 的土地流转未签订合同，2013 年受理土地流转纠纷达 18.8 万件。缺乏规范流转合同的经营权不能进行合法的抵押登记，致使大量经营权无法进行抵押。而且在现实中，土地经营权的流转往往以短期为主，很多土地流转合作是一年一签，即使一次签订较长期限的土地流转合

同，土地租金也大多是一年一付。流转经营权的短期化给抵押的操作造成很大困难。首先，经营权的期限太短，在亩均土地价值不高的情况下，经营权实际的抵押价值不高，无法发挥土地的长期融资功能。其次，长期的经营权如果是采取租金一年一付的形式，则使经营权因不具有完全的排他性而缺乏稳定性，一旦租金不能按时支付，承包户有权收回经营权，因而经营者实际并不绝对拥有对未付租金年限的经营权，以其设置抵押将使抵押权的实现缺乏保障。如果要求流转经营权的权限足够长，且必须全额支付租金，那么能够符合条件的就非常少，比如浙江长兴县试点4年来发放土地经营权贷款只有129笔、湖南汉寿县3年来也有20余笔。如果允许未完全支付租金的经营权抵押，银行的抵押权将有由资产变为负债的风险，比如武汉农村土地经营权抵押的违约贷款在处置时，如果银行收回经营权，则还需要向农民按每亩600元支付租金。

农村土地融资运作机构的管理不规范，潜藏着较大风险。我国的农村土地抵押贷款业务采取了试点推进的方式，允许试点地区突破一定的政策、法规限制探索业务发展机制，这为改革发展创造了条件和提供了动力。但由于缺乏顶层的制度设计，农村土地抵押融资平台均是由各地自发探索建立，国家层面缺乏对农村土地融资平台的运作规范性指导，对法律政策能够突破的范围也缺少界定，一些地方试点存在着"借机越界""让违法变为既成事实"的问题。各地农村土地融资平台的形式多样，却没有相关的条例、文件对其业务范围、行为边界进行有效规范，对农村土地抵押的条件、目标、范围等缺乏明确界定，趋利化目标下可能导致农村土地抵押融资平台变为"圈地工具""囤地载体""土地变性跳板"和变相高利贷的渠道，使农民的基本权益遭受损害、农村土地保护受到挑战。比如，有研究者调研发现，成都、重庆农地融资平台的成本很高,有以农地抵押转手放高利贷之嫌;黑龙江以民营资本为主建立的佳木斯金成农村金融服务为农地抵押提供反担保服务,但是以农户长期的承包经营权抵押提供 1 年的贷款担保,其目的更看重的是未来能够将大量土地积聚在手中。

对流转后经营权使用的制度性约束缺乏,经营者对高土地收益的追求,将带来农业生产经营不平衡的问题。农村土地价值与经营内容密切相关,完全市场化的农村土地抵押贷款会推高经营者用地成本,即使坚持农村土地农用原则,仍可能会导致农村土地的非粮化发展趋势。一方面,农村土地抵押后产生了强制偿还的压力,只有生产具有更高经济价值农产品的农户才会有能力、有意愿以农村土地抵押贷款;另一方面,当面临贷款不能偿还时,金融机构为了充分实现其抵押权,采取市场化拍卖方式流转农村土地,可能推高农村土地的使用价格。抵押农村土地流转后,为获得短期内的价值最大化,可能被用于发展消耗地力的经济作物,农业生产的平衡性和农村土地生产的可持续性将受到影响。另外,农村土地抵押融资促进农业经营规模化、集约化、现代化发展的目的,在缺乏制度化规范的条件下,可能异化为产业资本进军农村抢占土地和劳动力。比如,中信信托在安徽宿州以流转经营权进行信托融资,已经出现了经营企业违规扩大非农用地比例的情况。

(四)农地抵押的再融资机制没有建立,土地抵押的长期融资功能无法实现

农地的价值变现能力差,银行难以通过市场出售直接实现其抵押权,农地抵押无助于解决银行的资本充足率和资产流动性问题。不同于城市的土地类资产抵押,目前抵押的农地在金融体系内部不能被认

定为资产，这使得农地抵押贷款的发放对于银行来说，实际上等同于信用贷款，要承担较大贷款资产损失风险。在银监会的资产监管要求和人民银行以资产为限的合意贷款规模控制的约束下，农地抵押贷款成为资产消耗业务，将会大大影响银行的资产质量和可放贷能力。而且由于农地抵押权实现的困难，信贷员也不会因为有农地抵押作为贷款还款的第二来源，而降低其对贷款的风险责任。因而，在现行的金融制度下，农地抵押贷款的风险与责任、成本与收益存在不对等性，银行对开展农地抵押贷款业务没有积极性。

银行以储蓄资金为主的资金结构，决定了商业性银行难以以农地抵押为基础开展长期贷款业务。在各地的试点中，除了国家开发银行对农地抵押有长期性的贷款，农地抵押贷款的期限基本都是 1 年，少数能够到 2~3 年。一些地区甚至在农地抵押贷款的实施意见或操作办法中，明确规定了农地抵押贷款的期限原则上不超过 3 年。而我国当前在向规模化、现代化、生态化的农业转型发展过程中，需要大量的长期性投入对农业生产设施、环境进行改造、升级，对生态环境进行修复治理，农地抵押更重要的意义在于以稳定性资产的价值盘活为基础，解决农业生产长期投资的资金来源问题，主要是为土地改良、农田设施建设、农业土地租赁与买卖、生产设备购置、产业链的延伸与拓展等产业升级提供资金支持。这就需要新的制度设计，探索抵押农地或者农地抵押贷款的再融资渠道，建立引导金融资本由城市向农村、由工业向农业转移的机制，为农村金融机构提供长期性、政策性的资金供给，解决当前银行类金融机构短期性资金与农业发展长期性投资需求的矛盾。特别是，目前开展农地抵押贷款业务的主要是当地农村信用社、村镇银行，其资金规模非常有限，在缺乏上层资金供给机制的条件下，其能够开展的业务规模也比较有限。

（五）风险分散机制不健全，风险控制面临严峻挑战

农业保险制度不完善，农业经营性风险难以分散。农业生产面临着较大的自然风险和市场风险，农业产业的弱质性决定了农业生产的高风险性。如果在缺乏农业风险分散分担机制的情况下开展农地抵押业务，自然灾害和市场风险将使得农地抵押风险概率大大提高。目前，我国农业保险制度尚有一些制度性问题亟待解决。首先，目前我国提供补贴的农业保险主要根据直接物化成本的一定比例确定保障金额，存在保障水平偏低的问题，限制了保险需求的充分释放。以种植业为例，每亩多在 200～300 元左右。在农业生产成本不断增高的情况下，农民受灾后从这种"成本型"保险中获得的赔偿"入不敷出"，显然会削弱险种的吸引力。其次，目前财政补贴覆盖范围有限，难以满足农民实际需求。比如，蔬菜、水果、地方特色或高附加值农产品往往并不在财政补贴范围之内，因此尽管农民对此有很旺盛的投保需求，但由于缺乏供给而无法获得相关保险保障。再次，由于我国农业保险的保费补贴实行由中央、省、（市）、县等多级财政共同分担的机制，县级财力薄弱大大限制了农业保险的发展。特别是对于中西部地区经济实力较弱的产粮大县而言，尽管农民对农业保险需求旺盛，但县级财政根本无力负担过多的保险补贴。最后，由于缺乏有效的大灾风险准备和损失分担机制，一旦大灾发生，就会出现当期赔偿责任远超当期保费收入的状况，直接影响到农业保险的可持续运营。

农村信贷保险制度尚未建立，农业信贷风险缺乏有效化解机制。我国信贷保险制度刚刚起步，对于农业与农村贷款只有小额信贷保险，而对贷款规模较大、风险较大的农业贷款却没有相应的信贷保险支持。针对规模经营者的农地抵押一般额度都比较大，且农业规模经营因为投资大，风险也比分散农户的小规模经营更大，金融机构发放

这类贷款的风险也是比较大。以农业银行为例，其县域贷款不良率高于整体 0.32 个百分点，农户贷款不良率高于整体 1.55 个百分点。风险较大的农业与农村贷款，缺乏相应的风险分散与补偿机制，这是抑制金融资本下沉农村的重要原因。农地抵押提供了一种资产担保机制，为金融机构服务农业农村找到了一条突破口，但农村土地市场的不稳定性和土地市场的长周期性决定了土地金融潜藏着巨大的系统性风险，如果缺乏有效的风险防范机制，市场的崩盘可能导致对金融系统、农业生产和农村社会稳定的巨大冲击，这也是当前农地抵押贷款不敢大面积铺开的重要原因之一。目前，虽然各地农地抵押的试点地区都由市、县（区）财政成立了相应的风险补偿资金，但受地方财政实力的限制，风险补偿资金的总额和补偿的额度都非常有限。除成都等个别地区风险补偿的比例能够达到 80% 外，绝大多数地区风险补偿比例在 30% 左右，且部分地区还给出了风险补偿的最大限额。在风险补偿资金总量有限的条件下，银行不敢大规模推开此项贷款业务。

银行抵押权实现的保障机制缺乏，抵押对贷款风险的分担作用有限。一是农村社会保障体系不健全，农地的处置可能引发社会风险，加大了银行收回抵押权的难度。目前，我国农村社会养老保险的覆盖率比较低、保障额度比较小，农村土地依然是农民赖以生活的基础。虽然我国农民的工资性收入已经超过了家庭经营收入，农业收入占比不足 25%，但我国 2.7 亿的农村转移人口目前仍然是农村户籍，进城后不能同等享受城市的社会福利与公共服务，其在城市的就业存在较大不稳定性，经济形势不好时大量农村转移人口仍然需要回乡种地。因而，在农地抵押贷款发生违约时，大量农民仍然难以容忍土地被剥夺处置。二是尚缺乏支持农地抵押权实现的市场底线保护政策，以帮助减少金融机构因为农地处置难而蒙受的资产损失。在农地还仍存在社会保障功能的条件下，农地市场很难有效发育，而缺乏促进资源流动的活跃市场支撑，农地抵押贷款将面临市场不可持续问题。因此，需要探索对抵押农地处置的回购政策，以保障土地资产——金融资本的顺畅转化，逐渐激发农村土地市场活力。

四、农地抵押贷款运行机制及其制度保障条件

通过前面的分析可以看出，农地金融制度为解决我国农村金融供需矛盾提供了一种有效的途径，对于支持我国农业发展方式向规模化、集约化、现代化、生态化方向转型具有重要的意义。但由于当前配套支撑农地金融制度的农村土地产权制度、土地流转制度、农村资产再融资制度、农业保险制度以及农村社会保障制度等的不完善，农地抵押贷款制度的全面推广还存在现实上的障碍。而上述所有这些制度约束是农村经济社会发展所面临的共性问题，是当前农村改革所必需突破的重要改革关口，应该协同推进上述各项改革任务为农地抵押融资的发展创造有利的制度条件，以促进形成金融支持农业转型升级、产业支撑金融可持续发展的良性循环。

（一）农地抵押贷款的可持续运行机制

农地抵押贷款可持续发展的关键是要打通从土地到资本的资金反馈回路，建立起土地资产——金融资本——农业产业资本的价值链循环。首要的前提是农业生产的高效性，通过农地资源的有效集中、整理和改良促进农业规模化经营，并在金融资本支持下推动农业产业的转型升级，实现更高的生产效率和产出价值，以充裕的经营收益保障对贷款的偿还。其次是抵押农地资产的可变现性，以确保贷款发生风

险后金融机构的资产不会发生损失，并能够随时变现保持资产的流动性。农地抵押资产价值的实现有直接和间接两种方式：直接实现是指在市场上直接出售土地；间接实现是指土地的资本化，将土地抵押权通过证券形式流通以实现价值，或者以政策性买入的机制为农地抵押贷款提供贴现。如果要向经营主体提供长期性的农地抵押贷款，农地资产的间接价值实现机制就显得非常重要，它能够及时为金融机构注入流动性，防御金融风险，并且可引导社会资本向农村流入，为金融机构建立起长期性的资金供给渠道。而农地资产社会融资能力的增强，依赖于两方面力量支撑农地资产的保值增值：一是农业经营项目的效益提高；二是农地资产市场价格的升值。因而，贷款项目的优选对抵押资产再融资也是首要的，有效土地运营（即土地整理、开发、改良等）对稳定和提升农地资产价格也是非常重要的（参见图1）。

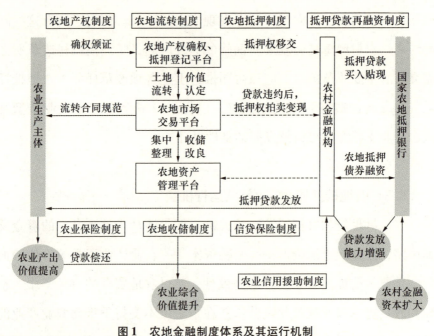

图1　农地金融制度体系及其运行机制

土地资产向金融资产的转化在实际操作上要可行，需要三个环节的有效打通和顺畅衔接：一是农地产权确权、抵押登记平台对农地的确权颁证以及在合法抵押登记程序下实现农地抵押权向金融机构的移交。二是农地市场交易平台对农地流转的规范化管理和供需的有效对接。一方面是通过规范流转行为形成法律认可的土地经营权权益，促进土地集中成为市场有效的抵押物；另一方面是通过系统收集农地的供给与需求信息，促进农地资源的合理有效配置和农地的公平市场定价，并以市场的拍卖建立起抵押资产的价值实现途径。三是农地资产管理平台（包括农地融资平台、农地信托流转平台、农地整理服务机构等）以代理人身份对土地权利进行代管，保障双方的权益和约束双方的责任义务，解决经营者、承包户以及银行三者在土地权利依法移交中面临的矛盾与障碍，降低农地抵押的操作难度、交易成本和违约风险。在农地抵押贷款出现违约的情况下，能够以有效的土地运营管理，在不损害农地原有承包户权益的基础上帮助银行更大程度地实现其抵押权。

（二）支撑农地抵押贷款的制度保障体系

农地抵押贷款三大操作环节的打通依赖于农地产权制度、农地流转制度和农地抵押制度的完善。而农地抵押贷款业务的可持续性还需要确保对农业经营风险、信用违约风险以及银行资金流动性风险的有效控制，这就需要农业保险制度、信贷保险制度、农业信用援助制度、农地抵押再融资制度和农地收储制度的充分支持与保障。

1. 农村土地产权制度

对农村土地全面实行确权颁证，分别颁发承包权证、经营权证、农村房产和农业设施产权证，支持农村土地经营权、农村房产、农业设施从农村集体所有权中分离出来成为独立的资产产权。一是从法律上严格确定农地承包权、经营权的权利边界，明确转出土地承包户和转入土地经营者双方的责任与义务，确立对承包户基本承包权和农业经营者合法取得的经营权的法律保护，在法律认定有效的农地流转合同期限内，承包者不得随意收回土地，经营者必须按期缴纳租金、按照规定用途使用土地，否则将各自承担相应的法律责任。二是从法律上赋予经营者将依法取得的土地经营权用于抵押的权利，明确银行对农地抵押权直接处置实现和抵押债权流转实现的法律保障，为农地抵押贷款的实施提供合法性依据和可操作的产权凭证。

2. 农地流转制度

一是建立农地流转规范，规范农地流转的对象、经营性质，严格规定农地流转、抵押后的用途范围、使用变更条件，限定流转后的经营权不得由经营主体私自再流转；经营者违规使用土地时，可由相关主管部门支持村委会及承包户索回土地经营权。二是搭建统一的土地流转交易平台，以村委会为基础推进土地租赁供求信息的登记，对土地租赁者进行必要的资格审查（包括经营者是否有长期从事农业经营的能力与意愿、经营项目是否符合土地利用要求、耕作计划是否满足土地养护要求等），协助订立规范的土地经营权租赁合同和对流转合同的合法性进行鉴定。建立农村土地价值评估规范，确立估价方法和指标体系，基于土地区位、肥力以及种植作物的综合考虑设定土地评估的基准价格，通过完善农业资产交易市场定价机制和建立农业资产交易数据库，强化对农地资产价值评估的基础支撑。

3. 农地抵押制度

一是建立农地抵押的制度规范，明确农村土地的经营权、农村房产与农业设施的产权可以用于抵押，确立设立抵押的法律要件（比如，抵押人的资格、经营权的租金按期全额支付、流转合同规范、权属关系清晰、产权证明有效、价值评估的公允等）和制度流程，要求抵押贷款偿清之后将相关的抵押土地权益返回给抵押人。二是规范约束农地抵押操作机构的行为，明确开展农村土地抵押贷款业务的金融机构、农村土地专营机构的资格条件，规范和约束农民、土地合作社、土地银行、抵押公司等其他涉及农村土地金融业务的主体之间的权利与义务关系。三是制定农地抵押贷款发放的操作指南，明确限定农地抵押贷款人的资格、贷款用途、抵押农地的剩余使用期限等，对贷款期限、利率、价值评估方法给予一定的指导。四是明确农地抵押权实现的机制、途径与操作方式，以及抵押权实现过程中村集体、承包户、抵押人、抵押权人以及农地运营机构之间的权利义务关系，准予金融机构在确认贷款无法偿还时将抵押农地产权交由专门的土地流转平台拍卖出售用于贷款偿还，确保抵押权处置后对承包户、经营者基本生活与生产权利的保障，比如赋予抵押人对抵押地产继续租住、租用以及一定期限内优先"回购"的权利、保障承包户在抵押经营权处置中不损失租金收益。

4. 农地收储运营制度

我国农地产权的分散性以及地块的分割性，既有碍于农业向规模化、现代化方向转型，也不利于农地市场的发育和市场价值的充分体现。为防范农地抵押贷款的风险和保障农户的土地权益，激活农村土地产权市场，通常还需要有土地收储运营机制保障土地生产功能的充分开发、市场价值合理评估和有效价值实现。一是建立农地资产管理平台，在农地向规模经营者流转之前，先由农地资产管理平台统一收购后进行土地的连片集中整理，完成必要的基础设施之后，再统一进行拍卖流转，形成规模化良田改造规范和标准化农地向经营者的制度化供给。这样既能够使经营者直接获得设施完备的规模化连片集中的土地，有效支持农业规模化、现代化生产，又通过产权的集中大大降低了经营者面对分散承包户产权关系协调的交易成本。二是建立农地市场回购和收储制度,对于因土地经营价值下降而难以流转实现抵押权的土地进行政策性收储,通过对土地的开发整治恢复土地生产力之后再进行市场流转。这一方面能够发挥对农地市场价格的托底支撑作用,促进农地市场的健康有序发展,另一方面能够帮助实现国家对农地资源的政策性调配功能,为保障农业生产安全和生态可持续发展提供有效的政策手段。

5. 农地抵押贷款再融资制度

在缺乏长期性资金保障和抵押债权及时兑现机制的条件下,金融机构的风控要求决定了只能发放短期的经营权抵押贷款。要发挥土地的长期融资功能,强化对规模经营主体长期投资的支持,还必须建立以农地抵押资产"证券化"为基础的再融资机制,为开展农地抵押贷款的金融机构注入资本。一是支持抵押农地或者农地抵押贷款的债券化,将符合条件的农地抵押贷款集中打包统一发行农地抵押债券在公开市场上募集资金,按照抵押农地资产份额通过"批发贷款"机制向农地抵押贷款发放机构提供长期性资金支持,从而能够从资金来源上根治当前金融机构风险控制与农村金融需求的不匹配性。二是建立农地抵押债券的二级交易市场,通过农地抵押债券的流通实现,为银行抵押权的实现提供另一种更为便捷的途径。即使银行将农地抵押贷款作为贷款资产整体卖出,他也可以通过购买相应的农地抵押债券将资产买回,而这样将实物抵押权向虚拟抵押权转换后,能够优化发放农地抵押贷款银行的资产结构和增强其资产流动性。同时,政府也可以通过农地抵押债券的买卖来调节农地金融市场的资金供给,发挥撬动市场和防范风险的作用。

6. 农业信用援助制度

为了平衡农地抵押贷款业务的收益与风险,充分调动金融机构参与的积极性，防范系统性风险对农村金融稳定发展的冲击，还需要建立多层次的农业信用援助制度。一是农地抵押贷款风险担保或补偿制度，各试点地区都建立风险补偿机制，即由财政出资建立风险基金帮助分担金融机构的风险。也有一些是以政策性担保的方式，为农地抵押提供担保，发生风险时由担保机构承担代偿责任。二是建立农地抵押贷款再贴现制度，对出现流动性风险的贷款银行，可以由人民银行或国家农地抵押银行，对未到期的农地抵押贷款给予再贴现支持，即通过买入其农地抵押贷款的形式帮助银行补充资本金。三是建立农业信贷救济制度，当发放农地抵押贷款银行出现短期流动性危机时，以政策补贴低息的银行间借款帮助解决短期融资需求；当农地抵押贷款发生系统性金融风险后，在上述保障机制尚不能缓解危机的情况下，可由财政出资购买农地抵押贷款或以财政注资农地抵押银行的形式，为开办银行提供救援性资金支持。

7. 农业保险制度

农业经营存在自然、市场双重风险，经营的不稳定性将严重威胁农地抵押贷款的安全性，所以农地抵押贷款的发展离不开农业保险的配套支持。一是完善农业保险制度，提高农业保险的覆盖率和保障率，强化农业保险的基础性和战略性保障功能。支持保险公司针对特色化、规模化农业的经营权推出赔付率更高的商业保险，使农地抵押贷款能够通过保险获得充分的还款保障。二是建立农地抵押的强制保险制度，在申请农地抵押贷款时，农业经营者必需按照一定的保障额度标准参加农业保险，对于参保产品政策性保险不支持或保障额度不足的，可由政府给予一定保费补贴以购买充分的农业保险。三是加快建立农业再保险和巨灾风险分散机制，解决农业生产面临的系统性风险问题。

8. 信贷保险制度

支持保险公司开办农地抵押贷款保险业务，开展农地抵押贷款的金融机构按照未偿还贷款的一定比例缴纳信贷保险金，与财政资金共同成立农业信贷保险基金，当出现贷款风险时，由信贷保险基金代为清偿或垫付周转资金。

五、农地金融制度的定位与结构功能

在各地丰富的实践探索和多元化的发展模式基础上，我国农地抵押贷款尚未能够形成一套稳定的制度体系，其关键的问题在于对农地抵押贷款功能定位不明确，对抵押的产权标的、抵押贷款支持对象、抵押需要解决的核心问题等缺乏统一的认识。这使得试点中的很多农地抵押业务创新模式是一种没有太大实际意义的过度创新，只是形式上的变化而未能真正解决本质问题。有些模式为了降低银行的风险责任，设置多重担保条件，使得抵押功能虚置，成为形式上的抵押，增加了农村贷款程序的复杂性、贷款的成本和政策成本。有的模式只是为了抵押而抵押，以抵押解决信用问题，未能找到供需的切合点，使得贷款需求者与银行均无积极性。

回归到抵押的本质，资产抵押的目的是弥补信用授信的不足，解决贷款需求者的信贷增信问题，而不是本身的信用甄别问题。所以结合当地农村金融需求的现实特征，农地抵押贷款创新的基本定位是：降低农村生产性融资的难度与成本，满足农业向规模化、现代化、生态化发展所需要的资金需求，支持农业发展方式转变。即以农地抵押为基础，形成政策性长期贷款与商业性运营贷款功能互补的协同支农机制，切实增强和扩大对农村新型经营主体、农民创业者的信贷获得能力，以信贷资金引导农业适度规模经营、生产经营方式转型升级、农村土地资源的优化利用和生态保护。

（一）以商业化农地抵押贷款，保障农业规模经营生产的可持续性

农业的规模化经营使土地经营权抵押具有现实可操作性，是建立起商业可持续的农地金融制度的基础。从供给角度看，只有规模经营的土地才具有抵押的价值，且大量规模经营主体的崛起能够使土地的经营权更具有市场价值，为抵押权的实现创造现实的条件，银行才乐意接受土地作为抵押。从需求角度看，规模经营主体因为有更大贷款资金需求，才有必要以土地抵押来进行贷款增信，且以高效的产业化生产为支撑能够创造更高的经济收益，实现更有效的信贷资金配置效益。而且农业规模经营者对设施、设备、技术的升级改造和市场的开拓，所需要的资金是一般的信用贷款难以满足的。产业是金融立身之本，只有金融促进产业的发展，才能确保金融自身发展的可持续性。农村金融的商业可持续机制的建立，关键在于推动农业与农村生产向高效率、高价值的现代经营方式转型，在农村建立起金融支持产业升级、产业带动金融创新良性互促的资金价值链循环。因而，农地抵押贷款应侧重于解决制约农业与农村规模化、现代化发展的资金瓶颈问题，重点发展以经营权及其附着资产为抵押，支持各类规模化的新型农业经营主体扩大生产规模、改善经营生产方式。

商业性的农地抵押贷款应遵循市场可持续下的微利原则，通过农地资产的抵押增信降低贷款利率，在制度上可限制农地抵押贷款在市场基准利率基础上的上浮范围。作为商业性贷款，为确保银行能够对风险完全承担，只能是提供短期贷款满足农村生产者流动资金需求。为了保障农村金融机构发展的可持续性，可给予其农地抵押贷款短期

贴现支持，或由政府支持以市场化机制购买其抵押贷款，或代其以农地抵押权进行商业化发债，为其提供流动性支持。

（二）以农地抵押按揭贷款，促进农地向规模经营主体集中

现实中，农村土地承包经营权抵押面临的最大障碍是，土地流转期限偏短，经营者所拥有的剩余经营年限太短，使得土地经营权的资产价值太低，抵押支持获得的贷款额度难以满足生产需求。而对于大量流转期限足够长的经营权，又存在着租金一年一付导致的经营权不稳定问题。为培育和稳定农业新型经营主体，鼓励其长期租地经营，应发展农地抵押按揭贷款制度，贷款支持经营者一次性全额付清合同期的土地租金，经营者再每年向银行分期偿还农地抵押贷款，确保其经营权的稳定性及地上固定资产投资的收益权。

农地抵押按揭贷款可以解决一批扩大生产规模的经营者租地资金不足的问题，有助于形成大量规模化经营的新型农业经营主体。并且通过贷款支持偿付全部的土地租金，支持农业规模经营者获得稳定经营权，有利于激励经营者长期投资，促进产业升级。对于经营者贷款全额支付的土地租金，交给农地资产管理平台统一管理，再由其按照流转合同定期支付给各个承包户。这既能够部分解决农地资产管理平台土地收储、整理、开发、改良的资金来源，又能够充分保障流转合约的有效执行，避免了经营者逾期向承包户支付租金的问题。

农地抵押按揭贷款可根据农村土地承包经营权的流转期限来设定贷款期限，为鼓励经营者长期租地，农地抵押按揭贷款应该是中长期性贷款。为鼓励银行发放农地抵押按揭贷款支持农业规模经营，可以制定相关政策对农地抵押按揭贷款给予利息补贴和按照实际发放的贷款额度对银行给予一定的奖励，并通过建立长期抵押农地的再融资机制，为银行提供此项业务提供流动性支持。

（三）以政策性农地抵押贷款，支持农地的长期改良和生态修复

长期以来，我国农业以粗放的要素投入驱动的增长模式，造成了农药化肥污染严重、耕地质量下降、生态脆弱性加剧，严重透支了农业的生产力，对农业的可持续发展构成了巨大威胁。未来农业生产方式的转变，不仅是产业规模的扩大和设施、设备的升级，而且更重要的任务是对农地进行保护性耕作，建立起农地用养结合、以用带养、以养促产的农业经营机制。所以，发展农地抵押融资更重要的意义在于以稳定性资产的价值盘活为基础，为农业可持续发展提供长期投入资金支持，重点支持耕地资源综合开发、农田基础设施建设、土壤改良、土壤污染治理与生态修复等长期投资。由此，激励和引导农业经营者对土地进行长期的生态投资，配合国家农业可持续发展项目协同投入，提供一种支持农业可持续发展的新政策手段。

这类农地抵押贷款应作为政策性贷款，由国家统一发行农地抵押债券或专项国债，自上而下地向农村金融机构供给低成本资金，委托其办理政策性贷款业务。这类贷款的利息更低、期限更长，但要求抵押的剩余经营权期限也要足够长，并且贷款者的经营项目应属于政策重点引导方向，承担一定的农业生态保护的责任，或实施重要战略性项目等。

六、构建我国农村土地金融制度体系的政策建议

农地金融制度是很多发达国家推进农业现代化转型的重要制度基础，在政府有力的信用担保与财政向市场注资支撑下，引导了社会资本向农村的转移投入，并以市场化手段有效盘活了农村最大的生产性资产，解决了农村长期存在的高利贷问题以及农业转型升级发展面临的资金瓶颈，也促进了农村土地资源向规模化、集约化的优化配置发

展。农地金融制度是符合农业与农村发展的客观现实需求，特别是我国农业发展方式转变过程需要大量金融资金的支持，农地金融的发展成为一条不可或缺的路径。然而，农业自身的基础性、弱质性、风险性决定了农地金融的发展不能完全以市场化的模式。发达国家农地金融的发展也是在政策性为主的基础上，逐步建立起市场可持续的发展机制。而我国农地产权关系的复杂性和地权、地块的分散性，更是要求农地金融的发展需要以全面的政策支持和制度建设为基础。因而，我国农地金融制度的发展应在明确发展定位的基础上，着眼于农地金融制度体系结构功能的完善，逐步弥补制度缺失和缺陷环节。在现行大量配套制度环节尚未健全的情况下，要突出制度顶层设计的战略引导作用，首先确立核心制度平台的建设和基础制度规范，再按照先易后难、先简后繁、先粗后细的顺序逐层推进试点改革和相关配套制度的建立健全。

（一）加强法律的支持和保障，制定和修改相关法律法规支持农地抵押

依法授权推进农地抵押改革，对抵押权给予充分的法律保障。参照"农村土地征收、集体经营性建设用地入市、宅基地制度改革试点"的做法，先由全国人大授权农地抵押改革试点地区暂时调整实施《物权法》《担保法》对"耕地、宅基地、自留地、自留山等集体所有的土地使用权不得抵押"的规定，准予合法取得的农村土地承包经营权和宅基地住房财产用于抵押获得贷款。从法律上正式认可农地抵押的合法性，为银行抵押权的实现提供了法律保护。

制定农业资产抵押贷款法，确立开展农地抵押业务的法律制度规范。一是限定开展农村土地抵押贷款业务的金融机构、农村土地专营

机构的资格条件，规范和约束农民、土地合作社、土地银行、抵押公司等涉及其他农村土地金融业务的主体之间的权利与义务关系。二是明确抵押农地抵押权的价值实现机制，规范抵押土地的处置行为。严格规定抵押农地处置的条件，准予金融机构对符合条件的抵押权通过专门的土地流转平台拍卖出售用于贷款偿还，要求抵押农地处置后基本属性和用途保持不变。对于超过一定期限后，仍无法出售的抵押土地经营权，需由政府收储、集体经济组织回购或风险基金承担代偿责任。明确规定抵押权可以独立于债权流通，抵押权人为了收回资金可以将抵押权作为证券向专营的机构流通兑现，为农地抵押贷款的债券发行奠定法律基础，从而为长期、规模化的农地抵押贷款发展获得证券市场支持创造基本制度条件。三是要求农村土地经营权抵押贷款建立强制农业保险制度，规定配套实施信用保险、抵押担保或风险补偿制度，并明确相应责任主体在风险发生时对贷款的代偿责任，为农地抵押风险保障制度的建立确立法律基础。四是明确农地抵押后的承包权人对农地的基本权益，经营者以农地进行抵押必须要经过承包人的同意，农地抵押期内要保证对承包人的租金支付，在对抵押的经营权进行处置时应以处置收益优先保障承包人的基本收益。

　　设立抵押农地处置时的基本权利豁免条款，依法保护抵押人的基本生活与生产。对于农地抵押物的处置会导致抵押人或相应的抵押土地权益所有人的基本生活和生产受到严重影响的，应给予一定的使用权利强制移交的豁免。准予抵押人在一定条件下，比如家庭收入低于一定标准、抵押的是唯一住宅或赖以生存的自有承包地以及经营投资还有收回可能等，可以继续租住或租用其抵押农地资产的权利，租赁期限要能够给予抵押人充分的回旋余地，但又不能太长而损害抵押权人的利益，并且赋予抵押人在一定期限内有对其抵押资产优先回购的权利。如果抵押的是流转后的经营权，则要保障抵押经营权处置时，不会损害原有承包户的基本利益。

（二）提升农地资产的开发运营能力，有力保障和活跃农地市场

农地产权的稳定性和农地市场的活跃性，决定着农地抵押权的实现，这是农地抵押贷款市场可持续的关键，因此需要不断完善农地经营和流转的基本制度，培养专业的农地开发经营与服务公司，发挥有效的市场支撑作用。

稳定农村土地经营权，支持长期稳定的规模经营。在稳定农村土地承包权和规范农村土地流转行为的基础上，合理分离土地承包权与流转经营权，支持符合条件的新型农业经营主体长期租赁土地进行规模化生产，对流转的经营权及其附着资产给予确权颁证，创造市场有效的贷款需求主体和法律有效的抵押标的。通过规范土地流转，在确保承包户、经营户和银行各自权益的基础上促进经营权的长期转让，探索建立长期租赁下的租金分期调整制度和贷款按揭制度。

建立非营利性的农地管理服务平台，促进农地资源的合理有效利用。农地价值的充分实现需要以有效经营运作为基础，而农地开发经营和资本化的前提是要满足国家农业发展战略需要，因而农地经营主体应由承担政策义务的非盈利主体来承担。为促进农地资源的集中开发和确保农地流转的规范，既需要自上而下建立全国一体化的农地流转交易平台，也需要充分发挥基层非正式制度作用，自下而上发展支撑有效的农地流转服务组织。一是在全国范围内全面推进县、乡、村三级农村土地流转服务平台的建设，在乡镇、村落实专人负责土地流转合同的鉴证、登记和备案，以县为基础对合法取得的经营权进行确权颁证，并在县域范围内统筹协调农地资源的整体规划利用，逐步促

进农地资源的供求信息实现全省乃至全国范围的联网。二是探索建立符合地方实际的农村土地资产管理平台，在对个体成员土地产权确权的基础上，对于需要流转的土地先通过自治的土地管理组织将分散的土地地块和土地承包经营权集中起来，再由其代表集体成员统一行使集体土地使用权。具体成立的方式，可以通过将原有集体经济组织改组为农村资产管理公司，也可以由各个分散的农户自愿将家庭承包地入股组建土地股份合作社，还可以采取集体土地产权整体托管的形式交给专业的机构代管，各个成员按照土地折股份额获得相应的利益分配，集中土地的流转、经营与抵押需要经过集体成员同意。在此基础上，由农地资产管理平台统一协调农地的土地集中、产权流转、产权抵押、地租或股息分配、资产回购等活动，并可以利用村社自治力量有效促进土地基础信息采集、农地供给与需求对接、协调集体内部成员之间的土地权益关系、强化对经营者土地养护的社会责任约束。

实施农地的政策性回购与储备计划，建立对农地市场的有效调控手段。我国以大量分散小农户持有土地的产权特征，以及现阶段农地承担着社会保障功能的条件下，决定了农地市场的发展不能够走完全市场化的道路，引入市场机制促进农地资源合理利用的基础是建立政策对农地资源、农民利益的基本保护。因此，在促进农地流转和农地市场发展的同时，需要建立对农地市场的政策保护机制。一是建立政策性的农地开发服务公司，配合高标准基本农田建设、土壤改良、生态修复治理等项目，对土地实行连片整理、农田改造、修复整治，提高土地的生产力，进而盘活耕地资源、提升土地价值。二是设立农地收储基金，资金来源可以包括土地出让金按一定比例提取、地方财政出资、中央财政按收储农地治理开发数量补贴以及农地运营收入，支持农地资源的储备、整理、治理与综合开发，也可用于抵押农地处置困难时农地产权回购。

（三）建立国家农业地产抵押银行，引导金融资本向农村投入

农地金融制度发展的核心价值及其自身可持续发展的关键是，要建立金融资本向农村供给的长效机制。因此，应该由财政出资建立政策性的国家农业地产抵押银行，借助国家信用对集合的农地进行资本运作，协调农地资产与金融资本的有效转换，建立起引导城市资本向农村转移的制度机制，为开展农地抵押贷款的银行提供流动性支持。国家农业地产抵押银行是以农业资产抵押业务为基础的银行的银行，它不直接向农业经营者发放贷款，而是向贷款银行发放"批发贷款"、帮助发行农地抵押债券融资以及提供农地抵押债券贴现，主要发挥农地金融系统的资金筹措功能。如果机制设计合理，就能够以国家农业地产抵押银行为基础，在小规模财政资金撬动下形成稳定的国家支持农业长期发展的资金池（参见图2）。

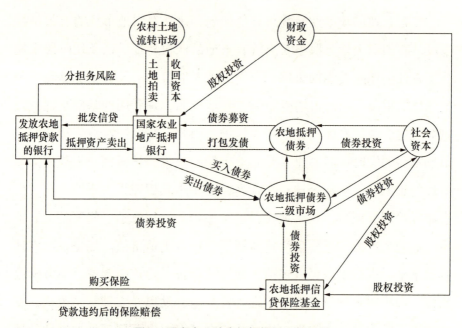

图 2 国家农业地产抵押银行运行机制

国家农业抵押银行的资金动态平衡机制

建立国家农业抵押银行的目的是要形成一种有助于降低农地抵押贷款机构资金成本和风险的制度机制，通过政府支持农地资产的资本化运作，以政府担保和财政资金引导社会资本投入，以各环节的风险分散和土地市场的完善实现农地金融资金顺畅的价值链循环流转，有效保证金融资本向农业与农村的长效供给。国家农业抵押银行"资金池"的建立和可持续运行，主要是由以下几个环节共同支撑的。

第一，国家农业抵押银行在政府支持下承诺购买农地抵押贷款资产，以引导社会资本投入。发行农地抵押债券在发展初期需要政府托市支持，一是由政府对债券的收益提供担保和免税支持，二是由财政资金购买或承诺认购带动社会资金购买。以财政资金购买农地抵押债券一方面有利于强化农地抵押债券的市场吸引力，通过带动更多的社会资本投入将政府支持力度放大，另一方面改变了财政支持农业的机制，以市场化的运行方式强化资金利用约束、提高支持的效率。

第二，贷款银行认购农地抵押债券，实现实物抵押权向虚拟抵押权的置换。发放农地抵押贷款的银行也需要承担一定比例的农地抵押债券的承购、承销任务，帮助国家农业抵押银行分担债务风险。银行虽然购回一部分的农地抵押债券，仍保持对抵押资产的持有，但因为农地抵押债券有政府担保且比农地资产更容易流通，这样将实物抵押权向虚拟抵押权转换后，能够优化发放农地抵押贷款银行的资产结构，增强其资产的流动性。

第三，农地抵押贷款保险分散贷款风险，并通过农地抵押债券购买共筑"资金池"。为了分散农地抵押贷款的风险，还应该要求贷款银行按照未偿还农地抵押贷款的一定比例购买贷款保险，与政府的风险补偿资金联合构建农地抵押信贷保险基金，保险基金也需承担购买农地抵押债券的义务。

第四，与土地市场有效联动，保障资金回流和农地生产资源的动态平衡。国家农业抵押银行需要与政策性的农地收储运营机构联合运作，建立起产业资本——农地资产——金融资本的价值循环回路，保障农地金融体系的可持续运转。一是当农地市场流转出现困难时，应由收储机构的底线收购保障抵押权的实现和银行资金的回笼；二是通过运营机构对农地的整理修复及有效的供需对接，确保抵押农地资产的保值增值；三是闲置的农地收储基金用于农地抵押债券投资，活跃农地债券交易市场；四是政策性农地抵押贷款支持农地的开发治理，提高农地生产价值。

上述四类责任主体成为拉动农地抵押债券市场的重要力量，在带动社会资本的同时，建立了农地金融体系资金循环的机制，发挥着构筑资金池、稳定农地金融市场的作用。

开辟农地资产再融资的正规渠道，对农地抵押贷款的发放和农地资产融资行为进行有效规范。针对当前农业经营项目债券融资尚比较困难、成本较高，且农地资产信托类高成本融资压力下农地非粮化、非农化等问题，以国家农业地产抵押银行统一发行农地抵押债券有助于降低募资成本、规范农地再融资行为。国家农业资产抵押银行负责制定全国农地抵押贷款业务的制度规范与操作指南，明确可以抵押的农业土地及地上附着资产的范围、抵押资产的价值评估方法、抵押资产的处置方式等。各金融机构发放农地抵押贷款的情况需要报国家农业地产抵押银行备案，由其对农地抵押业务的实施情况进行全局把握和系统监管，统筹管理全国抵押的农地资产并进行合理的风险控制。

发行政策性农地抵押债券，支持农业长期的综合开发和生态可持续发展。在推进农业发展方式转变的国家战略下，为调动经营主体用地养地的积极性，对于重要的农业综合开发和生态休养生息项目，可以在原有的财政支持基础上，对承担国家重要农业综合开发、生态休养生息项目的经营主体给予长期、低息甚至是无息的抵押贷款支持。贷款的资金则由国家农业地产抵押银行以政府信用为担保，将该政策项目涉及的农地资产整体打包发行政策性的低成本农地抵押债券，再根据银行发放的符合项目支持条件的农地抵押贷款数量分配给各个银行。以农地资产为纽带连接商业性、合作性金融机构，采取市场化运行模式发放农业长期性、战略性生产项目和生态项目的政策性贷款。由此，创造政府支持和引导农业发展的一种新政策手段，调动具有资源、网络和管理优势的市场化金融机构完成政策任务，使政策性金融支农功能强化、范围扩大和效率提高。

发行商业化农地抵押债券，为农村金融机构注入长期资金。国家农业地产抵押银行的重要责任之一，是为农业的规模化、现代化发展提供长期资本支持，以解决当前银行类金融机构资金来源与农业长期融资需求的不匹配性。一是根据贷款项目的需求，可以由贷款银行向国家农业地产抵押银行提出申请，以贷款项目的抵押农地资产为担保发行债券募集长期的贷款资金。二是银行在出现资本充足率下降的情况下，可以向国家农业地产抵押银行申请抵押农地贷款的短期贴现、或农地抵押债券的兑付。三是为帮助贷款银行分散风险和增强其资产流动性，贷款银行可以在发放农地抵押贷款后向国家农业地产抵押银行申请购买承诺，即通过向国家农业地产抵押银行缴纳一定的承诺费后，以获得其按照约定条件购买农地抵押贷款并长期持有的承诺，由农地抵押贷款资产的卖出实现其流动性资产的补充。国家农业地产抵押银行买入银行的农地抵押贷款资产后，将其打包发债募集资金。贷款银行也需要承担一定比例的农地抵押债券的承购、承销义务。

促进农地抵押债券二级市场发展，确保农地金融市场的稳定性和资本充足性。国家农业地产抵押银行在发行农地抵押债券的同时，可以以自有资本购买一定数量的农地抵押债券，以调节农地金融资金的供给和保障农地抵押债券市场的稳定性。国家农业地产抵押银行应承诺购买或回购其农地抵押债券，以发挥对农地抵押债券的市场支撑作用。贷款银行出现流动性危机时，可以向国家农业地产抵押银行申请以农地抵押债券贴现，国家农业地产抵押银行可以通过买入其农地抵押债券的形式，向银行提供流动性救助支持。建立农地抵押债券的二级交易市场，通过农地抵押债券的流通实现，为银行抵押权的实现提供另一种更为便捷的途径，降低了银行因抵押农地处置变现难带来的流动性风险。由此，在贷款出现偿还危机时，银行能够在保障资产安全的情况下尽量避免处置抵押土地，可以更多以贷款延期、救助支持的方式防止逾期贷款转化为呆坏账。

（四）强化风险保障机制，确保农地金融系统的稳定性

农地抵押贷款的风险具有复杂性，既有源自农业生产的自然与市场风险，又有源自土地市场的资产流动性和泡沫风险，而在中国特殊的土地制度下还存在一定的政策与制度变化的风险。这是当前金融机构不愿意全面推广农地抵押贷款的重要原因。因而，农地金融系统的风险防范也需要从多个层面入手，形成市场可持续制度化的风险保障机制给予全方位的保障，才能确保农地金融系统的稳定性。

全面推进农村信用体系建设，严控信用风险。农地抵押只是帮助

解决农村贷款需求主体信用授信额度不足的问题，以抵押的资产帮助扩大其可获得的贷款额度、降低贷款的利息成本。但其本身并不能够替代对贷款主体的征信评价，最大的贷款风险是来自于贷款人的信用违约，而不是其抵债资产充裕度或安全性。作为贷款额度更大的农地抵押贷款，更需要严防信用违约风险。农村信用体系建设是农地抵押贷款发展的基础性工作，农地抵押贷款的发放基础首先应该是对贷款人个人人品、征信的评价，以此为基础确立信用授信，再根据抵押资产情况给予信贷增信。当前，因为大多数农户没有信用记录，金融机构获得农户个人的诚信信息存在困难，很多地方的农地抵押贷款实际上是一种以抵押来替代信用的方式，这可以作为建立农户信用记录的基础，但贷款的发放过程中仍应该考查贷款人的人品和诚信状况。因此，应支持金融机构全面开展农村信用体系建设，积极利用邻里社区、村民小组、村委会等村社非正式关系了解村民信用信息，建立农户信用档案，全面推进对有潜在需求的农户的信用授信；探索发展基于村民自治的信贷评议、信贷监督制度，形成农村社会对信用风险控制的内部机制。

建立信贷保险（或担保）和援助制度，抵御金融系统风险。为了平衡农地抵押贷款业务的收益与风险，充分调动金融机构参与的积极性，各试点地区都建立一定的风险补偿机制，即由财政出资建立风险基金帮助分担金融机构的风险。但单一的财政补偿方式风险承受能力有限，且缺乏可持续性，应逐步将财政的直接风险补偿转化为间接风险补偿，撬动担保、保险资金扩大风险分担能力，形成市场化的风险分散机制。由财政出资支持成立政策性的农业信贷保险或担保公司，承担农地抵押贷款业务的金融机构按照未偿还农地抵押贷款实际额度的2%缴纳保险费或担保费，财政给予一定的保费补贴。以收缴保费和财政的风险补偿资金共同设立农地抵押贷款保险或担保基金，当出现贷款风险时，由其按照承担的责任比例对违约的农地抵押贷款代为清偿或垫付周转资金。该保险或担保基金需购买一定农地抵押债券作为资产保值增值手段，当发生风险时由国家农业抵押银行对其持有的农地抵押债券优先回购或贴现。各地农地抵押贷款保险或担保基金组建联合基金或进行再保险和再担保，国家财政给予一定支持，统筹协调区域间风险偿付的资金余缺，以防范区域系统性风险的发生。建立农地金融的信贷援助制度，利用财政入股注资、央行借款或贴现、银行间借款以及债权买入等机制，帮助化解金融风险。

完善农业保险制度，防范自然与市场风险。扩大农业政策性保险的覆盖面、保障额度和保障风险范围，支持保险公司针对特色化、规模化农业的经营权推出赔付率更高的商业保险，确保经营权抵押贷款的项目实现应保尽保。因自然、市场风险形成的农业经营损失，而导致农地抵押贷款出现偿还困难的，可以由相应的农业保险赔偿获得一定的还款保障。

（五）农业政策协同支持，优化支农政策组合

我国农业产业化程度不高，生产力还比较薄弱、生产效率较为低下，农业产业的价值增值潜力不高，这是制约农地金融可持续发展的内在原因。我国的农业劳动生产率与法国、日本、巴西分别相差100.29、61.42 和 6.73 倍；政府对农业研发投入占农业总产值的比重只有 0.4%，是德国的 1/10，农业企业研发投入占农业总产值的比重仅为 0.06%，不及德国的 1/5。农业自身的发展方式落后，一方面使得农业扩大和升级产业的需求不强烈，农业经营主体自身存在信贷需求压抑，另一方面农业产业市场前景不好、盈利空间狭小，对金融资本缺乏吸引力，陷入了产业落后与金融压抑的发展陷阱。因而，农村土地抵押融资的发展需要以扩大农业和农村生产经营机制为基础，协

同推行支持专业大户、家庭农场和农民合作社等新型经营主体的相关政策，以激发农业经营活力为基础激活农村土地市场，为农村土地融资提供重要的市场基础。

加强产业引导和支持，促进农业新型经营主体快速成长。完善对新型农业经营主体的支持政策，加强对基础设施配套、设施与设备升级改造、新技术采纳、新销售渠道开拓及实行环境友好型生产的政策性资助；推动一、二、三产业融合协调发展，支持以新产品开发带动新型农产品加工业、以新市场开发和新渠道开拓创新农产流动方式、以新需求创造激发农业服务业活力，积极利用物联网、电子商务等新技术方式促进农业发展方式转变；联合农业、科技、商务等部门通过产业指导、技术服务、教育培训、信息支持等方式增强其致富能力。在强化政策引导功能的基础上，由政策叠加效应促进新型农业经营主体成长，降低银行贷款风险。

以信贷为杠杆引导政策目标的实现，创新农业政策支持方式。加入 WTO 后我国对农业承诺的关税保护非常小，并且我国农业补贴"黄箱"支持政策进一步增加的空间已经不大，我国农业发展方向的转变需要创新政策支持方式。以政策性筹资方式、市场化运行机制发展农地金融将为农业政策提供一种新的引导和调节方式。以政府担保的债券融资降低了筹资成本，有效保障了向规模化农业经营主体提供较低成本的商业化农地抵押贷款。以委托贷款的形式通过农村金融市场网络，全面推广政策性农地抵押贷款，对符合政策支持目标和履行政策任务的农业经营主体给予低息甚至无息贷款，着力支持农业经营主体长期租赁土地、改进生产设施、应用新技术、开发新产品、开拓新市场和创新商业模式、改良土壤、实施生态保护性耕作、发展二、三产业等。

执笔人：程　郁

第一章

我国农地抵押融资试点的模式与经验

农村金融供需失衡已经成为制约我国农业与农村发展的重要障碍。当前的正规金融制度体系与农村生产经营制度的不适应性，导致了我国农村金融缺口呈现持续扩大的趋势。特别是正规金融基于资产抵押担保的制度安排与我国农村集体用地、家庭承包经营用地不得抵押的矛盾，使得我国农村金融的发展陷入了难以破除的制度僵局。十八届三中全会决定要求，赋予农民对承包地经营权和集体资产股权的抵押、担保权能，为激活农村金融市场提供了重要的制度条件。但发展农村土地抵押融资还需要一系列配套制度的支持，以促进市场的形成和发展，从而以农村土地市场与农村金融市场的成熟完善和相互之间良性互动为基础，保证农地抵押融资在风险可控的条件下有效支持农村经济的发展和农户收入的提高。

一、农村土地抵押融资需要系统的制度创新

长期以来，我国农村"贷款难"的根源在于金融机构对农户提供贷款面临风险、成本与收益的不对等。我国以小农为基础的家庭经营

模式具有弱质性和分散性，对农金融服务存在较高的风险和成本。由于农户缺乏有效抵押资产以及农村抵押资产的变现障碍，使得金融机构缺少化解风险的渠道和机制，这是其对农"惜贷、慎贷"的重要原因。探索农地抵押贷款制度有利于破解当前农村金融发展的困局，但我国农村土地所承载的社会保障功能又使得这一制度具有复杂性：既需要将农地有效接入市场发挥其资产功能，又必须要防止市场对农村和农民利益的侵蚀；既离不开政府的支持、引导和保障，又必须要建立起市场可持续发展机制。因而，它需要全面系统的改革和在限定条件下的创造性制度安排来解决当前所面临的各种约束与矛盾。

第一，我国法律对农地抵押的约束要求农村产权制度创新。现行法律对农村集体土地使用权抵押的限制，决定了当前农地抵押担保制度必须建立在对土地权属的进一步分割与确立的基础上。由于我国现行的《担保法》《土地管理法》及《物权法》均规定，农村的耕地、宅基地、自留地和自留山等集体所有的土地使用权不得抵押，《农村土地承包法》也仅仅是放开了对"四荒"承包经营权的抵押。因而，在现有的法律框架下，农地抵押融资需要对土地权属进一步细化分离，将"土地所有权""土地承包权""土地经营权（或使用权）"以及"土地收益权"相分离并分别给予确权，以用益物权为基础设置抵押，才能破除农地抵押融资的制度障碍。

第二，农业的基础性地位以及农村土地的复合性功能要求土地流转制度创新。为了稳定农业经营和农民利益不受侵害，抵押农地经营权或使用权的流转必须要限定在一定范围内。因为农村土地承载着社会保障功能，在当前农村社会保障体系仍未建立和完善的条件下，农地抵押应当限定在一定比例范围内，以保证农户不会因为偿还贷款困难而丧失基本生活保障。同时，为了保证农业生产和农村社会的稳定，农村抵押用地的流转必须要保证土地用途不变，而且在一些地区还应当限制在农业人口内部或一定区域范围内流转。

第三，金融机构风险控制对土地商业化价值的需求需要农村土地运营模式的创新。农村土地成为合格抵押物的关键条件在于其具有较为容易变现的市场价值，而农村土地因为缺少交易市场，土地价值还难以有效体现，农村土地零散性、生产多样性以及地力的差异性给其价值评估带来巨大难度，建立农村土地流转市场、促进土地价值的合理形成还需要一个漫长的过程。《商业银行法》规定金融机构自身不能经营不动产，因此农地抵押融资需要发展专门的土地运营平台，以业务模式的创新在促进分散的土地集约化、规模化经营的基础上，推动实现土地价值的最大化和有效利用。

第四，农业经营的脆弱性和高风险性要求农地抵押融资还需要金融模式创新以建立起多层次的风险防范与保障机制。农地抵押融资最核心的价值在于解开农村金融发展的制度"死结"，为下一步的深化发展奠定重要基础。但这不意味着农地抵押融资将成为未来农村金融业务单一模式和主流机制。为了有效地防范、分散和化解风险，农地抵押融资仍需要以反担保、保证、信用、证券化等多种风险管理机制相结合，并且有必要引入政府的风险补偿机制和设立风险基金以防范系统性风险发生。而且农地抵押融资面临着较高的资产管理与评估成本，这对于弱势的农户来说增加了额外负担，因此未来农村金融的发展应该是在农地抵押融资的基础上，通过逐步建立和健全信用记录和征信体系，实现以土地权益为保证的"去中介化"的信用融资。

表 1－1　　我国主要农地抵押融资试点的基本情况比较

	抵押标的	抵押比例	利率/费率	土地定价	运营平台	市场平台	风险控制
吉林模式	收益权	2/3	统一上浮30%	评估小组对收益进行评估	国有的物权融资平台公司	挂牌竞标转包	周转保障基金；信用保证保险
宁夏模式	承包经营权、流转经营权、宅基地使用权	2/5	上浮不超过50%	土地产权评估专家组	农户信用合作社；土地协会；土地经营管理制度改革服务中心	一定范围的第三方（企业、合作社、大户）流转	风险担保基金；承包经营权收储基金；宅基地退出收储基金；联保贷
枣庄模式	使用权、收益权、转让权	1/3	上浮10%	普惠农村土地资产评估事务所	土地合作社经营权入股，按股分红，保底收益	农村土地产权交易服务所；土地使用权交易网络；农村土地资产评估事务所	财政全额贴息，并给80%的保费补贴
重庆模式	承包经营权、农房和林权	集体与农民权益比2:8	在同等条件下优惠5%~10%	一定贷款额度以上专业机构评	兴农融资担保公司；土地银行	农村土地交易所（经营权、使用权、股权收益权及地票）	风险补偿专项基金

续表

	抵押标的	抵押比例	利率/费率	土地定价	运营平台	市场平台	风险控制
成都模式	承包经营权、集体建设用地使用权和农村房屋	上浮不超过30%；担保费率1.5%/年	区县制定基准价，参考基准价约定	农村产权流转担保股份有限公司	农村产权交易所农村产权流转交易服务中心（联网）	农村产权抵押融资风险基金	
宁波模式	合作社股权、土地承包经营权、农村住房	上浮不超过10%，"房票通"不超过20%	约定价值；中介评估	土林地银行；信用社推出"房票通"；担保公司	农村土地流转服务中心	抵（质）押贷款风险基	
沙县模式	土地经营权		统一委托、统一流转、统一分配	源丰、金茂土地承包经营权信托公司；西霞盛农土地股份合作社	县乡土地信托网络	财政拨付200万作为信托基金；收益返还制度	

二、我国农地抵押融资试点的主要模式

2008 年 10 月，以中国人民银行、中国银行业监督管理委员会下发的《关于加快推进农村金融产品和服务方式创新的意见》为标志，全国陆续推进了农村土地与林权的抵押融资试点，分别开展了涉及林地和家庭承包土地经营权和收益权、集体建设用地使用权、农房使用权、合作社股权等多种权益的抵押融资，在实践过程中因地制宜自发探索形成了多种多样的农地抵押贷款模式。不同的研究者从不同的角度对当前农村土地产权抵押的模式进行了分类：从具体的操作方式来看，杨国平和蔡伟（2009）将当前的农地抵押模式分为了小额循环贷款信贷模式、农村土地经营权直接抵押模式、担保公司担保模式以及土地融资公司或土地信用合作社模式；根据参与主体不同，惠献波（2014）将其分为"农户＋地方政府＋土地金融机构""农户＋村委会＋金融机构""农户＋土地协会＋金融机构""农户＋专业合作社＋金融机构"四种模式；以抵押具体形式不同，李伟伟和张云华（2011）将其分为贷款人直接将土地承包经营权向银行抵押（担保）贷款和贷款人将土地承包经营权作为担保公司、土地协会等担保人的反担保品向银行保证（担保）贷款，郭继（2010）提出了农地抵押的直接抵押、反担保抵押、联合抵押三种模式。

因为当前存在农地产权不稳定、农地流转市场发育不完善、农地价值不高以及农地抵押权的实现困难等问题，在现实操作中农地抵押实际上是采取了与其他方式联合发挥防范信贷风险的作用。就农地抵押所采取的联合信用保证措施，我们将试点探索的农地抵押模式分为了以下五种类型。

（一）"信用＋抵押"模式

"信用＋抵押"模式是实现农地直接抵押的重要途径，即农户以其农村土地产权为抵押品直接向银行申请抵押贷款。直接抵押是一种操作最简单的模式，早期山东莱芜市、辽宁法库县都是采取这种模式。但因为现阶段农地抵押物的价值实现还存在较大障碍，这种模式蕴藏的风险也是最大的，因而这种模式在实践中基本上都是以政府的风险基金兜底的。其后的推广发展过程中直接抵押逐步被其他的方式所取代，或与其他方式相融合发展。最接近直接抵押模式的是湖南浏阳和浙江象山的"信用＋抵押"模式，即在以农地为抵押之前，首先是基于对贷款人的信用评级和授信来预先防范信贷风险，农地抵押只是作为贷款增信的一种方式。

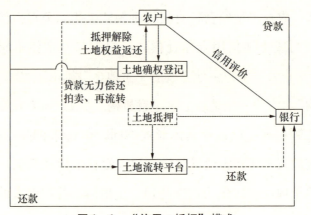

图 1-1　"信用＋抵押"模式

湖南浏阳农村商业银行自行投资 380 万元进行信用村、信用户的建设，截至 2013 年底，共采集了 29.13 万户农户信息，评级授信 23.91 万户，占全市农户数的 72.45%，发放贷款证 21.05 万本，凭证放贷 51912 户，金额 35.27 亿元。凭证贷款无需任何担保抵押，最高可以贷到 10 万元的信用贷款。在实际操作中，浏阳农村商业银行的贷前审查按"人品、产品、押品"顺序来评价农户的信用和还款能力，农地抵押更多是附加于信用贷款之上的增信贷款，即在信用贷款 10 万元额度之上根据农地抵押品价值增加相应的贷款额度。贷款利率根据农户信用等级评定、现金流量评价、抵押担保评估"三评"利率定价模型计算执行利率，以农地为抵押可以大幅度降低贷款利率，最低可享受贷款基准利率。

浙江象山农村信用社因为还没有开展无抵押、无担保的纯信用贷款业务，在贷款额度确定上并没有实现"信用 + 抵押"的累加模式，但其农地抵押贷款业务的开展也是以对村和农户的信用信息掌握和信用评定为基础。目前，已经建立近 4 万户农户的电子信息档案，10.8 万户农户的档案也即将实现电子归档，由此直接测算额度和自动实现贷款授信。在贷款实际发放过程中，象山农信社采取了村民集体授信的方式，建立村委会推荐、村民评定小组评定、信贷联络员催还的机制，在农地抵押贷款发放前对风险实现了预先控制。全县已经建立了490 个村评议小组和 490 名支农联络员，实现村村全覆盖，贷款授信余额 3.16 亿元。在以农房和农地为抵押的条件下，农户贷款的利率可以较现行市场利率下降 30%。

同时，因为当前缺乏对农户进行信用评价的信息，大部分农户从来就没有从正规金融机构中贷过款，无法依据信用记录来评价其信用，金融机构直接对其发放信用贷款的风险难以有效保障。因而，很多地方的农村承包地收益权和集体资产股权质押实际上是一种以抵押替代信用的方式。比如甘肃陇南、浙江宁波，因为农户自有承包经营土地规模较小、资产股权收益价值较低，抵押贷款的规模都非常小，贷款规模仅在 2 万 ~ 5 万元左右。这样的额度虽然一般信用贷款就能够满足，但是在当前信息严重不对称的条件下，让金融机构直接推广无抵押、担保信用贷款，其信用评级也仍然是依据能够了解到的资产和收入水平，难以保障有需求的主体获得贷款。通过抵押替代信用的方式有利于增强农村金融的普惠性，同时也成为金融机构建立农村信用体系的重要渠道，当前大量农村信用社积极推进农村土地产权抵押贷款的原因就是为了快速积累客户资源。

（二）"保证 + 抵押"模式

"保证 + 抵押"模式是农户以土地折价入股的形式加入土地合作社，政府为入股合作社的农户发放土地使用权证（或"存地证"），凭借以合作社背书的土地使用权证向金融机构申请贷款。这实际上是由合作社及其社员为贷款人提供了联合担保和保证，合作社也由此获得了入股土地的相关权益，成为农村土地经营和流转的平台，促进了农村土地的集中流转和规模化经营。特别是一些以土地租赁为主的合作社已开始具有"土地银行"的雏形，比如宁夏平罗的土地信用合作社。这种模式主要依靠的是农村"熟人社会"的特质，充分发挥内生秩序的能量，督促贷款农户及时偿清贷款（闫广宇，2008）。而且由于保证人的特殊性以及保证成员享有对流转土地的优先受让权，也解决了农地抵押物处置和价值实现困难的问题（贺雪峰，2008；郭继，2010）。

以同心土地协会为例，农户以自家承包土地总面积2/5 的土地承包经营权（需有土地承包经营权证）入股，入股的土地必须是中等以上地质的土地，每亩地承包经营权原则上按不高于3000 元的标准作价，由夫妻双方共同签字申请，全体常务会员审查过后即成为土地协会会员。会员在向信用社申请贷款时，选择至少三名会员（包括一名常务会员）作为贷款担保人，申请贷款人与协会和担保人签订土地承包经营权抵押协议。协议规定如果贷款到期不能偿还，将其入股的土

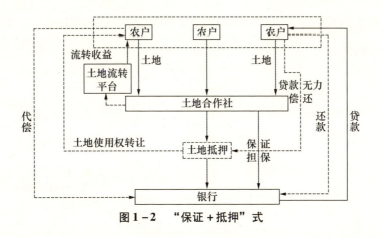

图1-2　"保证+抵押"式

地承包经营权转让给为其担保并进行清偿的会员，或由协会进行转让处置。同心县土地经营权抵押贷款实质是抵押贷款、保证贷款与信用贷款的结合。（李伟伟、张云华，2011）"同心模式"实际上是通过土地入股的方式，将土地承包经营权形式上抵押给了土地协会及为其承担担保责任的担保人，以担保人的保证为基础获得贷款，但同时土地协会对入会者的信用审查与会员间的相互约束，借助非正式制度设定了信用信贷的门槛，并以社员间的信用互助为基础帮助金融机构防范信贷风险。

（三）"反担保+抵押"模式

"反担保+抵押"模式是将农地抵押给第三方机构，农户以第三方机构的担保为基础来向金融机构申请借款，约定当农户逾期不能还款时，第三方机构可以其抵押权将农地进行挂牌竞标流转，以土地的流转收益来偿还债务，一旦债务偿清，再将土地经营权或使用权归还给农户。目前，绝大多数试点地区都是采取这种模式，这种模式的好处不仅是在第三方担保下大大降低了银行的金融风险，而且以独立的第三方土地融资平台为基础，有助于规范和激活农村土地流转市场，从而未来能够基于农地价值的有效变现形成农村土地市场与金融市场的良性循环。

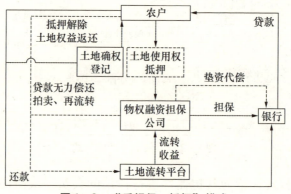

图 1-3 "反担保 + 抵押"模式

　　根据第三方机构的性质与设置方式不同，又可以分为政府主导的农地融资平台、政府主导的土地流转平台和市场化的融资担保平台。政府主导的融资平台好处是以政府风险兜底的公益化运作有利于保障农民的利益和化解银行的风险。比如，吉林梨树的国有物权融资平台，当债务风险发生时先由政府的惠农保障金代偿。政府主导的土地流转平台是以培育农地流转市场和提供土地抵押、流转的各种服务来支撑土地抵押贷款的开展，一般不承担代偿责任，具有更强的中立性。比如，湖南汉寿的农村土地流转服务中心，在审核农户土地承包经营权证和流转租赁合同的基础上，对抵押的农村土地经营权进行认定和价值评估，通过办理"他项权证"以经营权设置抵押，在贷款不能偿还时由土地流转服务中心负责将土地流转、拍卖偿还贷款，政府风险基金不承担代偿责任，只是提供10%的风险补偿。市场化的担保公司有利于培育市场主体和促进市场形成，实现未来农地融资的市场化运作，从而避免完全由政府风险兜底。比如，重庆的兴农融资担保公司、成都农村产权流转担保公司以及黑龙江佳木斯金成农村金融服务公司等，农地实际是抵押给担保公司而非银行，由担保公司出具担保函向银行申请贷款。市场主导模式的发展初期仍离不开政府支持，需要由财政设立风险补偿基金或准备对土地抵押贷款发生的风险给予补偿。

在上述三种模式中，第一种模式实际上是政府帮助金融机构承担了土地抵押融资的风险，在运行过程中不利于市场主体的培育，并可能产生大量的政府或有负债。比如，贵州湄潭县最早以各级财政资金成立了专门从事土地融资的金融机构，负责农地经营权抵押信贷，但土地金融公司的日常经营管理受到来自中央政府部门、地方政府部门等的各种干预和攫取，导致运转资金开始大量沉淀，运行效率十分低下，1988 年成立到 1997 撤销，湄潭县土地金融公司担负了 550 万元不良贷款（惠献波，2014）。第三种模式培育了市场化的融资平台机构，降低了政府和银行的风险，有利于长期可持续的商业化运作。但从实际运行来看，因为增加了中间服务层次，其贷款的成本大大高于其他方式。据重庆永川企业的估计包括利息、担保费、评估费、保证金等在内的农地抵押贷款综合成本按年息计算至少在 12% 以上（黄守宏、叶兴庆等，2013）。有调查者认为，成都农村产权流转担保公司有借农地抵押融资之名放高利贷的嫌疑。黑龙江完全依托民营公司建立农地登记、抵押、流转服务，存在未来大量农地集中于该民营公司的潜在风险，不利于保障农民的土地权益。目前，在操作上农户通过签订土地流转合同将经营权流转给金融服务公司，由其提供担保向银行贷款，并且大多以十几年的经营权为抵押换取 1 年期的贷款，贷款违约的风险很高。第二种模式被认为是政府与市场风险较为平衡，以公益性的免费评估为基础，农地抵押贷款的成本也可以降到最低，由此也是目前各地方较为普遍采用的形式。但就实际的运行来看，为了保障风险的可控，该模式对可抵押土地的要求也是比较高的，只有在规模比较大、租赁年限较长、租金已经缴清等能够支持土地流转价值顺利实现的条件下，才具有可操作性。

（四）"信托＋抵押"模式

"信托＋抵押"模式是指农户将土地承包经营权委托给专业的信托公司，由其代为管理运营和开发经营，以信托方式促进土地流转和实现土地收益权的证券化，由此扩大农户融资的方式与额度。利用土地信托可以有效实现承包权和经营权的分离，让农民作为承包权人享有土地受益权和最终处置权，而信托机构则获得土地经营权，经过对土地的统一规划、连片整理和基础设施建设后，寻找专业的经营者经营，由此提高土地经营的效率。通过信托，农户可以获得比较稳定的土地流转和经营收益，还可以分享土地整改和规模经营所带来的增值收益分成。在信托期间，财政下拨的良种补贴等政策福利仍归土地承包者享有。

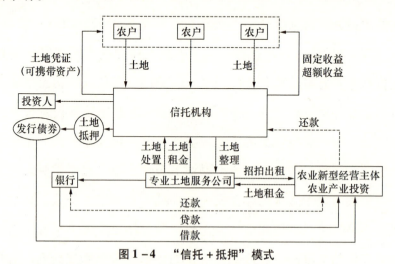

图 1-4 "信托＋抵押"模式

在承包权与经营权分离的基础上，信托机构可以利用其集中的土地经营权为土地开发利用和产业升级改造募集资金。根据实际操作中所选择的具体模式不同，土地信托抵押的抵押权属关系会有所不同。一是信托机构作为土地经营权的全权受托人，在其需要为土地开发整理筹集资金时，信托机构以其所获得的经营权抵押进行发债，由此信托机构成为抵押人，而各个出资者则根据自己的出资份额获得相应的抵押权，比如安徽宿州中信信托的农地经营权流转信托计划。在经营者出现偿债危机时，由信托机构对抵押土地进行再流转，以流转收益保障抵押债券购买者的权益。二是信托机构作为代理流转机构，只负责代理土地流转和与金融机构对接筹措资金，比如福建沙县农行的"土地流转信托贷款"。这时因为土地是受托给信托机构，名义上的抵押人仍然是信托机构，但实际上是经营者受托帮助申请抵押贷款，因而实际的抵押人是经营者，抵押权人是发放贷款的银行，信托机构实际是承担了土地产权管理和价值实现的中间平台作用。

以中信信托安徽宿州土地流转信托项目为例，一方面中信信托接受埇桥区政府集中的5400亩土地承包经营权的委托对这些土地进行管理，并采用财产信托的模式把这些土地交给帝元农业公司经营；另一方面，以资金信托的方式将农地经营权设计成信托产品，进行资本化运作，在市场上筹集的资金再以借贷的形式注入帝元农业，年利率为10%，政府贴息3%~4%。在这个过程中，因为实际的经营企业承受较高的资金成本和租金压力，为了获得更高的租金回报，农地的非农化风险很高，在宿州项目中就出现加工业占地670亩的计划，且这部分计划年产值超过5个亿。另外，中信信托在获得土地的受托权后，实际上成为农村承包经营权的管理者，但作为一个不受村规民俗约束的企业，其对土地的经营是以利润最大化为目的的，难以有效保障农民的承包经营权和顾及农村土地的生态性、社会保障性功能。

在沙县的信托抵押模式中，信托发挥了对土地连片整治的作用，但其原因是信托公司不是完全市场化的，而是政府背景的，承担着政府对农村土地进行整改和以土地流转促进农业规模化经营的公共责任。源丰农村土地承包经营权信托公司的上级主管单位是县农业局，金茂信托是夏茂镇政府注资成立的，信托基金和运行经费均是由财政拨付。

"信托＋抵押"的模式一定程度上回避了当前农地抵押所面临的法律约束问题，并采用市场化的机制推动土地收益证券化，对于实现农地市场价值无疑是一种进步。但信托的利益化渠道，也容易导致农业的非农化、非粮化。这种模式的实施必须要以严格的农地用途管制和强有力的农民权益维护机制为保障，以避免市场的趋利性对农业土地用途的变更和农民利益的侵害。而且就目前的情况看，该模式只适合于务农人口比例较低、对土地转包经营需求较为旺盛、农业规模化生产条件具备的地区，不适合农民对土地依赖程度较大的地方。而且土地信托在我国仍处于探索初期，很多做法都在政策与法律模糊的边界试探底线，在法律制度尚未规范的条件下潜藏着巨大的风险和隐患。

（五）"土地证券化＋抵押"模式

"土地证券化＋抵押"模式是将农地的预期收益转化为金融市场上可以流通的证券形式，以该收益凭证为基础进行抵押和担保融资。"土地证券化"的好处在于能够在保障土地基本产权的前提下，将不可移动、难以分割的土地转化为可以流动化、细分化的金融资产，并可以通过证券市场发挥募集资金功能，有助于解决农地直接抵押价值难以实现的问题。有观点认为，最高层次的土地金融是土地证券化，土地证券化能确保家庭对土地的真实而永久的收益权，是唯一能够解决农地抵押所面临矛盾困境的方法（陆磊，2014）；农地证券化有利于真正实现土地使用权的自由流转（马义华，2011）；农地使用权抵押贷款的证券化不仅能够分散发放农地抵押贷款金融机构的风险，而且还有利于农户的中长期融资（张宇、陈功，2010；张岩、高雅、张颖，2013）。

从具体实践来看，一些试点地区已经出现了一些农地证券化的形式，比如宁波的"房票"、重庆的"地票"以及湖北鄂州的"两指标"抵押。但这些只是土地证券化的初级形态，只是将预期的土地收益转化为可交易的凭证，以此凭证为抵押来申请贷款。宁波江北区"房票"抵押是以集体土地房屋拆迁补偿权益作质押，贷款人凭借拆迁"安置协议"和"集体土地房屋拆迁补偿权益登记证书"向银行申请贷款，将有形的"农村住房"担保拓宽为包括无形的安置房"期权"（即"房票"）担保，让处于拆迁过渡时间里的农户，能提前将资产变现，用作生产、经营。截至2014年5月，宁波市区信用联社房票质押贷款累计发放376户，累计发放金额13333.43万元。而且因为约定了当贷款违约不能偿还时，质押房屋拆迁补偿的方式将由"调产安置"变更为"货币安置"，因而对金融机构来说相对于实物房产，"房票"有着更明确的价值且更容易变现，金融机构对此业务的积极性也比较高。

重庆的"地票"是包括农村闲置宅基地、乡镇企业用地、农村公共设施和农村公益事业用地等农村集体建设用地复垦后，经过土地管理部门严格验收后，取得的面积相等的建设用地指标，是一种土地使用权利的凭证。重庆建立了农村土地交易所，组织"地票"交易，将不同地区的"地票"打包、组合进行拍卖，然后按照面积分配拍卖收益。"地票"将土地的交易转化为票据化交易的模式，把挂钩指标票据化，改变了土地从空间上不可转移的实物形态，使固化的土地资源

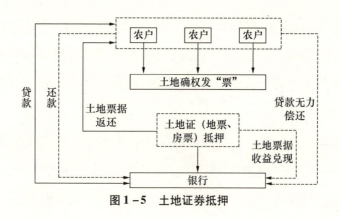

图 1-5 土地证券抵押

转化为可流动的资产。因为"地票"的价值变现比实物土地更加容易，采取"地票"的形式抵押也会大大降低银行的风险。截止 2013年末，重庆累计成交地票 12.84 万亩，成交金额超过 260 亿元，其中 3859 亩土地办理了地票质押贷款，贷款融资金额约 6 亿元（中国农业银行湖北省分行课题组，2014）。类似地，湖北鄂州市开展了建设用地挂钩指标和耕地占补平衡指标交易，两指标凭借市国土局颁发的"指标证明书"可以在农村综合产权交易所挂牌交易。以未来指标交易的收益为保障，农行受鄂州农业发展投资公司委托向 4 家单位发放 2115 万元的委托贷款，用于鄂州市"千村屯地"项目，共整理耕地和形成农村建设用地挂钩指标 649 亩，经挂牌按 16 万元/亩价格交易，归集回农行交易账户资金达到 10377 万元（刘明尧、丁文、彭中，2014）。

"房票""地票"目前还仅局限于将有形土地虚拟化，使其交易和价值实现更加便利化。农地抵押也只是由有形的土地抵押，转换为用土地收益权证明、指标证书的抵押。这仅适用于一些具有显性化价值的特殊土地类型，比如拆迁征用土地、农地转建设用地等，而对于普通的农地和农房由于缺乏明确的需求主体、充分的收益价差，难以在市场兑现土地票据价值，证券化的土地也无法成为有效的抵押物。

三、我国农土地抵押融资试点的实施效果

对于农地抵押融资的实施效果，国内外的研究均存在较大的争议。国外的研究并没有给出一致结论，国内农地抵押融资试点地区基本证实能够缓解信贷约束，但因为尚处于初级发展阶段，缓解的程度以及对长期农村经济发展的影响结果还难以估量。

农地抵押贷款试点的推行使得近期内农地抵押贷款增长很快，试点地区相当一部分农户获得了农地抵押贷款的支持。因此大多数的研究者认为，就具体的试点案例来看，围绕土地权利的抵押进行的金融产品创新，可以缓解农户的信贷约束。

（一）农地抵押贷款对缓解信贷约束的作用

湖南省自开展"两权"抵押贷款试点以来，截至 2014 年 3 月末，全省 13 个县开展农村土地承包经营权抵押，贷款余额为 9566 万元，比去年同期增长 1.2 倍；25 个县开展农房抵押贷款，贷款余额为 84.8 亿元（人民银行长沙中心支行，2014）。宁波市市区农村信用联社自 2009 年 4 月与江北区联合推出"两权一房"贷款业务以来，截至 2014 年 5 月末，已有 2964 户农户获得"两权一房"抵（质）押贷款，累计发放贷款 3.86 亿元。其中股份经济合作社股权质押贷款累计发放 1079 户，累计发放金额 4399.98 万元；农村土地承包经营权抵押贷款累计发放 657 户，累计发放金额 1656.3 万元；农村住宅房屋抵押贷款累计发放 852 户，累计发放金额 19216.1 万元；房票质押贷款累计发放 376 户，累计发放金额 13333.43 万元（宁波市区信用联社，2014）。宁夏同心自开展土地抵押贷款业务以来，贷款农户数和户均贷款金额

分别由 2006 年的 500 户和 0.2 万元，增加到 2010 年的 2819 户和 1.94 万元，增加了约 4.6 倍和 8.7 倍（张云华、李伟伟、伍振军，2011）；截至 2014 年 1 月末，全县土地反担保抵押贷款余额 2.2 亿元，涉及 5 个乡镇 37 个行政村的 6500 余户农户获得贷款，农户抵押土地面积 5.3 万余亩，户均贷款 3.38 万元，未产生过一笔不良贷款（罗剑朝、杨婷怡，2014）。

重庆开县从 2008 年 2 月开始耕地流转经营权质押贷款，半年内向 100 多户专业种植大户发放贷款 800 多万元，同时引入农业保险和农业担保公司信用担保，来分担贷款风险（汪小亚，2009）。山东枣庄以"一证、一社、一所"的形式，即发放土地使用产权证、农民加入土地合作社、建立土地使用产权交易所，把耕地承包经营权资本化，截至 2010 年末枣庄市各类金融机构发放土地经营权益质押贷款共 3267 万元，缓解了土地规模经营的资金制约（马九杰等，2011）。福建屏南县围绕《林权证》抵押，成立小额信贷促进会，开展了林权抵押反担保贷款，充分发挥了熟人监督制约机制，较好地解决了农村信贷市场上银行与林农的信息不对称问题；截至 2010 年末，屏南县金融机构累计发放由促进会推介的"林权抵押 + 反担保"贷款 2128 万元（马九杰等，2011）。黑龙江省肇东市五里明镇采用"供应链金融 + 土地信托抵押"方式，镇政府把下属合作社的土地承包经营权和鱼塘承包权作为种粮信托的财产信托后，以玉米种植合作社为借款主体，利用信托受益权质押为合作社贷款提供担保，把原本法律不许抵押的权利资产通过信托的财产隔离功能而变为可用于抵押的资产，再用种粮公司销售合作社的玉米所得销售款直接给银行还款；截至 2011 年 6 月末，黑龙江银行全行累计发放农业供应链贷款 252 亿元，农业供应链贷款余额 35.93 亿元，覆盖土地 3870 多万亩，惠及农户和就业人群

550多万人（马九杰等，2012）。大庆某银行在杜尔伯特蒙古族自治县巴彦查干乡通过"五户联保＋土地承包经营权抵押"信贷模式，解决了农户融资难问题，该乡新增了近100台水稻插秧机，通过修建提水工程改旱田为水田，种植水稻要比种植玉米亩产多增收300元，全乡年增产值300万元，当地农户人均增收近1000元（吴海涛等，2012）。

但也有观点认为，尽管试点地区农地抵押贷款的规模在快速增大，但相当一部分农地抵押贷款业务都是基于信用等级较高、有其他资产作担保的农户展开，他们大多数并不真正受到严格的信贷约束，农地抵押贷款只是替代了其他贷款的形式，发挥了"锦上添花"的作用。特别是现实中的农地抵押大多不是独立实现的，而是辅之以信用、担保、保证以及其他抵押物联合实施的，很难分离农地抵押贷款对信贷约束缓解的贡献。因而，不能以农地抵押贷款业务的增长量来判断该业务对农村信贷约束的缓解程度。

各地试点实施的情况也具有较大的差异，很多地区由于农地产权制度与流转市场的发育滞后、农户对农地抵押的接受程度比较低，而没有能够有效地推进农地抵押贷款业务。张迎春等（2012）对成都农村产权制度改革的调查发现，农村融资难的问题未得到实质缓解，农地产权残缺、不独立和高交易成本降低了银行的信贷供给意愿，贷款手续烦琐引致的高交易费用也使得需求者意愿不足。

（二）参与农地抵押融资的意愿

也有学者认为，农地抵押贷款实施效果的差异可以部分由农户对此接受意愿的不同来解释，不同地区农户对农地抵押贷款的接受程度差异悬殊。在泰州有近70%的农户愿意参加农地抵押贷款，主要原因是非农就业机会多、融资需求大（林乐芬，赵情，2009）；在重庆开县达到74%左右，主要是农户融资需求急迫，现有正规金融满足度低（邱继勤等，2012）。而在辽宁省则有45%左右农户不愿意参加抵押的原因主要是担心失去土地、不了解政策（于丽红等，2014）；曾庆芬（2010）在成都"试验区"的调查发现只有37.6%的农户土地和房屋产权抵押申请贷款；郭继（2010）的10省调查却发现，只有13.6%的农户希望以抵押方式流转土地，主要制约原因是农民的人情羁绊和金融机构风险无法覆盖。

从农户的预期来看，大多数农户对农地抵押贷款业务还是有很高的预期，农业规模经营者对土地抵押融资的需求最强烈。刘贵珍（2009）对豫北地区1050户农户调查显示，75.05%的农户希望国家出台农地抵押贷款政策，68.76%的农户愿意用承包经营权抵押贷款。于丽红等（2014）的调查研究显示，辽宁省的调查农户中79.22%的农户认为农地抵押融资对其生产经营活动及生活具有不同程度的帮助，45.19%的农户具有抵押土地获取资金的意愿；并且随着农户土地面积的增加，农户参与农地抵押融资的意愿在增强。金媛和林乐芬（2012）对江苏省10个县598户农户的调查研究显示，种植业和养殖业收入与农地抵押融资意愿正相关。由此推断，从事农业附加值高的种植养殖大户才是农地流入以及农地抵押贷款的真正需求者。刘盈和申彩霞（2013）对重庆忠县、开县的调查显示，农户抵押融资意愿与耕地面积、非农经营、县城附近正相关。藏波等（2013）对重庆11个典型村的调查显示，有148户愿意通过土地入股形式将土地流转给大户或企业并且愿意接受以土地使用权进行抵押贷款，占到了调查样本的38.4%，而且农户土地证券化的意愿与非农收入、承包地面积、生产与生活支出显著正相关。

田秀娟（2015）农村土地抵押融资课题组对天津615户的调研显示，普通农户不愿意用农地抵押贷款的最主要原因是担心失去土地以及失地后生活无保障。36.4%的受访者表示害怕土地因此不是自己的了，44.8%的受访者表示丧失土地和房屋的话将生活困难（参见图1-7）。

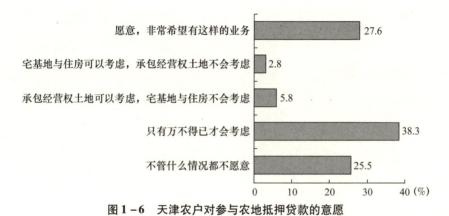

图1-6　天津农户对参与农地抵押贷款的意愿

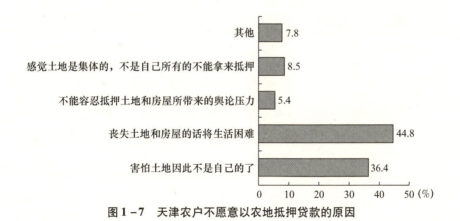

图1-7　天津农户不愿意以农地抵押贷款的原因

信贷员对规模经营农户发放抵押贷款有比较高的积极性。王兴稳和纪月清（2007）发现，大多数信贷员认为农地价值不高、取消赎回权困难，而不愿意接受农地作为贷款抵押物，但当农地价值大于某个阈值后，信贷员开始愿意接受农地作为贷款抵押物。刘贵珍（2009）

对豫北地区 350 位金融机构从业人员调查显示，只有一半的人希望国家出台农地抵押贷款政策，最主要的原因是认为抵押物处置困难、农业经营风险大。兰庆高等（2013）对辽宁省法库县 350 名信贷员的调查显示，由于农地社会保障功能强、取消赎回权的难度大等原因使得金融机构甄别和监督农户非常困难，使得信贷员对于发放农地抵押贷款的意愿不强；但农户性质、农地规模、农地产权稳定性对信贷员发放农地抵押贷款的意愿影响是显著正向的，表明金融机构更愿意向农业大户、农业专业合作社、农业企业提供土地经营权抵押贷款。

四、农地抵押贷款风险防范的困境

农业经营的脆弱性和高风险性要求对农村的金融服务必须要建立起多层次的风险防范与保障机制。当前，我国防范农业经营风险的外围制度体系尚不健全，这是当前开展农地产权抵押业务最大的障碍。各地在推行农地产权抵押试点业务时，基本都采取了抵押变担保的变相抵押方式，同时金融机构与当地政府在农地抵押贷款的风险控制上都设计了一些措施，包括抵押率控制、风险补偿、农业保险等机制，但这些措施综合效力的有效发挥仍受到各环节制度不完善、不匹配的牵制。

（一）抵押条件的限制

为了控制农地抵押贷款的风险，绝大多数试点地区都对抵押率设定了一定的条件，一般都要求贷款的金额不高于抵押土地的评估价值、贷款的期限不长于抵押土地使用权的期限。

只允许部分土地或房产用于抵押，处置时抵押物的分割存在障碍。为了保障农户依赖于土地的基本生存权利，很多试点地区都对用于抵押的承包地的比例做了限制。山东枣庄规定了土地合作社使用土地收益权进行质押贷款时，所使用的土地面积不能超过土地合作社所拥有土地总面积的1/3，贷款期限不能超过三年（马九杰，2011）；宁夏同心土地抵押贷款业务是通过土地协会实施，土地协会规定农户只能以自家承包土地总面积2/5的土地承包经营权（需有土地承包经营权证）入股，也就是农户可抵押的土地面积受到此限制（张云华、李伟伟、伍振军，2011）。吉林的农户将自己2/3承包地的经营权转让给"物权融资公司"用于申请抵押贷款，贷款额度不超过收益评估值的70%，贷款期限不超过5年（杨晓平，2013）。宁波的农房抵押贷款规定了用于抵押的房屋面积必须预留75平方米的自住面积；温州则规定借款人具有一处（含）以上的住所以及第三人提供居住所的书面承诺，才能以农房进行抵押。但问题在于，对于没有进行股权量化的土地和房产，在处置时如何分割成为难题，并且对于承包经营权的进一步分割可能会加剧农地的细碎化。

对抵押土地的规模有要求，限制了农地抵押贷款业务开展的范围。一方面只有土地达到一定规模，才具有可抵押的价值，另一方面也只有规模经营的农户才会有比较大的信贷资金需求。湖南汉寿县要求抵押面积连片集中，并且种植粮食不低于500亩、经济作物不低于50亩、养殖水平不低于50亩；吉林延边规定了农村承包经营权抵押贷款的对象是经营规模在100亩以上的专业大户或家庭农场。这样的规定似乎符合市场的逻辑，但却限制了广大农户土地抵押权的实现，农地抵押贷款业务不能普惠绝大多数有需求的农户。

为防范风险控制抵押率，降低了农地抵押增信的能力。湖南汉寿规定贷款额最高不超过土地经营权及地上种养物评估价值的60%；湖南浏阳农村商业银行贷款额度一般为房屋价值的50%～70%；宁波的贷款额度是不超过农村房屋和土地承包经营权剩余年限价值的60%；吉林延边则对土地承包经营权剩余年限设置不同的抵押率，最高也不超过60%。通常情况，农地价值是以地上附着物的产出来计算，没有考虑土地实际的价值，而且在价值评估过程中金融机构的话语权更强，有低估农地价值的倾向，对本身已经"不值钱"的农地在贷款上再打折扣，农地抵押贷款能够贷到的金额非常有限。另外，农地抵押所要求确权、办证等复杂手续，降低了以农地抵押申请贷款的积极性。

流动性要求对贷款期限的限制，使土地抵押的长期融资功能无法发挥。对于贷款的期限，各地试点几乎都是以一年期以内的贷款为主，很多还严格限定了贷款期限不得超过3～5年，只有个别国家开发银行、农业发展银行等政策性银行才有中长期贷款项目。但在绝大多数国家和地区，以农地为抵押的贷款更主要是解决土地改良、农业设施建设、农业土地租赁与买卖等长期投资问题，以稳定农业生产经营和支撑农业生产现代化，比如美国、中国台湾地区农地抵押贷款短期的也在3～5年，德国和日本短期的也在10年左右，而长期贷款期限一般可以达到30～60年。

（二）市场封闭性的约束

抵押贷款的风险化解主要依赖于抵押资产的流动变现。此次农村土地产权改革，虽然所有权中分离出使用权、经营权与收益权，使其能够抵押和流转，但农村土地市场却是相对封闭的，土地的资本化在封闭市场条件下受到多重的约束。第一，集体土地的所有权和承包权是不能流动的，而使用权、经营权与收益权的流转与价值实现仍然受制于这一不能改变的制度基础，流转的只能是一定期限内的部分权益，因而抵押土地价值只能以剩余使用权、经营权期限内的租金或确定性的预期收益价值为基础进行评估，抵押土地产权价值只是土地的部分价值。第二，土地承包经营权的用途必须严格限定为农业用途，而土地价值的高低与使用的方向有很大关系，在不得转变土地性质的条件下，只能以农业用途计算土地价值，抵押土地价值不会很高。第三，农村集体资产股权的流转必须限定在集体成员内部，农村住房财产权的流转也要限定在所在区域范围内（比如，行政村、乡镇），这大大增加了其流动的难度，且在非常有限的范围内其市场价值提升的空间非常有限。

基于前三个方面的原因，农村土地产权的资本化不可能给投资人承诺很高的回报，未来土地产权资产增值的可能性也非常小，对投资人的吸引力也非常有限，这是其资本化面临的最大障碍。而且在所有权制度的条件下，集体的所有权和农民的土地承包权是不能够剥夺的，土地抵押权的市场实现存在现实上的困难。一个最直接和现实的问题就是当贷款出现违约的时候，抵押的农村土地产权无法处置。即使有条件能够在市场上流转使用权、经营权或收益权，但首先必须要保证集体所有者和承包者的利益诉求，抵押权实现的成本和代价非常高。

（三）风险补偿的两难

在当前不成熟的制度和市场条件下，农地抵押贷款业务对金融机构来说存在较高的风险，因而没有担保的话，大部分商业银行不愿意参与。为了平衡农地抵押贷款业务的收益与风险，充分调动金融机构参与的积极性，各试点地区都建立了一定的风险补偿机制，由财政出资建立风险基金帮助分担金融机构的风险。尽管各个地区风险补偿机制上有不同的探索，但均面临着财政兜底和市场化走偏的两难抉择。

对贷款损失风险直接补偿。目前，重庆首期风险补偿专项资金为5亿元，用于对金融机构因开展农村产权抵押融资产生的损失进行补偿，补偿比例最高不超过损失额的30%，市、区两级政府分别承担20%和10%；对可能出现流离失所危险的农民，该专项基金也将发挥及时救助作用。湖南汉寿县财政出资100万建立农村土地经营权抵押贷款风险补偿基金，初步确定对主办金融机构的贷款损失给予10%的风险补偿。成都市设立3000万的农村产权抵押融资风险基金，若发生损失，农村产权抵押融资风险基金将承担80%的损失，剩余20%由银行承担。宁波江北区由财政出资设立风险基金200万，如果发生贷款损失，则由其承担贷款损失的15%。吉林省财政已安排3000万元作为土地收益保证贷款周转基金的首期资金，60个县（市、区）中的42个也准备了2500万元，发生贷款风险时，由物权公司申请土地收益保证贷款周转基金垫付还款，待土地发包后所得款项用于偿还贷款周转保障基金。

支持担保公司提供贷款担保。莱芜的土地经营权抵押贷款担保基金交给合作担保机构进行信托理财，形成的收益与政府风险基金一并作为风险补偿基金，用于担保代偿；出现风险时，首先由专项风险基金理财收益代偿；不足部分由专项风险基金承担40%的贷款损失、担保公司承担60%的贷款损失。《四川省农村土地流转收益保证贷款试点工作方案》将成都模式的直接补偿，转变为支持融资性担保公司代偿。宁波市政府设立了800万农业贷款风险补偿专项基金，也由对贷款风险的直接补偿转变为对担保的风险补偿,以撬动更多社会担保资金支持农地抵押融资业务。基金的60%可以用于担保公司的资本金,40%可以风险补偿,当发生风险时,按照担保余额给予补偿,最高补偿不超过200万。引入担保后,担保公司将第一位地承担贷款偿还责任,农地抵押实际上成为形式上的抵押,设置抵押的意义显得不那么重要。而担保机构自身的风险难以分散,农业贷款担保业务普遍存在亏损与盈利难的问题,担保机构的可持续发展也存在问题。另外,由于当前对农地产权抵押的担保主体缺乏制度化的规范,市场趋利化倾向容易导致贷款挪用、冒名贷款、变相高利贷、恶意屯地等问题,增加农地抵押贷款的系统性风险。

(四) 保险保障的不足

农业保险是分散农地抵押贷款风险的重要渠道。为了防止因为自然灾害、市场波动等非人为不可抗力导致的偿还能力下降,在美国、法国等国家,农地抵押贷款要求配合实施强制性的农业保险制度。我国的一些试点地区也要求了必须加入农业保险,比如湖南汉寿、山东枣庄,枣庄政府的风险资金是采取80%保险费用来发挥风险保障和市场撬动作用的。宁波在农地抵押试点业务启动之前就比较早地推行了农业保险制度,采取政策性保险的形式,一定程度帮助分散农地抵押贷款风险。但是总体来说,我国的农业保险业务起步比较晚,目前保险涉及的品种还比较单一,现行的农业保险无法满足农户的需求,特别对于有农地抵押贷款需求的大规模、专业化的农户来说,保险公司无法承保价值比较高的经济作物。同时,农业保险大多处于亏损状态,商业保险公司对农业保险业务创新没有积极性。因而当前农业保险对农业信贷风险的分散能力非常有限。

五、试点发展的经验与建议

（一）试点发展的经验

此轮农村土地权益抵押融资试点主要以"自下而上"的自发探索为主，各地根据自己的需求和自身的发展条件，因地制宜地推进了一系列的制度创新，形成了各具特色的发展模式。虽然具体模式的发展受制于其所处的特定条件，难以在全国范围内推广，但实践过程中所发掘的制度关键条件和组织推进经验对下一步"自上而下"的战略部署有着重要意义。

第一，农村土地权益抵押融资需要以土地流转市场的培育和建立为基础，形成一套完整的制度体系保障其有序运行。农村土地权益能够用于抵押的先决条件是土地权益可确认且收益价值能够有保障的实现，这就要求必须建立起"土地使用权证＋土地经营运营机构＋流转交易平台"三位一体的支撑。可以看到，不管是采取什么模式，首先都需要通过对土地权益的有效确权形成普遍认可的价值凭证，再成立相应的土地经营机构以土地的价值经营为贷款提供反担保、保证，为保证抵押土地的合理定价和价值有效兑现，还需要建立联网的土地权益交易所或流转服务中心。

第二，土地权益抵押融资的发展必须要以支农、惠农为基本原则，以一系列条件的限定保障农户的基本利益、农业经营的可持续发展和农村社会稳定。从具体的实践来看，大多数地区都限定了贷款利率的上浮水平，降低了农户融资成本；限定农户用于抵押的土地的比例，确保农户不会因为贷款风险而影响基本的家庭生计；限定土地流转的期限、用途和对象，以避免土地的"离农化"发展和保障最终权益向农户的回归。

第三，政府需要发挥积极的关系协调者、制度构建者和市场塑造者作用。农村贷款难问题的核心是金融机构与农户之间的信息不对称以及金融机构基于资产有限责任的信贷甄别机制与当前我国农村经济资产状况不匹配的矛盾。农地抵押融资本质是由政府帮助搭建一个中间市场平台，将农村最大的经营性资产有效盘活作为解决当前农村金融制度困境的杠杆。在这一过程中，政府需要全方位的介入和支持，通过确立产权关系来明晰相关利益方的权利与职责，通过制定政策来引导发展方向、规范行为主体并以政策激励、风险补偿等方式吸引金融机构的加入，通过直接参与土地资产运营平台的建设和管理启动土地市场的运行以解决最核心的土地价值实现与权益流动的障碍，通过建立产权交易市场平台促进供需双方的有效对接和市场定价机制的形成。

第四，为农地权益抵押融资业务的开展制定系统的配套政策和具体化的实施细则。对于金融机构和农户来说，农地权益抵押融资是一个全新的概念、方法和操作机制，涉及一系列新制度的建立和新市场的发展，需要一个引导和培育市场主体的过程。从推行比较好的地区来看，政府都制定了相关的指导或实施意见、工作方案、管理办法、实施细则以及土地价值评估指南，成立了领导小组有力协调和组织相关部门推进工作。在制度明晰的基础上，一些地方大力培育市场主体，以相关的优惠政策支持土地合作社等土地权益运营机构的发展，以多种宣传形式让农民了解土地权益抵押贷款操作流程。

但在各地试点探索的过程中，也发现一些关键制度条件束缚制约了农地权益抵押融资进一步发展，出现了一些值得下一步推广时注意防范的风险和问题。一是由于法律对农地抵押的限制，银行担心未来的法律风险而非常慎重地涉足农地权益抵押业务，因而业务的开展是非常有限的，全国"两权抵押"的贷款余额不足 150 亿元，只占涉农贷款的 0.07%。二是农地权益流转市场没有形成，土地权益价值难以有效评价增加了业务具体操作的复杂性，依赖于中介的价值评估方式，存在评估费用高的问题，增加了农户的融资成本。而且土地权益价值的难以流转和变现也加大了土地权益经营机构和金融机构的风险。三是农地权益价值与经营收益有着密切的关联，为了保证实现较高的收入偿还贷款，抵押农地流转后大多被用于发展经济作物生产，这带来了未来农业生产结构不平衡的风险。四是一些地区将农地抵押融资与鼓励农业规模化经营相挂钩，推动抵押土地向企业、种植大户流转，传统的家庭经营农户有被逼转为雇佣劳动者的风险。

（二）进一步发展的建议

综合总结各地农地权益抵押融资试点的有益经验，针对发展过程中所存在的一系列问题，对继续推进和完善农地权益抵押融资制度提出如下建议。

第一，国家制度层面应明确对农地权益抵押融资的支持。对各地将农地使用权、经营权和收益权分割独立用作资产抵押的实践探索给予积极的认可，以上述用益物权的确权为基础修订《物权法》《担保法》和《土地承包法》，允许农地使用权、经营权和收益权采取转让、抵押、入股或者其他方式流转。加快推进土地承包经营权、宅基地使用权的确权、登记、颁证、流转等基础性工作，使农地权益成为合格有效的抵押物。

第二，尽快出台相关的政策和意见支持和规范农地权益融资的发展。目前，各地对农地权益抵押融资探索已经取得初步成效，但国家层面尚未出台明确的意见和政策给予支持和指引，使得地方对下一步发展存在迟疑和困惑。借鉴林权抵押贷款的发展经验，国家有关部门应尽快联合出台相关的支持意见和配套政策，确立其业务开展的制度合规性，明晰相关的制度规则、规范具体的操作实践。为稳定农业生产与农村社会的稳定，应当限定抵押土地流转后原则上不得变更土地用途，限制向非农人口和企业流转的比例，严格将包括利率、评估在内的综合贷款成本控制在一定范围内，确保土地权益人具有对抵押土地优先赎回权，对一定额度范围的小额贷款采取免评估放贷。

第三，健全和完善农村土地权益价值评估和流转机制。加快建立健全农村产权交易体系，通过有效的供需对接和公平的挂牌竞价完善土地权益的定价机制、价值实现机制和流转分配机制。支持各地根据自身的条件以信托、债券、票据等方式探索土地权益的资产化、证券化的可操作方法，将土地权益转换为有价值呈现且便于兑换和交易的证券，以相应的证券来实现土地权益抵押融资，逐步减少中介和价值评估环节，简化融资程序和降低融资成本。

第四，支持发展多种形式的土地权益经营机构。农地权益抵押融资发展的关键是要有效将作为生产资料的农地转换为可流动和增值的资本，这就需要一个专业的平台来支撑完成其价值转换和流动。目前各地在实践探索中建立形成了物权融资公司、融资担保公司、信托公司、土地合作社等多样化的土地权益运营平台，不同性质的机构与各地不同的经济发展条件又密切的关系。未来的发展需要进一步加大力度，以专业基金、政策补贴、运营支持等多种方式引导和扶持这类机构发展，鼓励结合地方多种形式和多种机制的探索，支持条件较为成熟的地区建立"农地抵押银行"。

第五，建立多层次的风险防范与保障机制。对于农地权益价值评估需要吸纳村镇组织以及村民小组参与，从而对其土地价值潜力以及经营价值实现有更综合的判断。鼓励农地抵押融资与担保、保证、信用、证券化等多种风险管理机制相结合发展，推动建立农地抵押贷款信息系统，与土地产权登记信息系统相互支持，形成对农户土地状况、土地收益、流转价值以及资产和信用系统记录，支持对贷前的信用评价、贷款跟踪管理的有效风险控制。建立抵押土地的回购和收储制度，保障土地价值的有效周转与流动，设立风险基金对违约贷款给予代偿和一定的风险补偿，探索大区域内或国家整体层面风险基金的联合运行和互助支持机制，以防范区域系统性风险的发生。

执笔人：程　郁

第二章

新型农业经营主体对农地抵押贷款的需求

前面的分析研究表明，一般农户对农地抵押贷款的需求不是很迫切且参与的意愿不是很强，真正需要依靠土地资产抵押获得贷款增信的是农业规模经营主体。因此，我们在浙江、黑龙江、贵州三个省分别选择了两个试点县，对新型农业经营主体信贷需求进行专项调研，一共获得1246份问卷，有效问卷1240份。

一、新型经营主体的信贷需求情况

规模经营主体大都处于事业的初创时期。由图2－1可以看出，新型农业经营主体大量出现的时间点为2005年。规模经营始于2005～2015年间的新型农业经营主体占到总样本的93%之多。事业初创时期的主要特征是投资机会较多，但是净现金流较少。因此，此时的融资需求较大。

（一）生产经营的资金缺口较大

总的来说，新型农业经营主体在生产过程中出现入不敷出的概率

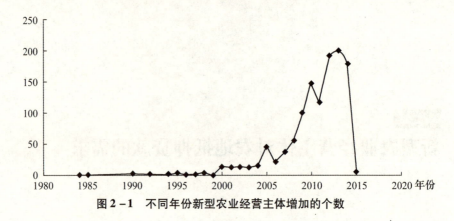

图 2 - 1   不同年份新型农业经营主体增加的个数

是比较高的，2012～2014 年平均每年将近 30% 的生产者在生产过程中面临着入不敷出的情形。这说明新型农业经营主体普遍面临着生产资金缺口，此时新型农业经营主体如果不能获得融资，那么必然会陷入生产困境。因此，表 2 - 1 告诉我们，在新型农业经营主体中普遍存在着融资需求。

表 2 - 1   2012～2014 年面临资金缺口的新型经营主体所占比重

	观测值	均值	标准差	最小值	最大值
2012 年是否存在资金缺口	1240	0.27	0.44	0	1
2013 年是否存在资金缺口	1240	0.29	0.45	0	1
2014 年是否存在资金缺口	1240	0.29	0.45	0	1

对于存在资金缺口的生产经营主体，我们进一步考察了其资金缺口规模。2012 年，在所调查的新型农业经营主体中，共有 330 人面临资金缺口，其平均缺口规模为 115 万元；2013 年，共有 357 人面临资金缺口，平均缺口规模为 96 万元；2014 年，共有 359 人面临资金缺口，平均缺口规模为 139 万元。

当然，实际资金缺口并不必然导致借贷需求，因为在面临资金短缺的时候，经营主体还可以动用自有资金。为了进一步分析目前农业经营主体对外部融资的需求状况，在调查过程中，我们还询问了受访

表 2－2 　　　　　　　**2012～2014 年经营主体资金缺口规模**　　　　单位：元

	观测值	均　值	标准差	最小值	最大值
2012 年资金缺口规模	330	1152357	4307601	5.54E＋07	0.3
2013 年资金缺口规模	357	957757	3589793	4.49E＋07	0.75
2014 年资金缺口规模	359	1386460	5904966	7.05E＋07	1.4

者自己认为的信贷需求。调查结果再次证明了信贷约束的普遍性和严峻性。在受访者中，52％的新型农业经营主体认为目前其所能获得的资金并不能满足其生产发展需要，大约仍存在 115 万的资金缺口。

（二）经营主体信贷需求的影响因素

1. 土地规模

在农业生产过程中，土地规模往往决定了其资本规模，从而在很大程度上将会决定经营主体的信贷需求状况。我们首先比较了贷款申请者与未申请者之间总体土地规模①之间的差异。参见表 2－3。对于农地抵押贷款而言，土地规模越大的经营主体贷款需求就越高。农地抵押贷款申请者的土地规模平均为 2793 亩，是未申请者土地规模的3.5 倍。总体来看，申请贷款者平均拥有的土地规模为 1216 亩，而未申请贷款者平均拥有的土地规模则仅为 932 亩。土地规模越大，经营者对贷款的需求也越强烈，因而申请贷款经营者的平均土地规模大于不申请贷款的经营者，并且土地规模大的经营者土地资产更具有抵押价值，因而农地抵押贷款申请者的土地规模明显大于没有申请农地抵押贷款的经营者。

由于租赁土地往往需要支付较多的土地租金，由此会增加经营主

---

① 总体土地规模包括自有土地以及流转土地。

表 2 - 3　　　　不同类型贷款申请者与未申请者的土地规模比较

		均值（亩）	标准差	频　数
农地抵押贷款	未申请	800	2927	859
	申　请	2793	6995	207
	总　计	1187	4122	1066
其他贷款	未申请	931.7	3338	475
	申　请	1216	4252	726
	总　计	1104	3917	1201

体的资金需求，进而有可能增加贷款需求。为此，我们考察了自有土地占经营土地的比重对贷款需求的影响。总体而言，当自有土地比重增加时，生产者的贷款需求就会降低。申请贷款者自有土地占比为34%，而未申请贷款者自有土地占比则达43%。自有土地比重越大，进行抵押贷款的需求就越低，而其他贷款的需求就越高，因为小规模经营者的自有土地比重会比较高，大规模经营者必须更多地靠流转土地经营。对于农地抵押贷款而言，申请农地抵押贷款者的自有土地占比23%，而未申请农地抵押贷款者自有土地占比则为35%。参见表2 - 4。

表 2 - 4　　　　不同类型贷款申请者与未申请者的自有土地占总土地规模比重

		均　值	标准差	频　数
农地抵押贷款	未申请	0.354	0.436	703
	申　请	0.231	0.368	151
	总　计	0.333	0.427	854
其他贷款	未申请	0.434	0.586	411
	申　请	0.337	0.410	549
	总　计	0.378	0.495	960

2. 经营项目

不同经营项目的资金投入存在很大的区别，因此经营主体所经营项目的不同有可能会在很大程度上影响到其贷款需求。图2－2对比了经营不同项目的经营主体的贷款需求状况。从中可以看出，贷款需求最强烈的经营主体依次是经营水果的生产者、经营花卉苗木的生产者、从事养殖的生产者、种植蔬菜的生产者和种植粮食的生产者。在经营水果的生产者中，69％的经营主体有贷款需求；在经营花卉苗木的生产者中，66％的经营主体有贷款需求；在从事养殖的生产者中，63％的生产者有贷款需求；在种植蔬菜的生产者中，61％的经营主体有贷款需求；另外，有58％的经营粮食的生产者有贷款需求。

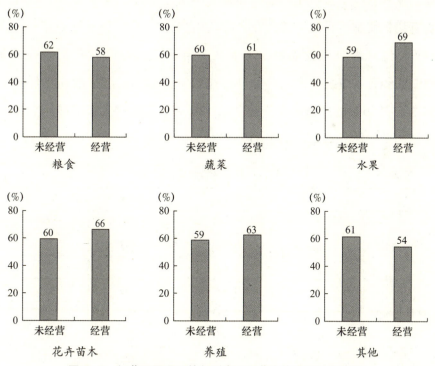

图2－2　经营不同项目的新型农业经营主体贷款需求状况

3. 职业经历

职业经历在很大程度上影响着新型经营主体的资本积累，进而也有可能会影响到其贷款需求。在新型经营主体中，绝大多数经营主体来自于以前务农者，占60%，但是也有相当一部分新型经营主体来自农村外部。在来自农村外部的经营者中，最为主要的是自营工商业，有13%的新型经营主体有过自营工商业的经历。其次是来自农林产品销售和工业企业，分别有7%和6%的新型经营主体来自这两个行业。

表2-5进一步比较了不同职业经历的新型经营主体贷款需求状况。从中可以看出，贷款需求最强烈的是之前从事农林产品销售的经营主体。在该群体中，有76%的经营者有贷款需求；其次，之前在工业企业和科技型企业工作过的经营主体中，分别有72%和71%的经营者有贷款需求；再者，之前在政府/事业单位工作过的经营主体中，有64%的经营者有贷款需求，之前从事自营工商业的经营主体中，有63%的经营者有贷款需求。此外，在农村内部成长起来的新型经营主体中，有56%的经营者有贷款需求；而来自金融机构和房地产企业的新型经营主体其有贷款需求的比重均不到50%。

表2-5　　　　　　　　　　不同职业经历者贷款需求状况

		均　值	标准差	频　数
专业务农	否	0.667	0.472	493
	是	0.560	0.497	732
	总计	0.603	0.489	1225
自营工商业	否	0.599	0.490	1067
	是	0.633	0.484	158
	总计	0.603	0.489	1225
农林产品销售	否	0.592	0.492	1143
	是	0.756	0.432	82
	总计	0.603	0.489	1225
工业企业	否	0.596	0.491	1154
	是	0.718	0.453	71
	总计	0.603	0.489	1225

续表

		均　　值	标准差	频　　数
房地产企业	否	0.605	0.489	1212
	是	0.462	0.519	13
	总计	0.603	0.489	1225
科技型企业	否	0.602	0.490	1208
	是	0.706	0.470	17
	总计	0.603	0.489	1225
金融机构	否	0.604	0.489	1219
	是	0.500	0.548	6
	总计	0.603	0.489	1225
政府/事业单位	否	0.602	0.490	1181
	是	0.636	0.487	44
	总计	0.603	0.489	1225
其他	否	0.594	0.491	1090
	是	0.681	0.468	135
	总计	0.603	0.489	1225

（三）信贷需求难以获得充分满足

总体来看，新型经营主体的信贷需求能够在一定程度上得到满足。在426个有贷款需求的农户中获得了贷款的农户有273个，占64.1%。在210个有土地抵押贷款需求的受访者中，成功获得土地抵押贷款的受访者占到了97%。相对而言，因为农村住房抵押的政策还未推广，农村住房抵押贷款的供给水平则要小很多。在91个农村住房抵押贷款申请者中，成功获得贷款者所占比重为81%。

在2012～2014年间，相对于生产经营者的投入而言，通过借款获得的资金占15%。但是总体来看，通过借贷来解决资金缺口的作用也十分有限，借款额度仅占资金缺口规模的29%。在获得了贷款的农户中，贷款额度能够满足其资金缺口的仅占46%。平均而言，对获得贷款的农户而言，其贷款规模约为1399元，而对于存在资金缺口的农户而言，其资金缺口规模平均为82.43万元。并且，有344个农户指出还需要更多贷款才能满足其生产发展需要，占有贷款需求农户的49%。由此看来，贷款数额大多不能满足新型农业经营者的信贷需求，已获得的贷款对于解决农户的资金缺口只是杯水车薪，对经营规模较大的新型农业经营主体来说信贷约束更主要表现为信贷规模的约束，迫切需要通过创新融资增信手段提高其获得贷款的规模。

（四）贷款大都需要抵押担保

因为农村缺乏有效的抵押资产，大多数经营者是以城市资产抵押申请贷款，这就使得缺乏城市资产的农村内部经营者存在较大的贷款难问题。我们询问了受访者在2011~2014年间所获得的借款是否需要抵押或者担保，调查结果显示，在848个获得了贷款的受访者中，只有29%的受访者表示借款不需要抵押或者担保，而大部分受访者（71%）的借款都需要抵押或者担保，其中需要抵押才能借款的受访者所占比重为37%，需要担保才能获得借款的受访者所占比重为63%。参见图2-3。

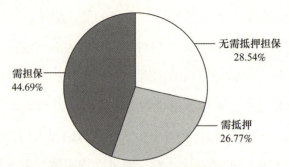

需担保
44.69%

无需抵押担保
28.54%

需抵押
26.77%

图2-3 贷款是否需要抵押担保

主要的抵押物为城市房产，很少有借款是通过抵押汽车和有价证券来获得的。调查显示在通过抵押物获得借款的受访者中，抵押城市房产或者其他物品者分别均占到了48.4%，通过抵押汽车和有价证券获得借款的受访者分别仅占到了4%和2%。虽然其他抵押物主要指的是农地，但是也有相当一部分受访者对其他抵押物具体说明是商品房等。这说明，在当前农村资产不能获得有效认可和抵押的法律支持的条件下，城市资产对于贷款的获得具有重要作用。但由于大多数农村内部经营者缺乏这些资产，因此相对于外来经营主体而言，农村内部经营者在融资方面可能会面临着更大的困难。

二、规模经营主体参与农地抵押贷款的潜力与意愿

（一）农地及其地面附着设施具有较高资产价值

农地的抵押价值主要体现在农地经营权价值[①]。调查显示，新型农业经营者因为流转的土地面积比较大且期限较长，土地经营权一般是具有较高的价值，每个经营者在剩余经营权限内土地租金大约为242万元。土地经营权价值在不同地区存在较大的不同。在四个调查省份中，四川土地经营权价值最高，约为327万元。浙江其次，约为233万元；贵州和黑龙江平均土地经营权价值相对较小，分别约为186万元和197万元。参见图2-4。

土地经营权价值主要体现为土地租金，土地租金的缴纳方式在很大程度上影响着土地经营权价值的抵押功能的实现。一般来说，土地

---

① 我们对土地经营权价值的计算方法为经营土地面积×土地租金价格×剩余经营权。

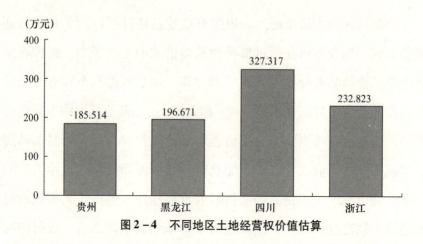

图 2 - 4　不同地区土地经营权价值估算

租金越是采取一次性交付，土地经营权的抵押功能就越容易实现。但是调查显示，租金交付方式主要是一年一付，在需缴纳租金的经营者中有76%的受访者缴纳租金的方式是一年一付，这在较大程度上限制了土地经营权抵押功能的实现。

地面附着设施的抵押价值主要表现为固定资产的价值。调查问卷询问了生产者2012~2014年购买生产设备、建生产性房舍、租用土地支出以及生产设施改造的支出情况。通过加总这些项目，可以得到经营者的固定资产投入。由于调查问卷中没有区分租用土地支出是长期一次性支出还是分期支出，我们分别计算了包括和没包括土地租用费用情形的固定资产投入。当包括了土地租用费用情形时，新型农业经营者2012~2014年固定资产投入依次为36.08、39.75、60.44万元，当没有包括土地租用费用时，相应年份的固定资产投入依次为25.65、24.06、30.69万元。总体来看，新型农业经营者在农业生产过程中进行了较多了固定资产投入，其生产性资产具有一定的抵押价值。此外，在总投入中，固定资产投入所占比重也相对较高。当没有考虑土地租用费用时，2012~2014年固定资产投入所占比重依次为22.32%、19.12%、16.87%；而当考虑了土地租用费用时，2012~2014年固定

资产投入所占比重则依次达到了39.87%、37.83%、39.06%。参见表
2-6。

表2-6　　　　　　2012~2014年固定资产投入情况

	观测值	均值	标准差	最小值	最大值
2012年固定资产投入a	1240	360178.7	1.62E+06	0	2.45E+07
2012年固定资产投入b	1240	256511.5	1.36E+06	0	2.42E+07
2013年固定资产投入a	1240	397525.1	1.43E+06	0	2.20E+07
2013年固定资产投入b	1240	240580.2	1.03E+06	0	1.60E+07
2014年固定资产投入a	1240	604447.1	2.51E+06	0	5.45E+07
2014年固定资产投入b	1240	306916	1.82E+06	0	5.30E+07
2012年固定资产投入占比a	766	0.4	0.31	0	1
2012年固定资产投入占比b	766	0.22	0.28	0	1
2013年固定资产投入占比a	904	0.38	0.31	0	1
2013年固定资产投入占比b	904	0.19	0.26	0	1
2014年固定资产投入占比a	1038	0.39	0.31	0	1
2014年固定资产投入占比b	1038	0.17	0.25	0	1

注：a包括了土地租赁费用；b没有包括土地租赁费用

（二）流转的土地经营权尚缺乏有效的权益保障

流转土地抵押权益保障在很大程度上受经营权证的获得，土地流
转的方式、土地是否集中等因素的影响。一般来说，取得经营权证、
通过正式组织形式获得土地以及土地连片集中可以更好地保障流转土
地抵押权益。

从调查情况来看，流转土地经营权证的获得情况不容乐观。在所
有受访者中，仅有31%的新型经营者拥有流转土地的经营权证。参见
表2-7。分地区来看，不同地区土地经营权的发放情况存在很大的差
异。黑龙江新型农业经营主体获得土地经营权证的比重最大，达

49%，其次是浙江（有土地经营权证者所占比重为34%），再次是贵州（有土地经营权证者所占比重为23%），最后是四川（有土地经营权证者所占比重为16%）。

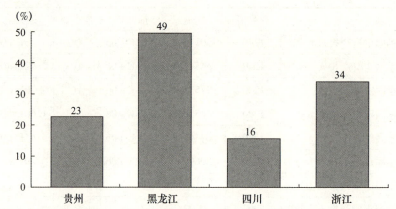

图2-5　贵州、黑龙江、四川和浙江新型农业经营主体流转土地经营权证拥有情况

土地获取的主要途径是经营者与村民自行协商转让，通过该方式获得经营土地者占48%，由村集体帮助协调转让和由村集体集中后统一发包转让而获得经营土地者仅占16%和18%。此外也有7%和4%的受访者是通过土地入股合作以及土地流转服务中介转让获得土地。参见表2-7。由此可以看出，大部分新型经营主体所经营的土地主要是通过与村民自行协商转让来获得的，这种方式存在较强的非正式性，有不少采用的是口头协议的方式。这些非正式协议在获取抵押贷款时往往面临着不被承认的境遇，从而削弱了经营者的流转土地抵押权益。

土地集中连片可以在较大程度上削弱经营者与银行之间的交易成本，因此土地集中连片也是影响经营者土地抵押权益的重要因素。从调查的实际情况来看，虽然大部分经营者（占75%）的土地连片集中，但是也有不少经营者（占25%）的土地无法连片集中，从而影响其土地抵押权益（参见表2-7）。

表2-7　　　　　　　　　　流转土地抵押权益保障情况

		观测值	均　值	标准差	最小值	最大值
有土地经营权证		1098	0.31	0.46	0	1
土地获得方式	与村民自行协商转让	1139	0.48	0.50	0	1
	土地入股合作	1139	0.07	0.26	0	1
	由村集体帮助协调转让	1139	0.16	0.37	0	1
	由村集体集中后统一发包转让	1139	0.18	0.38	0	1
	通过土地流转服务中介转让	1139	0.04	0.20	0	1
	其他	1139	0.14	0.35	0	1
土地集中连片		1141	0.75	0.43	0	1

（三）经营者最希望能以农地农房抵押贷款

经营者最希望用于抵押申请贷款的资产依次为农村土地经营权、农村住房、农业生产性设施（包括大棚、畜舍、鱼塘、灌溉设施及其他辅助基础设施）、农业机械设备、农村集体建设用地、预订订单、保险保单。在1010个有效样本中，有63%的经营者希望用于抵押申请贷款的资产是农村土地经营权，有39%的经营者希望用于抵押申请贷款的资产是农村住房。此外，24%和16%的经营者最希望的抵押资产是农业生产性设施和农业机械设备。

表2-8　　　　　　　　　经营者角度下的理想抵押资产

	观测值	均　值	标准差	最小值	最大值
农村土地经营权	1010	0.63	0.48	0	1
农村住房	1010	0.39	0.49	0	1
农村集体建设用地	1010	0.08	0.28	0	1
农业机械设备	1010	0.16	0.36	0	1
农业生产性设施	1010	0.24	0.43	0	1
预订订单	1010	0.05	0.22	0	1
保险保单	1010	0.01	0.11	0	1
其他	1010	0.05	0.21	0	1

三、农地抵押贷款的获得情况

（一）农地抵押贷款成本较低

就抵押贷款成本而言，贷款成本最低的是土地经营权证抵押贷款和农村住房抵押贷款，城市抵押贷款和担保贷款的成本则相对较高。土地经营权证抵押贷款的年利率为 7.5%，农村住房抵押贷款的年利率为 7.4%，而担保贷款和城市资产抵押贷款的成本则分别达到了 7.7% 和 8.0%（参见表 2−9）。

表 2−9 不同贷款类型的利率比较

	观测值	均　值	标准差	最小值	最大值
农地抵押贷款成本	227	7.51	3.57	0	20
农村住房抵押贷款成本	93	7.41	3.73	0	12
城市资产抵押贷款成本	111	7.96	1.73	0.85	11
担保贷款成本	361	7.74	2.33	0.05	20

（二）不同经营主体农地抵押贷款获取情况比较

总体来看，有 234 户新型经营主体获得了农地抵押贷款，占样本的 19%，占所有获得贷款农户的比重是 80%。不同类型经营主体对农地抵押贷款的需求以及获取存在较大不同。对农地抵押需求强烈的经营主体依次为合作社、农业生产企业、家庭农场、专业大户和一般农户。具体来讲，在不同的经营主体中，有 28% 的合作社、21% 的农业企业、16% 的家庭农场、15% 的专业大户、14% 的一般农户申请过农地抵押贷款（参见表 2−10）。

在申请过农地抵押贷款的经营主体中，贷款获取的概率都比较高，均在 90% 以上。其中贷款获取概率最高的依次为农业生产企业

表 2 – 10　　　　　不同类型经营主体的农地抵押贷款需求情况

		均　值	标准差	频　数
专业大户	否	0.223	0.416	651
	是	0.147	0.355	434
	总计	0.193	0.395	1085
家庭农场	否	0.201	0.401	874
	是	0.156	0.364	211
	总计	0.193	0.395	1085
农业生产企业	否	0.191	0.393	971
	是	0.211	0.409	114
	总计	0.193	0.395	1085
合作社	否	0.159	0.366	785
	是	0.280	0.450	300
	总计	0.193	0.395	1085
一般农户	否	0.204	0.403	902
	是	0.137	0.344	183
	总计	0.193	0.395	1085
其他	否	0.192	0.394	1065
	是	0.200	0.410	20
	总计	0.193	0.395	1085

（成功获取贷款的概率为100%）、合作社（成功获取贷款的概率为98%）、一般农户（成功获取贷款的概率为96%）、家庭农场（成功获取贷款的概率为94%）、专业大户（成功获取贷款的概率为94%）。参见表2 – 11。

　　过往职业经历对当前农地抵押贷款的需求也存在很大程度的影响，其中影响最大的依次为政府/事业单位、工业企业、专业务农、农林产品销售、金融机构、房地产企业、科技型企业和自营工商业。在政府/事业单位工作过的经营主体申请农地抵押贷款的概率为29%，在工业企业工作过的经营主体申请农地抵押贷款的概率为26%，对于

表 2－11　　　　　　不同类型经营主体的农地抵押贷款获取情况

		均　值	标准差	频　数
专业大户	否	0.972	0.164	145
	是	0.938	0.244	64
	总计	0.962	0.192	209
家庭农场	否	0.966	0.182	176
	是	0.939	0.242	33
	总计	0.962	0.192	209
农业生产企业	否	0.957	0.204	185
	是	1	0	24
	总计	0.962	0.192	209
合作社	否	0.952	0.215	125
	是	0.976	0.153	84
	总计	0.962	0.192	209
一般农户	否	0.962	0.192	184
	是	0.960	0.200	25
	总计	0.962	0.192	209
其他	否	0.961	0.194	205
	是	1	0	4
	总计	0.962	0.192	209

农村内部成长起来的经营主体申请农地抵押贷款的概率为21％，从事过农林产品销售的经营主体申请农地抵押贷款的概率为19％。其余之前在金融机构、房地产企业、科技型企业和自营工商业中工作过的经营主体申请农地抵押贷款的概率依次为17％、15％、14％、12％。

表 2－12　　　　　　不同职业经历者的农地抵押贷款需求

		均　值	标准差	频　数
专业务农	否	0.173	0.378	452
	是	0.206	0.405	626
	总计	0.192	0.394	1078

续表

		均　值	标准差	频　数
自营工商业	否	0.203	0.403	935
	是	0.119	0.325	143
	总计	0.192	0.394	1078
农林产品销售	否	0.192	0.394	1005
	是	0.192	0.396	73
	总计	0.192	0.394	1078
工业企业	否	0.188	0.391	1012
	是	0.258	0.441	66
	总计	0.192	0.394	1078
房地产企业	否	0.192	0.394	1065
	是	0.154	0.376	13
	总计	0.192	0.394	1078
科技型企业	否	0.193	0.395	1064
	是	0.143	0.363	14
	总计	0.192	0.394	1078
金融机构	否	0.192	0.394	1072
	是	0.167	0.408	6
	总计	0.192	0.394	1078
政府/事业单位	否	0.189	0.392	1043
	是	0.286	0.458	35
	总计	0.192	0.394	1078
其他	否	0.197	0.398	948
	是	0.154	0.362	130
	总计	0.192	0.394	1078

在这些申请过农地抵押贷款的群体中，申请被批准的概率也都比较高。对于之前从事自营工商业、农林产品销售、工业、房地产、科学技术、金融等行业的经营主体而言，其农地抵押贷款被批准的概率为100%，而对于农村内部成长起来的新型经营主体其农地抵押贷款被批准的概率也有95%。之前在政府/事业单位工作的经营主体农地

抵押贷款申请被批准的概率相对较低，仅有90%的申请者获得了农地抵押贷款。

表 2 - 13　　　　　　　不同职业经历者的农地抵押贷款获取

		均　值	标准差	频　数
专业务农	否	0.987	0.113	78
	是	0.946	0.227	129
	总计	0.961	0.193	207
自营工商业	否	0.958	0.201	190
	是	1	0	17
	总计	0.961	0.193	207
农林产品销售	否	0.959	0.200	193
	是	1	0	14
	总计	0.961	0.193	207
工业企业	否	0.958	0.201	190
	是	1	0	17
	总计	0.961	0.193	207
房地产企业	否	0.961	0.194	205
	是	1	0	2
	总计	0.961	0.193	207
科技型企业	否	0.961	0.194	205
	是	1	0	2
	总计	0.961	0.193	207
金融机构	否	0.961	0.194	206
	是	1	0	1
	总计	0.961	0.193	207
政府/事业单位	否	0.964	0.186	197
	是	0.900	0.316	10
	总计	0.961	0.193	207
其他	否	0.957	0.203	187
	是	1	0	20
	总计	0.961	0.193	207

（三）农地抵押贷款对信贷需求的满足程度较高

在试点地区，农地抵押贷款已经成为新型农业经营主体获得贷款的主要方式。农地抵押贷款额度占抵押贷款额度的比例达92%之多，占所有贷款额度的73%。此外，农地抵押贷款也能在一定程度上满足新型经营主体的生产经营过程中的资金需求。在获得农地抵押贷款的经营者中，52%的经营者认为其目前的资金状况已经能够满足其生产发展的需求。

分地区来看，农地抵押贷款对新型农业经营主体生产发展需求的满足程度存在较大差异。就调查地区来看，浙江农业经营者中76%的受访者认为通过农地抵押贷款可以满足其生产发展的需求，在黑龙江有44%的新型农业经营主体认为农地抵押贷款可以满足其生产发展的资金需求。而在贵州和四川，认为农地抵押贷款可以满足其生产发展需求的经营主体分别仅为25%和13%。这与不同地区农地抵押贷款的操作模式不同、各地区生产者经营土地规模的差异以及生产者经营类型不同对资金的需求不同有关。浙江的湖州和嘉兴两个地区是将经营土地上的固定资产也联合评估抵押，黑龙江则是因为生产者经营的土地规模比较大，因而这两个省的土地经营权具有比较高的抵押价值。

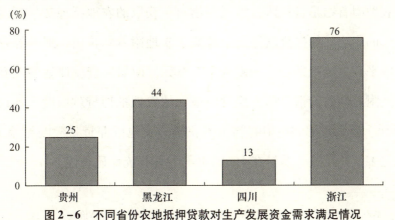

图2-6　不同省份农地抵押贷款对生产发展资金需求满足情况

（四）地上附着物能大幅增加农地抵押贷款额度

总体来看，农地抵押贷款的实际抵押率[①]是比较高的，达 76%。平均而言，进行了价值评估的农地其评估价值平均为 365 万元，评估费用一般都比较低。在参与了农地价值评估的受访者中，39% 的受访者表示评估过程中并没有收取任何评估费用，总体评估费用平均为 1734 元。在农地价值评估过程中，农地附着资产往往并没有计算入抵押土地的总价值中。在参与了农地价值评估的 170 个经营主体中，仅有 55% 的受访者表示贷款评估时考虑了农地附着物的价值。进行了农地附着物评估的资产价值一般都是比较高的，平均达 481 万元。参见表 2-14。

表 2-14　　　　　农地抵押贷款过程中的价值评估情况

	观测值	均值	标准差	最小值	最大值
农地评估价值（万元）	149	365.59	717.13	0	6800
抵押率	135	0.76	1.42	0	10
评估费用（元）	61	1734.82	5510.07	0	40000
考虑农地附着物的农地抵押价值评估占比	170	0.55	0.50	0	1
农地附着物价值（万元）	99	481.08	1095.21	0	8000

农地附着物是否被认为是抵押物对于获取的农地抵押贷款额度有着较大的影响。如果贷款评估中考虑了农地附着物价值，那么经营者申请的平均农地抵押贷款额度为 206 万元，而如果贷款评估中没有考虑农地附着物的价值，那么经营申请到的农地抵押贷款额度平均仅为 82 万元。有无考虑农地附着物价值获得的农地抵押贷款额度相差 124 万元之多，并且这一差异在 1% 的水平上具有统计显著性。

---

① 本书对抵押率的计算方法为抵押率 = 获得贷款/抵押农地资产评估价值。

表 2 - 15　　有无考虑农地附着物价值对农地抵押贷款获取额的影响　单位：万元

	均　值	标准差	频　数
考虑了农地附着物价值	206.3	377.2	86
未考虑农地附着物价值	81.97	140.3	67
总计	151.9	303.2	153

（五）农地抵押贷款主体具有较强的偿还能力

总的来看，农业经营主体对其债务具有较强偿还能力。对于存在贷款的经营主体而言，其净利润总体而言要大于其所借款额。2012 ~ 2014 年净利润依次为 329 万元、412 万元和 1707 万元，而总贷款额度仅为 127 万元。参见表 2 - 16。但是需要指出的是，尽管平均而言，负债者的净利润高于其贷款额度，但这并不意味着所有负债者都是这样。从表 2 - 16 中可以清晰地看出，有不少负债者在 2012 ~ 2014 年间并未盈利，甚至处于亏损状态。因此仍然存在着一定的违约隐忧。

表 2 - 16　　　　　负债经营主体的净利润与贷款额度比较　　　　单位：万元

	观测值	均　值	标准差	最小值	最大值
2012 年净利润	564	329.0202	3190.224	- 10715	51000
2013 年净利润	636	412.9341	4196.18	- 1600	76000
2014 年净利润	714	1707.437	35337.58	- 11000	937500
贷款总额	744	127.7345	378.6614	0	6200

对于有农地抵押贷款的经营主体而言，其净利润总体而言也远大于其农地抵押贷款额度。2012 ~ 2014 年其净利润依次为 703 万元、974 万元和 5190 万元，而其农地抵押贷款额度仅为 136 万元。见表 2 - 17。但是，同样也存在不少净利润为负的经营者，这些经营者的还款能力值得关注。

就实际还款情况而言，不能按期偿还的概率也是比较小的。在有农地抵押贷款的 269 个经营主体中，认为不一定能按期还款的受访者仅有 15 人，所占比重不到 6%，绝大多数借款者已经或者认为一定能按期偿还。

表 2 - 17　　农地抵押贷款经营主体的净利润与抵押贷款额度比较　单位：万元

	观测值	均　值	标准差	最小值	最大值
2012 年净利润	123	703. 155	4507. 488	− 10715	37500
2013 年净利润	158	974. 2285	5791. 324	− 78. 5	56250
2014 年净利润·	199	5190. 211	66541. 98	− 11000	937500
农地抵押贷款	201	135. 6144	279. 0475	0	2650

图 2 - 7　经营主体还款能力的自我评价

当出现债务危机时，农业经营主体首先采取的措施是想方设法筹集资金还上（69% 的受访者选择了该措施），其次采取的措施是继续偿还利息和支付租金，希望银行贷款延期（27% 的受访者选择了该措施），最后是放弃土地、房产及相关附着物，任凭银行处置（7% 的受访者选择了该措施）。

表 2 - 18　　　　　　　　　经营主体应对债务危机的措施

	观测值	均　值	标准差	最小值	最大值
放弃土地、房产及相关附着物，任凭银行处置	223	0. 07	0. 26	0	1
想方设法筹集资金还上	223	0. 69	0. 46	0	1
继续偿还利息和支付租金，希望银行贷款延期	223	0. 27	0. 45	0	1
其他	223	0. 07	0. 25	0	1

四、农地抵押贷款的影响分析

（一）农地抵押贷款对生产投资有显著的促进作用

前一期农地抵押贷款与后一期生产投入之间具有较强的相关性。2012 年之前获得的农地抵押贷款额度与 2012 年总投资额之间的相关系数为 0.74，2013 年之前获得的农地抵押贷款额度与 2013 年总投资额之间的相关系数为 0.57，2014 年之前获得的农地抵押贷款额度与 2014 年总投资额之间的相关系数为 0.52。参见图 2 - 8。

前期农地抵押贷款与后面生产投入之间的正相关关系，在一定程度上可以说明农地抵押贷款对农业生产投资具有促进作用。以后期投入作为因变量、前期投入作为自变量的简单回归分析表明，2012 年之前的抵押贷款每增加一万元，2012 年的生产投入也相应增加一万元，并且这一关系在 1% 的水平上具有统计显著性，并且抵押贷款解释了生产投入变动的 55% 之多；2013 年之前的抵押贷款每增加一万元，2013 年的生产投入也相应增加 1.5 万元，并且这一关系在 1% 的水平上具有统计显著性，同时抵押贷款解释了生产投入变动的 32%；2014 年之前的抵押贷款每增加一万元，2014 年的生产投入也相应增加 1.8 万元，并且这一关系在 1% 的水平上具有统计显著性，同时抵押贷款解释了生产投入变动的 27%。

（二）农地抵押贷款有力促进经营者总收入增长

抵押贷款对毛收入有着较强的促进作用，前期土地抵押贷款额度越大，后期农业生产的毛收入就越高。2012 年之前土地抵押贷款与 2012 年的毛收入之间的相关系数为 0.64，2013 年之前土地抵押贷款

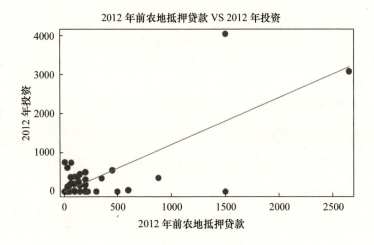

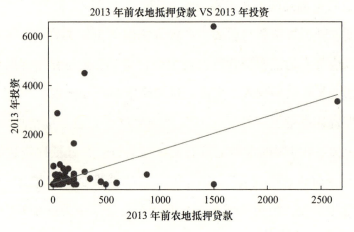

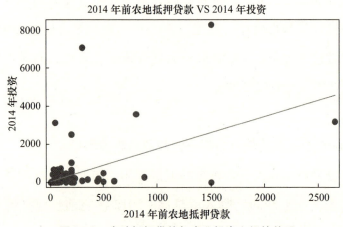

图 2 - 8　农地抵押贷款与农业投资之间的关系

表 2－19　　　　　　　　农地抵押贷款对农业投资的影响

	（1）2012 年投资	（2）2013 年投资	（3）2014 年投资
农地抵押贷款	1.112***	1.454***	1.758***
	（0.117）	（0.223）	（0.261）
常数项	1.997	83.77	78.89
	（50.00）	（87.17）	（91.28）
观测值	76	92	126
r 方	0.551	0.322	0.268

注：括号内数值为标准误，***$p < 0.01$，**$p < 0.05$，*$p < 0.1$。

与 2013 年的毛收入之间的相关系数为 0.15，2014 年之前土地抵押贷款与 2014 年的毛收入之间的相关系数为 0.74。参见图 2－9。

进一步的简单回归分析表明，2012 年之前土地抵押贷款每增加一万元，2012 年的毛收入就增加 1.6 万元，并且这一关系在 1% 的水平上具有统计显著性，同时土地抵押贷款的变动解释了 2012 年毛收入变动的 42%；2013 年之前土地抵押贷款每增加一万元，2013 年的毛收入就增加 1.8 万元，但是这一关系不具有统计显著性；2014 年之前土地抵押贷款每增加一万元，2014 年的毛收入就增加 2.3 万元，并且这一关系在 1% 的水平上具有统计显著性，同时土地抵押贷款的变动解释了 2014 年毛收入变动的 55%。

表 2－20　　　　　　　　农地抵押贷款对农业毛收入的影响

	（1）2012 年毛收入	（2）2013 年毛收入	（3）2014 年毛收入
农地抵押贷款	1.623***	1.803	2.298***
	（0.221）	（1.209）	（0.188）
常数项	40.74	548.0	105.3
	（94.69）	（473.2）	（65.75）
观测值	76	92	126
r 方	0.421	0.024	0.547

注：括号内数值为标准误，***$p < 0.01$，**$p < 0.05$，*$p < 0.1$。

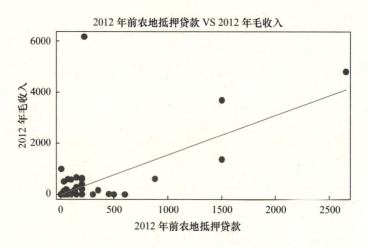

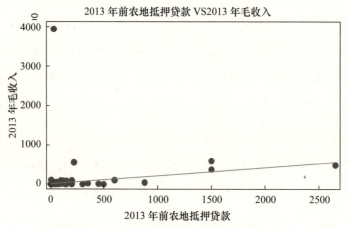

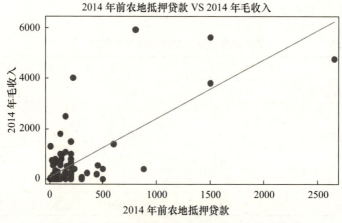

图 2 - 9　农地抵押贷款与农业毛收入之间的关系

（三）农地抵押贷款对净利润的影响尚不明显

虽然农地抵押贷款对农业生产投入和农业毛收入均有比较强的影响，但是对净利润没有太强的影响。2012 年之前获得农地抵押贷款额度与 2012 年的净利润之间的相关系数为 0.21，2013 年之前获得的农地抵押贷款额度与 2013 年的净利润之间的相关系数为 0.04，2014 年之前获得的农地抵押贷款额度与 2014 年的净利润之间的相关系数为 - 0.0014。因此，总体而言，可以认为农地抵押贷款并不能有效地促进净利润的增加。

需要指出的是，农地抵押贷款对经营绩效的影响可能短期看不出来。其中的一个原因是贷款发放具有较大的选择性。因为是试点，可能优中选优，本身挑选的就是经营绩效比较好的进行放贷，同样获得城市抵押贷款也可能有更好的绩效。农地抵押贷款对经营绩效没有显著影响的另一个可能的原因在于资本投入过大，短期内无法收回，使得很多农户的净利润为负。

五、结　论

农业新型经营主体有较大的资金需求，经营的土地规模越大其融资的需求也越强烈，融资难是制约其扩大再生产和产业升级的主要障碍。现行的金融制度下，新型农业经营主体只能主要依靠城市资产抵押或担保获得贷款，但贷款的成本较高，并且获得贷款的额度与实际的资金需求还有较大差距，对满足新型农业经营主体的贷款需求作用有限。

调查显示，新型农业经营者因为流转的土地面积比较大且期限较长，并且很多经营者在土地之上进行了大量的资产投资，土地经营权及其地上附着资产有着较高的价值，初步具备了成为市场有效抵押品的基本条件。经营者也迫切希望能够以农地经营权抵押贷款，解决其融资困境。因为新型农业经营者在土地上的投资规模较大，如果农地资产不能够盘活，将大大挤占其生产周转资金，制约其进一步的升级改造、生产扩建，甚至威胁生产运营的可持续发展。在试点改革地区，农地抵押贷款较为有效地满足了农业新型经营主体的贷款需求，对促进农业生产投资和收入增长具有一定的促进作用。而由于新型农业经营者的投资规模比较大，且目前大多数尚处于投资建设期，投资成本的收回尚需时日，因而还看不出对经营利润的影响效果。因而，农地抵押贷款对于培育新型农业经营主体，促进农业生产方式的转变具有重要意义。

但目前，我国对农地流转的制度规范尚未建立，流转的土地经营权缺乏有效的法律保障，在调查的试点地区获得流转土地经营权权证的比例只有31%。而且很多没有申请农地抵押贷款的农户主要是因为流转不规范，无法满足抵押的制度条件。所以，需要进一步完善土地流转制度，支持和促进农地成片适度规模地向有能力的农业经营者长期转让，积极推进经营权确权工作，为农地抵押贷款的推广创造有利的制度和市场条件。

执笔人：阮荣平

第三章

发达国家农地金融制度的经验及其启示

19 世纪末和 20 世纪初，发达国家曾普遍面临农村资金匮乏、农民遭受高利贷盘剥、农业危机频发等问题。为解决这些问题和推进现代农业发展，德国、美国、法国等国家开始探索土地金融制度，他们依据法律成立了专门的农地金融机构并设置相应的管理部门，采取自下而上和自上而下相结合的方式与合作金融机构联合在全国范围内开展农地抵押贷款业务，并以政府的财政资金、债券发行和税收优惠支持保证其政策功能和可持续运行。发达国家农地金融制度是以政府担保发行农地抵押债券为基础，引导了城市资金向农村转移，对其农业现代化发展发挥着重要的支撑作用。这样一套制度体系以及他们的发展经验，对于我国当前探索和推进农地抵押融资试点改革、解决农村发展资金约束问题有着一定借鉴意义。

一、农地金融是农村政策性金融的重要工具

通过发展农地抵押融资制度，发达国家有效解决了在农业现代化发展过程中面临的资金匮乏问题，促进了农地的合理流转和适度规模

经营，进而逐渐形成了较为发达的农地市场，实现了农村金融市场与农村土地市场的良性互促发展。农业规模化经营的发展带动了农村土地市场的兴起和繁荣，使得很多政策性土地银行通过市场业务的拓展摆脱了对政府支持的依赖，建立起了农地金融市场化运行机制。但这一市场化过程是经过长期的实践积累，随着农业经营主体的成长，土地市场和农地抵押债券市场成熟，而逐步实现的。

在创建之初，所有国家和地区的农地金融制度设计与建立既不是以农村土地的市场化为基础，也不是以促进农地市场化流转为目的，而是以保护和促进农业发展为目的，作为农村土地产权改革和农业发展支持政策的配套制度实施的，具有较强的政策性功能，整个农地金融体系的建立和运行是以政府强有力支持为基础的。

第一，农地金融制度是农业支持政策的重要方面。德国、法国农地金融制度的创建都是为了抑制日益严重的农村高利贷，而后成为支持农业现代化发展的配套措施。中国台湾地区的农地金融制度发展是适应土地改革的需要，早期是通过政府发行土地债券从地主手里购买土地，帮助农户实现了"耕者有其田"的目标，当前则是配合"小地主大佃农"政策的实施，为农业土地经营者提供发展所需要的资金支持。美国农地金融制度源于农业危机下对市场调节农业生产局限性的反思。因为意识到市场调整农业生产的局限性，认为需要建立政策性的农业信贷体系对农业发展给予必要的支持和干预。因此，美国的农地金融制度从其诞生之初就是政府调节农业生产规模和发展方向的重要手段，一直到现在美国仍然是通过农地金融制度贯彻农业政策和促进农业可持续发展，确保其耕地保护、农业经营、目标价格补贴和水土保持等政策目标的实现。在美国很多州，只有那些遵从农地保护协议的农地所有者才有资格申请农地抵押贷款。日本和韩国的农地金融制度主要是为了引导土地改良、促进适度规模经营、提高土地利用效率和扶持自耕农发展。

第二，发展农地金融是为了向农业与农村提供长期的低息融资。发达国家或地区农地金融制度的目的是以土地为担保为农业与农村发展提供长期融资。农地抵押贷款是在严格限定贷款对象和贷款用途的前提下，实施优惠贷款利率和优惠贷款期限。美国从农地金融制度建立之初就要求对农场主购买土地和其他固定生产资料予以低息贷款资助，贷款利率在 60 年代中期以前普遍较低，后来略有上升但仍维持在 7% ~8% ，总体低于同期市场利率，政府对土地银行的利息损失给予补贴；借款期限短期一般 3 ~ 4 年，长期一般 30 ~ 40 年，并允许借款人根据自身的情况自愿选择到期一次性偿还、定额或任意比例分期偿还的弹性还款方式。美国农地抵押贷款主要支持农场主购买土地和其他固定生产资料及改良土地，是美国农贷业务的核心支柱。2013 年农村长期不动产抵押贷款为 941.94 亿美元，占到了农贷系统贷款总额的 46.85%[1]。因为政府对土地银行的利息损失给予补贴，其贷款利率低于同期市场利率，2010 年农地抵押贷款利率为 5.9%。德国土地抵押贷款期限一般是 10 ~ 60 年，贷款总成本（包括利息、摊还的本金、合作社分摊的营业费用、合作社公积金）约占贷款的 5% 左右，利率会随当地农业生产情况和市场利率变化有所浮动，10 公顷以上农场还能享受更优惠的贷款利率，还款方式主要是分期还本付息。法国的《农业指导法》和《农业指导补充法》规定了对购买土地和农业机械的大农户给予无息或低息贷款，《土地银行法》要求向农户提供带有政府财政补贴的长期低息贷款。日本的农林渔业金融公库采用长期固定低

---

① FCA 2013 Annual Report on the Farm Credit System.

息利率，贷款期限 10～45 年不等，平均为 20 年；除了贷款的名义利息外，借款者在符合条件的情况下，还可以申请减息，该部分利息损失由隶属于政府的"农林渔业振兴基金会"补足。台湾土地银行的贷款利率仅在 0～1.5%，"小地主大佃农政策"贷款是无息的，经营贷款年息也仅为 1.25%，"扩大家庭农场规模购地贷款"和"农机贷款"的年息为 1.5%。

第三，农地金融机构是政府主导创建的非营利机构。发达国家或地区农地金融制度建立的实践表明，政府是农地金融机构起步创建的主导者或主要推动力量，并且在其发展过程中还需要发挥持续的支持和引导作用。发达国家农地金融机构几乎都是以政府为主导创建的。德国农业地产抵押银行属于公法机构、受联邦政府领导，最初的资本金来自德国农业和林业部门拨款，各地土地抵押信用合作社是半官方机构，土地信贷银行[1]也多是由地方政府建立。美国联邦土地银行是由政府出资创建的，初始资本中政府股份占到了 80%[2]，联邦农业抵押公司是政府投资企业，承担为农贷系统融入资金的政策使命。法国土地信贷银行虽已改制为股份制公司，但其运作仍然是以政府强有力的信用担保和财政支持为基础。日本劝业银行、农土银行、北海道拓殖银行等土地银行均由日本政府投资入股，授权其发展土地抵押信贷业务，政府还专门拨款支持其支付股息。中国台湾地区的农林金库是"农委会"直接出资成立的农业金库，其股份比例为 44.5%。意大利的不动产信用银行则由政府拨款形成其资本金。为农地金融提供风险

---

[1] 土地信贷银行是由地区政府、地方银行持股的股份制银行，接受国家管理，目的是为无法从合作社获得贷款的小规模农户提供信贷支持。

[2] 按照《联邦农业贷款法》规定，借款人要以每笔贷款金额的 5% 来购买联邦土地银行抵押合作社的股份，由此政府出资逐渐转为借款人资本，使土地银行成为农民自己的银行。1988 年，联邦土地银行与联邦中介信贷银行合并为农场信贷银行。

担保的台湾农业信用保证基金，其资本金65%都是由政府投入的。韩国是由政府建立韩国土地公社。

第四，政府对农地金融机构给予了充分的政策支撑。为了保证农地金融机构能够可持续地为农业与农村发展提供低成本的信贷服务，大多数国家的政府都通过直接支持和间接的平台搭建，为农地金融机构筹集发展资金或地区和提供信贷风险保障。法国政府从农业预算中拨付的大量贴息资金给农地金融机构；中国台湾的行政院农业发展委员会、台湾省粮食局等政府机构都借款给土地银行，台湾中央银行也给予特种贷款支持；日本大藏省的"财政投融资特别会计窗口"负责把邮政等政府金融机关筹措的资金集中起来，再转借给农地金融机构使用，而且如果贷款损失，还可获得政府"农林渔业振兴基金会"的利息补偿。1987年美国以财政为担保发行40亿15年期的国债支持农场信贷系统，由财政分别给予前5年利息的全额支付和后5年利息的减半支付。此外，多数国家政府都给予农地金融机构以税收优惠。如美国允许联邦土地银行债券、票据的持有者免交州所得税和地方所得税，联邦土地银行和合作社除自身所有的不动产仍需缴纳税收外，免征其他一切税收。德国抵押银行由于该行是承担公共使命的非营利机构，免缴纳企业所得税和工商税。

二、政府支持发行农地抵押债券是农地金融
可持续发展的基础

农业投资回报期长、农地价值变现困难，决定了趋利性的金融资本无法扎根农村。美国、德国和法国以政府支持的农地抵押债券为贷款机构募集资金，并通过发展农地抵押债券二级市场增强放贷机构的

表 2—1

发达国家或地区农地金融制度的比较

国家或地区	美国	德国	法国	日本	中国台湾
形成时间	20 世纪初	18 世纪末	19 世纪中	19 世纪末	20 世纪中
创建目的	应对农业危机，防止农场主破产；农地与农户保护	早期抑制农村高利贷，近期促进土地改革和农业发展	抵制高利贷	保障农业长期投资	早期抑制高利贷，近期服务土地改革和农业规模经营
主要机构	联邦土地银行、农场信贷合作社、联邦农业抵押公司	土地抵押信用合作社、土地信用银行、地租银行、农业中央银行	国家农业信贷金库、法国土地信用银行	农林渔业金融库、信库、农联、土地银行农协、土地银行	农会信用部、农业金库、台湾土地银行、中国农民银行
资金来源	吸收股金、土地债券、盈余公积金、国债基金募资、国债	股金、发行土地债券、农业土地税注入资本金	发行股票、债券以及政府的预付款	日本邮政储蓄资金	吸收存款、中央银行贴现、政府和银行同借款和承办转贷资金
贷款利率	5%～7%	4%～5%	低于市场利率	平均 3.98%	0～1.5%
贷款期限	短期 3～4 年长期 30～40 年	10～60 年	长期	10～45 年	3～20 年，购买土地 30 年

续表

国家 或地区	美国	德国	法国	日本	中国台湾
风险 防范	强制农场信贷保险制与保险基金、农业信用协助体系		强制性、补贴性农业保险	"农业信用保证保险制度" 以及 "临时性资金调剂和相互援助制度"	农业信用保证基金
政府 支持	政府担保发行土地债券；土地银行免税、债券持有者免所得税	准许发行土地债和债权的流通；抵押银行企业所得税和贸易税；财政补贴利息差额	农业预算中拨付的大量贴息资金；对土地银行更低的准备金率要求	"财政投融资特别会计窗口" 筹资；农林渔业振兴基金会" 的利息补偿	政府与中央银行借款
相关 法律	《联邦农业贷款法》《联邦农业抵押公司法》《农业信贷法》《农业信用法》	《德意志农业地产抵押银行法》《德国担保法》	《土地银行法》《农业指导法》	《农林渔业金融公库法》《农业协同组合法》	《农业金融法》

资产流动性，建立了农地抵押贷款商业化可持续的运作机制。农地资产债券化是发达国家农地金融系统能够成功运作的关键，重要意义在于，以土地收益为担保发行债券融资，对资产的收益和风险进行分离和重组，可以帮助金融机构分散农地抵押贷款业务的风险，并建立起农村产业投资的长期融资通道。

一是农地债券化建立了资金从城市向农村转移的机制，保证了农贷系统的低成本资金来源。农村资金匮乏是这些国家在农业现代化起步期面临的共性问题，农村内部资金无法满足农业长期性、规模化投资需要。通过将抵押土地打包发行债券实现了跨区域、跨部门的融资，有效扩大了金融机构的贷款能力。在政府的授权和担保下，德国土地抵押信用合作社可以直接或成立联合合作银行发行以集合抵押土地为担保的债券，联合合作银行负责推销债券和赎回债券及协调各合作社之间的资金融通。后来，德国成立了农业地产抵押银行，以政府信用为担保发行农地抵押债券，为各个土地抵押合作社和土地信贷银行提供信贷资金支持。美国早期是由联邦土地银行统一发行农地抵押债券，再将募集资金按照抵押土地资产比例向各土地银行发放"批发贷款"。后来则是由联邦农业抵押公司通过购买抵押贷款或抵押贷款支持债券，向发放抵押贷款的银行提供流动性支持。这些农地抵押债券有政府担保且流通性强，对投资机构来说因为安全和收益免税而备受青睐，对贷款银行来说其成本也大大低于其他的筹资方式。

二是农地债券化使得贷款银行可通过债券流通回收资金，解决了抵押农地处置难的问题。为了促进债券流通，美国设立了联邦农业抵押公司，以债券购买、购买承诺和持有为农地抵押贷款债券提供担保，吸收社会资本投资农地抵押债券，由此建立了农地抵押贷款流转的二级市场。德国农地抵押债券的流动性也很强，债券流通不受地域的限制。贷款银行可以卖出农地抵押债券的方式来实现抵押权，这大大分散了贷款银行的资产风险。在贷款出现偿还危机时，银行能够在保障资产安全的情况下尽量避免处置抵押土地，可以更多以贷款延期、救助支持的方式防止逾期贷款转化为呆坏账。因而，农地抵押贷款违约率很低，处置抵押农地的情况更是微乎其微。比如，从 2003 年到现在，美国农贷系统中不付息的农地抵押贷款占贷款总额比例都在 1% 以下，2010 年最高时期也只有 2.11%，其中拍卖清偿占比不超过 30%。由于有农地抵押债券募集资金的支持，保障了银行资产的流动性和充足性，金融机构对农业的长期贷款才具有商业可行性，解决了银行短期性资金来源与农业长期性贷款需求的矛盾。同时通过发展土地债券二级市场提高土地资产的流动性，解决了贷款违约后土地直接处置难、银行抵押权实现难的问题，大大缓解了银行开展土地抵押贷款业务的风险。

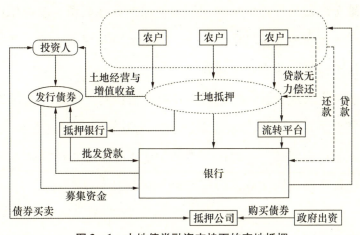

图 3-1　土地债券融资支持下的农地抵押

三是农地债券化将政府的支持充分放大，建立了农业政策性金融的市场化运行机制。因为有政府对农地抵押债券担保、认购和回购支持，各国农地抵押债券都是仅次于国债的优质债券。美国联邦土地银行首次发行的农地抵押债券，大部分是由美国财政部购买①，而后政府主要通过联邦农业抵押公司来买卖农地抵押债券调节资金供需，稳定金融市场秩序。法国《土地银行法》规定中央政府及部门每年要购买一定数量的农地抵押债券。农地抵押债券早期都需要政府托市，但只要市场各个环节能够理顺，能够聚合大量社会资本实现商业可持续，大大降低对财政的依赖②。而且这创造了政府支持和引导农业发展的一种新政策手段，以政策性债券筹集资金的导向性配置，调动具有资源、网络和管理优势的市场化金融机构完成政策任务，使政策性金融支农功能强化、范围扩大和效率提高。

三、建立完善的支撑制度保证农地金融体系良性运行

（一）以法律确立制度规范与支持保护

农地金融发展需要服从国家稳定与保护农地资源、农业生产的目标。为了规范农地金融机构的运作、防范风险和保护农业生产，各国都以立法为保障构建农地金融制度。

依法设立农地金融机构，明确其职责与权利。1916 年美国以《联邦农场贷款法》和《联邦农业贷款法》为基础，分别设立了 12 个农区的土地银行和联邦土地银行。联邦农业抵押公司依据 1934 年的《联邦农业抵押公司法》成立。1971 年的《农场信贷法》规定了农贷机构

---

① 1921 年起，随着金融市场情况好转，美国财政部便将所持有的全部农地抵押债券在公开市场中转售，后来农地抵押债券实现了较好的市场销售，但在出现市场危机时，政府会及时增拨资金进行救助。

② 日本和我国台湾地区过于严格的农地流转限制固化了土地细碎化格局，农地价值无法得到有效的市场实现，使得农地资本化路径受阻，而不得不退回到完全依靠财政公库支持的形式。这在产生了巨大的财政负担的同时，也阻碍了农业规模化、现代化经营的发展。台湾地区和日本分别于 2007 年和 2014 年以促进土地规模经营为基础，重启土地银行制度。

和抵押公司服务农业农村的公共使命和开展农地抵押贷款的制度规范，包括借款人必须是农业耕种和经营者、土地抵押贷款不超过评估价值的85%、建立强制保险制度等。《德意志农业地产抵押银行法》与《德国民法典》《德国担保法》赋予了农地抵押权和准予抵押权的流通，并共同对所涉及的当事主体，即农民、土地抵押信用合作社、农业地产抵押银行之间的权利、义务给予较为详细的规定。法国《土地银行法》明确了土地银行的性质，规范其管理运行。

依法保障对农地信贷系统的支持，强化政策支农功能。美国《紧急农业抵押贷款法案》和《农业信用法》要求，保障农场主获得低息贷款、发行国债为农业信贷系统筹措资金、以财政资金支持土地银行办理委托贷款业务以及建立信贷救济与保险体系防范风险。法国《农业指导法》和《农业指导补充法》规定，应对购买土地和农业机械的大农户给予无息或低息贷款。

依法对抵押人的基本生活与生产给予保护。《美国联邦法典》将"家园地豁免"条例延伸至农地抵押贷款。如果抵押人先前耕作收入低于一定标准，则允许抵押人在抵押权实现和抵押物出售过程中租借他的主要住处、住处周围地产、农用建筑物以及不超过10英亩的相邻土地。"家园"租赁的租期不能超过5年，但也不可低于3年，"家园"承租人享有优先回购权。

（二）以合作社为基础建立农地管理平台

农地抵押贷款运行的先决条件是要有一个良好的土地登记和地籍管理制度。美国土地登记制度规定，除少数未开发区域外，所有农地开发均应符合政府土地规划要求，并应将每块农地的面积、用途、权属等宗地状况在政府部门进行详细初始登记。农地所有者以土地抵押申请借款时，须提供合法的土地所有权证，经过土地银行的审核、测量、估价后准予贷款的，将土地抵押证件收存，并将评估报告报送农场信贷管理局。德国相关制度规定，在提交土地所有权证明申请农地抵押贷款时，还需要清晰说明抵押土地位置、面积等具体信息，并有专门人员对土地进行测量评估以确定土地价值。2007 年，我国台湾地区成立了"农地银行"，建立了土地信息平台，在自行登记申报基础上，由农渔会协助实地勘查、拍照，确定土地标示、位置和土地利用状况。

合作组织作为农地金融业务的中间平台发挥着聚合土地、降低交易成本、互助支持防范风险的重要作用。在美国、德国、韩国，想通过农地获得抵押贷款必须加入合作社，并向合作社缴纳一定的入会费或入股金。法国、日本、中国台湾虽然农业生产者可以直接申请土地抵押贷款，但实际操作中基层合作组织仍承担了大量的服务功能，发挥着核心枢纽作用。比如，日本农协和台湾农会提供农地租赁和买卖信息、农地勘测与评估等服务。

（三）以完整的金融服务链分散农地抵押贷款风险

发达国家和地区的农地金融是一个层层嵌套和相互支持的体系，获得了信贷合作、信用保证、农业保险和信贷保险、信贷协助、农地抵押债券和银行基金等全方位、多层次金融服务的共同支撑，能够更好地防范风险、保障农地信贷的持续稳健运营。

美国 1987 年的《农业信贷法》规定，每家银行在单独承担义务的同时，还要共同分担联邦土地银行的金融风险，形成了农地金融体系内的协调与互助机制。联邦农业抵押公司、联邦农场信贷协助会、农业信贷协助公司、农场信贷保险公司、农场信贷银行基金延长和扩展了美国农地金融服务链条，共同起到了防范和分担风险的作用。1971 年的美国《农场信贷法》要求，银行按未偿还债务的 2% 向农场信贷保险公司缴纳贷款保险费，成立农场信贷保险基金。当银行发生贷款无法偿还或借款人退股不能等值返回时，先由农场信贷保险基金归还，不足时再通过农业信贷协助公司以购买优先股的形式提供资金予以归还。台湾地区在 1983 年成立了农业信用保证基金。农民申请土地抵押贷款的同时要向农业信用保证基金缴纳一定数额的保证金，由农业信用保证基金为该项贷款提供担保；当发生逾期贷款时，贷款机构可以向农业信用保证基金申请代为清偿。

（四）以严格的监督管理确保支农目标的实现

虽然目前发达国家的基层农地金融机构出现了市场化的趋势，但主体农地金融机构仍是以政府为主导，政府的规范管理、协调与支持是保证农地金融的支农、惠农功能的重要基础。美国的农地金融建立了一套相对独立的管理体系，联邦土地银行不受美联储的监管，而是专门成立农业信用管理局，独立行使对整个农业信用系统的监督管理职能，从而保证了农地金融体系的规范运行和协同化相互支持。该局曾划归农业部领导，而为了保证其独立行使职权、不受行政部门的牵制，1953 年新的立法将其改为联邦直属机构。同时，还组建了联邦农业信用委员会，作为农业信用管理局和整个农业信贷系统的决策机构，负责制定农业信用管理政策和任命农业信用管理局负责人。德国是由政府直接投资在各地建立公营的土地银行，由政府主导的土地银行引导民间土地抵押信用社发展，共同构建农地信贷体系。日本是由农林中央金库协调全国信农联的资金活动，向信农联提供信息咨询并指导其工作。台湾农业金库既发挥"银行中银行"的作用帮助募集支农资金和协调银行间资金，又辅导和协助农渔会信用部事业发展，并进行内部监督。农委会委托金管会对台湾农业金库及农渔会信用部履行金融检查职责，农业金融局负责对农业金融业务的总体规划、政策督导以及管理协调。

四、经验借鉴与政策启示

从主要发达国家和地区农地金融的发展经验可以看出，农地金融制度本质上是一种以支持和保护农业、促进农村发展为目标的政策性金融，农地抵押只是提供了一种以土地为担保的资金融通机制，从而能够为农业经营提供长期信贷资金。因而，发展农地金融的前提条件是支持农业发展，充分保障农地权利主体和农地经营者的各项权益；农地金融成功发展的关键在于建立起有效支撑资金融通和风险分担的涵盖抵押、担保、保证、保险以及土地及其债券流通的完整的农地金融服务体系。

我国农业向规模经营和可持续发展的转型需要大规模、长期性建设资金的投入，包括基础设施、农用设施、机械化设备、土壤改良等。这是仅靠财政难以负担的，现行农村金融体系也缺乏能力、动力和商业可行方式给予充分支持。因而，我国迫切需要借鉴发达国家和地区农地金融制度经验，在农村土地经营权抵押贷款之上建立政府支持的农地债券化机制，以政策性的社会筹资、市场化的运行模式为基础重构农业政策性金融体系，在制度上建立引导金融资本向农村转移、向现代农业和新型农业经营主体投入的长效机制。

第一，加强法律的支持和保障，对农地抵押融资进行专门的立法。一方面，修订《物权法》《担保法》和《农村土地承包法》，明确农村承包土地经营权抵押以及抵押债权流转的权益，为农地抵押贷款和发行农地抵押债券提供法律保障。另一方面，制定专门的农地抵押贷款法，限定开展农村土地抵押贷款业务的金融机构和农村土地专营机构的资格条件、农地抵押贷款的发放条件、抵押土地及其处置后的使用范围，规范和约束农民、土地合作社、土地银行、土地收储公司等农地金融业务主体之间的权利与义务关系，规定建立配套信用保证、农业保险、贷款保险、信用救助、农地收储制度以及相应责任主体在风险发生时对贷款的代偿责任。

第二，完善市场服务体系，规范建立非营利的农地专营机构。农地抵押贷款的发展必须以对农地抵押权的有效经营运作为基础，这一环节不是目前的商业金融机构能够完成的，需要专门的机构来完成，包括土地合作社、土地抵押银行、土地抵押公司等。整合现行的土地合作社、土地流转服务平台以及土地产权融资服务平台等机构，构建统一的农村土地服务平台，以农地确权登记为基础，建立起支撑农地抵押贷款业务的农地基础信息系统、价值评估系统、供需对接与交易支持系统。建立政策性的农村土地收储基金和土地开发服务公司，配合高标准基本农田建设、土壤改良、生态修复治理等项目，对因土地经营价值下降而难以流转实现抵押权的土地进行政策性收储，对土地实行连片整理、农田改造、修复整治，待恢复土地生产力之后再进行市场流转。

第三，建立国家农村土地抵押银行，以土地证券化支持农地的长期融资。由国家农村土地抵押银行管理以政府信用为担保在全国统一发行农地抵押债券，在公开市场上筹集资金，建立对基层土地抵押贷款发放机构的"批发贷款"机制，从资金来源上解决当前金融机构风险控制与农村金融需求的不匹配问题。通过土地的证券化，可以不改变土地原始所有权,使土地的使用权和收益权充分流动和自由交易,从而有利于我们在坚持农村土地集体所有和稳定承包权的条件下,建立起土地使用权、收益权的兑现机制,从而在贷款违约发生时银行可以通过土地债券的流转,在不实际剥夺农户土地产权的基础上实现其抵押权。针对我国现行的土地制度以及农村土地所承载的社会保障功能,土地证券化更有利于解决当前农地抵押所面临的重重困境。

第四,强化风险保障机制,健全农业保险、贷款保险以及信贷援助制度。支持保险公司针对特色化、规模化农业推出赔付率更高的商业保险,在财政保费补贴的基础上建立农地抵押的强制保险制度。由各银行按照未偿还农地抵押贷款的2%缴纳贷款保险金,财政给予一定比例配套资助,在国家层面建立农业信贷保险基金。建立农地金融的信贷援助制度,利用财政入股注资、央行借款或贴现、银行间借款以及债权买入等机制,帮助化解风险。

第五,稳定农村土地经营权,支持长期稳定的规模经营。在稳定农村土地承包权的基础上,支持符合条件的新型农业经营主体长期租赁土地进行规模化生产,对流转的经营权及其附着资产给予确权颁证,创造市场有效的贷款需求主体和法律有效的抵押标的,探索建立长期农地租赁的贷款按揭制度。完善对新型农业经营主体的支持政策,加强对基础设施配套、设施与设备升级改造、新技术采纳、新销售渠道开拓及实行环境友好型生产的政策性资助。在强化政策引导功能的基础上,由政策叠加效应促进新型农业经营主体成长,降低银行贷款风险。

执笔人:程　郁　王　宾

第四章

美国农地金融制度的经验及其启示

发端于 1916 年《农场信贷法案（Farm Credit Act）》的美国农地金融制度，是美国政府支持农业农村发展政策的重要组成部分，是推动美国现代农业发展的重要制度保障。100 年来，历经多次制度创新和变革完善，以为农业农村发展提供稳定可靠的信贷资金支持为根本目标，以合作金融模式支持建立农业生产者自己的银行为宗旨，以发行抵押贷款债券再融资为主要资金来源，以市场机制优化政策支持效率为原则，注重发挥金融市场创新在配置信贷资产、管理信贷风险和支持农业农村发展中的支撑作用。美国农地金融制度成功架起了一条城市部门金融资产支持农业农村部门发展的桥梁，为美国农业保护政策实施和农村农民发展提供了有力的金融支持。

一、历史沿革

美国农地金融最初是为了应对美国西部大开发所引发的农场土地信贷的需求增长与商业银行贷款获取困难、期限短、利率高之间矛盾创设的一种政策支持制度。在美国政府的积极筹划和大力支持下，经过近一个世纪的创新发展，现今以农地金融为核心的美国农场信贷体系，已经成为美国农业农村最重要的金融服务组织和制度设计，为美国农业农村发展提供了稳定可靠的资金来源支持。2012 年，农场信贷体系在农地不动产长期贷款体系中的业务占比达到 48.28%，比业务占比处于第二位的商业银行体系，高出 14 个百分点。

（一）从农场信贷体系成立到经济"大萧条"之前：农户长期贷款需求催生美国农地金融制度

20 世纪初，随着 1862 年《宅基地法》的深入实施，美国中西部开办和扩大农场的信贷需求急剧增加，然而既有商业信贷体系普遍只提供 5 年期以下的贷款，并且利率普遍较高，农民长期生产投资的信贷缺口较为显著。为解决农地信贷需求增长与信贷供给不匹配之间的矛盾，美国国会 1916 年通过了美国历史上第一部《农场信贷法案》。该法案授权成立联邦土地银行（Federal Land Bank）和 12 个信贷区的土地银行，由联邦土地银行通过在资本市场发行债券融资获取资金，支持其附属的农地协会向协会的农场主会员发放期限为 5 ~ 40 年不等的低息农地抵押贷款，以缓解农场主开办农场的长期资金不足问题。

除了成立每个信贷区的土地银行外，《农场信贷法案》鼓励农场主以至少 10 个自然人为基础，成立国民农地协会（National Farm Land Association，后也称为联邦土地银行协会）。农地协会在对应的联邦土地银行备案后，将成为联邦土地银行的基层代理机构。农户通过参与农地协会获得农地抵押贷款资格，联邦土地银行则为农地协会提供贷款资金。具体业务模式是借鉴德国合作型农地信贷体系的经验，农户加入农地协会后，以土地及地上附着的不动产作为抵押向协会申请贷款；作为附带条件，每笔抵押贷款需要按照贷款总金额的 5% 购买协会的股票；相应地，农地协会从联邦土地银行获取贷款时，也按照贷款份额购买 5% 的联邦土地银行股票。这种贷款附带购买的股票份额，一方面可作为贷款保证金，如果贷款清偿则可以返还并支付相关的股息等费用；另一方面美国政府也鼓励农场主持有股票，成为农地协会和联邦土地银行的股东，以建立起农业生产者所有的合作金融资金池以应贷款的不时之需，同时也保障农场信贷银行的发展符合农业生产发展的需要。按照 1916 年《农场信贷法案》的预定思路，美国财政部为成立联邦土地银行而拨付的种子资金渐次退出，联邦土地银行和农地协会，演变为农场主借款者所有的信贷服务体系。这种以协会为依托发放农地抵押贷款的合作金融形式，加上联邦土地银行以农地抵押贷款为基础的债券融资，构成了美国农地金融体系的雏形。

（二）从经济"大萧条"到 20 世纪 70 年代末：美国农地金融体系的业务扩充、组织扩容和管理体制完善

随着各信贷区土地银行和农地协会的建立和运营，长期农地抵押贷款在支持美国农场主创办和扩大农场方面发挥积极作用。数据显示，这时期的农地抵押贷款利率，比之前的商业贷款利率低 2~3 个百分点，也比同期普通商业贷款利率低 0.5~1.5 个百分点[①]。然而，随着美国经济进入"大萧条"、农产品的大量滞销和农地价格的大幅下降，引发了农地银行和信贷协会大量倒闭，也暴露出以长期农地信贷为主的农地金融体系存在系统流动性不足、监管不力和管理体制不顺等问题。在这样一个背景下，美国国会通过了 1933 年的《农场信贷法案》《农场紧急抵押贷款法案》和 1934 年的《联邦农业抵押贷款公司

---

① Raymond J. Saulnier et al., Agricultural Credit Programs, in Federal Lending and Loan Insurance, Princeton University Press, 1958。

法案》，分别从业务扩充、组织扩容和管理体制调整等方面，对农地金融体系做了一次较大幅度的变革调整。

在业务扩充和组织扩容方面，1933 年的《农场信贷法案》授权在 12 个信贷区再各成立 1 家联邦中介信贷银行，联邦中介信贷银行通过其附属的，但由农场主成立的生产信贷协会，向协会农场主会员发放期限为 1~7 年的中短期贷款，同时也为农场信贷机构和合作社、协会等提供短期的信贷票据融资支持。新成立的联邦中介信贷银行及生产信贷协会，为原有以长期信贷为主的农地金融体系，补充了中短期业务，同时也对已有信贷体系的流动性来源做了拓展。

在监管支持和管理体制调整方面，农地金融的管理由行政隶属于财政部和"自上而下"的委员会管理体制，向专业部门监管和"自下而上"的社员管理转变。与 1916 年信贷法案中联邦土地银行的管理和监管不同，1933 年的信贷法案将农地金融的管理委员会放到农业部新成立的农场信贷管理局（FCA，Farm Credit Administration）中。管理委员会也由原来"自上而下"式任命管理，逐渐调整为"自下而上"式由各信贷区的土地银行成员组成，更加强调信贷区土地银行的独立性和联邦层面管理委员会的联合性、代表性。此后，慢慢从农业部独立出来的农场信贷管理局，成为农场信贷管理体系的一个专设管理部门，全面负责美国农地金融体系的牌照发放、业务监管和监察等职能。除了长设业务机构方面的扩容补充，1933 年的《农场紧急抵押贷款法案》和 1934 年的《联邦农业抵押贷款公司法案》，还设立专门的救助制度安排，为陷入困境的土地银行体系进行财政金融援助。

（三）20 世纪 80 年代至今：美国农地金融的体系再造和现代金融创新深化

美国农地金融发展过程中第二次较为重大的体系再造，发生在 20

世纪 80 年代。触发这次农地金融体系再造的直接原因是，美国国外农产品需求急剧下降和农地价格下跌，引发了又一次农场信贷体系的全面危机。这个时期及之后的美国农地金融制度最重要的制度创新和变革是，构建了一个全新的农地抵押贷款及其衍生产品的二级交易市场，为美国农地金融机构贷款能力提升、风险抵抗力增强，以及农业农村信贷资金来源拓宽，做了重要的探索和创新。1985 年的《农场信贷修正法案》和 1987 年的《农业信贷法案》（包括 1996 年的《农业信贷修正法案》），分别从体系再造和二级交易市场建设两个方面，对美国的农地金融农场信贷制度进行了改革。

在信贷体系再造方面，1985 年的《农场信贷修正法案》鼓励各信贷区的土地银行、联邦中介信贷银行及合作社银行合并为农场信贷银行（FCB，Farm Credit Bank），原来各银行所属的联邦土地银行协会[①]、生产信贷协会也相应合并起来，变成农业信贷协会（ACA，Agricultural Credit Association）。和之前长期贷款和中短期贷款机构分立运作的模式不同，体系再造后的农业信贷协会可以依托旗下的农场信贷银行，为农场主和农户提供全业务模式的信贷支持。另外，由于合并为统一的农业信贷协会，原来持有联邦土地银行协会和生产信贷协会股票的农场主，现在可以在任何一家农业信贷协会及其分支机构进行贷款，信贷资本的使用效率有所提高。

在农地信贷的二级市场制度建设方面，1987 年的《农业信贷修正法案》设立了由美国政府资助[②]的联邦农业抵押贷款公司（Farmer

---

① 还有两个独立未合并的联邦农地信贷协会（FLCA），同样在农业信贷银行的授权下，向农户专门发放农地长期抵押贷款。

② 农业抵押贷款公司与美国的房利美、房地美一样同属政府资助型企业（GSE，Government Sponsored Enterprise），是由政府出资助和特许经营的企业，其所发行的债券获得政府的"隐性担保"。美国主要是以政府资助企业的方式来帮助特定的政策目标群体降低贷款的难度和成本。

Mac），为农地抵押贷款及农场信贷体系内的其他贷款及其衍生品提供担保及二级市场交易服务。经过 1996 年的《农业信贷修正法案》授权扩展业务后，现今联邦农业抵押贷款公司可以通过直接购买农场信贷体系内机构的抵押贷款，为农场信贷系统发行农地抵押债券提供担保，承诺未来按照一定条件购买农地抵押债券，由此建立农地抵押债券的二级市场促进农地抵押债券融资和流动性风险的平抑，拓宽了农场信贷体系的融资渠道，大大提升了农地信贷金融机构的贷款能力。

表 4－1　　美国农地金融制度不同发展阶段的主要变革调整概览

序号	时间与法案	内容要点
1	1916 年的《农场信贷法案》	成立联邦土地银行 成立国民农地协会
2	1933 年的《农业信贷法案》《农场紧急抵押贷款法案》；1934 年的《农业紧急信贷法案》《联邦农业抵押贷款公司法案》	成立农场信贷管理局，联邦农地银行管理委员会由财政部移交到农业部 成立联邦信贷中介银行 成立生产信贷协会 设立联邦农地信贷的紧急救助制度 设立联邦农业抵押贷款公司
3	1953 年的《农场信贷法案》	农场信贷管理局成为一个独立的政府机构 成立十三人的联邦农场信贷委员会，负责领导、协调联邦农业信贷领域相关机构和事务
4	1980 年的《农场信贷修正法案》	提出增加对新开、年轻和小型农（牧）场的信贷支持
5	1985 年的《农场信贷修正法案》	合并联邦土地银行、信贷中介银行、合作社银行 鼓励农地协会、生产信贷合并为农业信贷协会 成立农地信贷抵押贷款保险公司
6	1987 年的《农业信贷修正法案》	成立联邦农业抵押贷款公司，开启抵押贷款二级市场创新的帷幕
7	1991 年的《粮食、农业、保育与贸易法案》	扩充联邦农业抵押贷款公司业务：将农业部担保贷款债券纳入合格贷款购买范围
8	1996 年的《农业信贷修正法案》	扩充联邦农业抵押贷款公司业务：允许直接购买抵押贷款进行证券化

二、美国农地金融制度的现状特征

作为美国农业政策的重要组成部分，近些年来以长期不动产抵押贷款及债券再融资为基本运营形式的农地金融制度，建立了市场化运作的政策金融支持机制，在支持美国农业农村发展中扮演了越来越重要的作用。

（一）政策性机制有力支持农场信贷系统发放长期农地抵押贷款

统计数据显示，2012 年美国农业部门的未偿贷款债务总额为 3003.15 亿美元，其中不动产（主要是农地和附着设施）抵押贷款占比为 57.61%。从 2003~2012 年，不动产抵押贷款在总贷款中的占比均超过 50%，如图 4-1 所示。这说明以农地不动产为抵押的长期贷款，是美国农业农村发展进程中占主导地位的信贷资金。

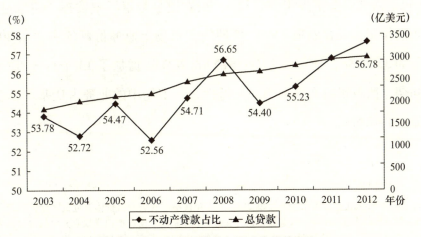

图 4-1　农业部门总贷款与不动产贷款占比

数据来源：Agricultural Statistics 2013。

目前，按照机构性质划分，持有不动产抵押贷款的金融机构主要有两类：一是隶属农场信贷体系的合作金融机构和政策性的联邦农业抵押贷款公司。后者并不直接向农户提供贷款服务，而是通过二级市场不动产抵押贷款购买持有，为农场信贷体系提供资金融通支持。二是包括普通商业银行和保险机构在内的商业性金融机构。在联邦农业抵押贷款公司的融资支持下，农场信贷系统在长期农地抵押贷款的供应上发挥了主导作用。从业务量占比来看，农场信贷体系的金融机构和商业银行，是农地不动产抵押贷款服务的两大最主要的提供商。但两者各有不同侧重，具有更多政策考量的农场信贷体系金融机构，在长期农地不动产抵押信贷市场中的占比更高；而商业银行则在短期和中期非不动产抵押贷款中发挥更主要的作用。农场信贷体系的金融机构在不动产抵押贷款市场中地位日益提高，占到了近50%的市场份额，相比其在20世纪80年代的创立初期大幅度提高①。另外，从2003～2012年间不同机构农地不动产抵押贷款业务占比的变化情况来看，近些年来美国农场信贷体系金融机构（包括联邦农业抵押贷款公司），在农地金融市场中发挥了越来越重要的作用，其在农地不动产抵押贷款市场上业务份额的占比从2003年的35.03%，增长到2012年的48.28%，增加了13个百分点；而同期，商业银行在农地不动产抵押贷款市场中的业务占比基本不变，如图4-2所示。

---

① 除了经济"大萧条"期间和20世纪80年代中期的农业信贷体系危机时期，由于商业性金融机构的大规模倒闭，政策性金融的农场信贷体系在不动产抵押贷款业务中的占比显著提升，大概占到市场份额的30%～50%之间。其他时期，由于资金融通渠道有限，对抵押品要求往往更高评估更加严格，美国的政策性金融主体农场信贷体系，在农地不动产抵押贷款领域的业务占比并不高，早期的市场份额在9%～13%左右，20世纪60年代的业务占比在20%左右，不同地区略有差别。进入20世纪90年代以来，随着农地金融二级市场业务的发展和拓展，政策性金融在农地抵押贷款中的占比开始慢慢提升。

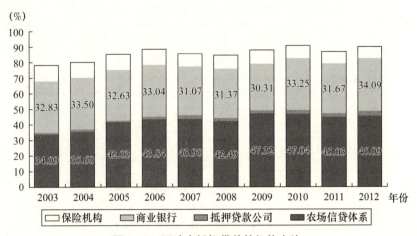

图 4 - 2　不动产抵押贷款的机构占比

数据来源：Agricultural Statistics 2013。

（二）农场信贷系统的业务整合和监管调整

20 世纪 90 年代以来，为了壮大金融机构的势力和增强抗风险能力，农场信贷系统大规模地推进了业务整合。按照 1985 年《农场信贷法案修正案》的设计思路，美国对农场信贷体系中的金融机构逐步进行了合并，长期农地信贷和中短期非农地信贷业务有了更好的整合。截至 2014 年 1 月，农场信贷体系一共只剩下 82 家纯贷款的金融机构，比 2003 年减少了 13 家机构，如表 4 - 2 所示。其中，合并了联邦土地银行和联邦中介信贷银行，并将 12 个信贷区的机构合并为 4 家农场信贷银行（FCB），为全美 76 个农业信贷协会（ACA）和 2 家独立的联邦土地信贷协会（FLCAs）提供贷款服务，长期贷款和短期贷款业务慢慢被整合到统一到农业信贷协会中，提升了农地信贷体系的运行效率。而且按照法律规定，原来从事长期贷款和短期贷款业务的分协会，从管理体系整合到资产权益互助等方面都做了很好的推进，大大增强了单一机构的风险抵抗能力。

表 4 - 2   农业信贷体系的贷款机构数量 2003 年和 2014 年的对比

附属银行	农业信贷协会	农地信贷协会	农业信贷银行	农场信贷银行	总　数
CoBank，ACB	26	1	1	—	28
AgFirst，FCB	19	—	—	1	20
AgriBank，FCB	17	—	—	1	18
FCB of Texas	14	1	—	1	16
2014 年 1 月合计	76	2	1	3	82
2003 年 9 月合计	77	13	1	4	95

资料来源：FCA Annual Report on Farm Credit System2003 和 FCA 官方网站。

除了机构整合和业务重组扩充，20 世纪 90 年代后美国农地金融发展与之前阶段的一个重要变化是，政策职能的指向性和针对性提升，以及对农地信贷风险评估监管等思路更加科学并形成体系。在政策职能指向性和针对性方面，帮助小型农场、年轻农场和起步农场，增进美国农场体系活力，受到更多强调。具体政策措施方面，美国农场信贷管理局以专项任务完成考核等监管措施加强引导，鼓励农场信贷体系的金融机构通过贷款利率和贷款费用下调、贷款标准例外条款设定以及专项贷款计划等措施，增加对小型农（牧）场的信贷支持。数据显示，从 2002～2013 年，农场信贷体系对小型农场、起步农场及年轻农场的贷款绝对数量分别增加了 61.7%、64.9% 和 9.3%；对三类农场的平均每笔贷款额度，也分别增长了 55.1%、43.1% 和 21.7%，如表 4 - 3 所示。

在农地信贷风险的监管方面，和之前更看重相对单一的贷款与抵押品价值（LTV）指标不同，进入 20 世纪 90 年代后，以更为科学的抵押品价值评估模型为基础的资产价值评估和风险评估体系在农地金融监管中得到越来越多的应用。农场信贷管理局定期不定期地根据市场新形势和新趋势，及时发布农地信贷市场的风险提示、开展资产风险自查和制定操作指南等，对农地信贷体系运行给予切实有效的指导。

表 4-3　　　　　农业信贷体系对小型农场的支持情况①

农场类型	2002 年贷款数（笔）	2002 年平均贷款额（美元）	2013 年贷款数（笔）	2013 年平均贷款额（美元）
年轻农（牧）场	35765	92411	57845	143360
起步农（牧）场	44075	105655	72662	151228
小型农（牧）场	130245	65965	142357	80310

三、美国农地金融的二级市场

如前所述，1987 年《农业信贷法案》所创设的农地信贷二级市场，是美国农地金融发展历史上一项极为重要的制度创新，是美国现代金融发展成果惠及美国农业农村的一项重要举措。近 20 年的实践表明，以联邦农业抵押贷款公司（Federal Agricultural Mortgage Corporation，简称为"Farmer Mac"）为主体的农地金融二级市场制度，在提升美国农地信贷体系贷款机构的贷款能力，分散农地信贷体系的金融风险，以及拓宽农地信贷资金来源等方面，都做了积极的贡献，已经成为美国农地金融体系的一个极为关键的组成部件。

（一）联邦农业抵押贷款公司的概况及定位

成立于 1988 年，总部设于华盛顿的联邦农业抵押贷款公司，现今旗下有三家分公司，分别是专门负责美国农业部担保贷款购买及相关

---

① 年轻农（牧）场是指农（牧）场主年龄在 35 岁以下的农场；起步农（牧）场指的是农（牧）场主开办农场时间不足 10 年的农场；小型农（牧）场指农（牧）场年产出价值在 25 万美元以下的农场。

权益债券发行的联邦农业抵押贷款公司二号项目有限公司（Farmer Mac II LLC）、联邦农业抵押贷款债券公司和 Contour 估值有限公司（Contour Valuation Service，LLC）。最近的统计数据显示，2014 年联邦农业抵押贷款公司的总业务量达到 146 亿美元；2014 年联邦农业抵押贷款公司一共从 166 个机构购买了农地抵押贷款和债券，总额度达到近 11 亿美元，给 32 个从事农业农地信贷的金融机构的贷款资产证券化做了长期购买承诺。从 2008～2014 年，联邦农业抵押贷款公司的总资产从 51 亿美元增长到 142.9 亿美元，增长了 2.8 倍，如表 4－4 所示。

表 4－4　　　　联邦农业抵押贷款公司的资产负债情况　　　　单位：亿美元

	2008 年	2009 年	2010 年	2011 年	2012 年	2013 年	2014 年
总资产	51.07	61.39	94.80	118.84	126.22	133.62	142.88
总负债	49.48	57.98	90.01	113.29	120.29	127.87	135.06
净资产或权益	0.15	1.96	4.79	5.55	5.93	5.75	7.82

数据来源：美国农场信贷管理局年报（2013）、联邦农业抵押贷款公司年报（2014）。

值得注意的是，虽然同样被列为美国农场信贷体系的一员，但是和农场信贷体系的其他成员不同[①]，联邦农业抵押贷款公司是一个由美国政府资助，但是在公开证券市场上市的企业，其股东包括美国财政部、农场信贷体系中的金融机构，以及农场信贷体系以外的金融机构和普通个人。并且，虽然联邦农业信贷抵押贷款公司成立的初衷和经营目的是公共性和政策性的，即致力于为农地不动产抵押贷款、农村住房抵押贷款和农村设施合作贷款提供二级流通市场，为农业信贷机构提供更多的流动性和借贷能力支持，进而为美国的农（牧）场主和农民，提供更多可及的竞争性定价的农地抵押贷款，但是美国农场信贷体系的管理机

---

① 农业信贷协会、农场信贷银行以及传统上的联邦土地银行等一般是农民、农场主等借款方所有的会员制金融机构。

构——农场信贷管理局以及美国财政部，并不直接对联邦农业抵押贷款公司的债券和权益负责。因而，一定意义上，联邦农业抵押贷款公司是一个对其股东负责，但担负着公共政策职能的特殊机构。

（二）农地金融二级市场的业务类型及运行情况

早期联邦土地银行的信贷资金大多来源于发行政府担保的抵押债券，而成立联邦农业抵押贷款公司之后，尤其经历 1990 年、1991 年和 1996 年的几次业务范围拓展以后，现今从事农地信贷的金融机构不仅可以通过债券直接融资，而且还能够通过债券的买卖拓展农地抵押权的实现途径，优化其资产结构、缓解流动性危机，进而大幅提升其贷款能力。

1. 联邦农业抵押贷款公司的业务架构

经过 1991 年《粮食、农业、保育与贸易修正法案》、1996 年《农业信贷法案修正案》的业务扩充调整后，现今联邦农业抵押贷款公司提供的农地金融二级市场业务服务，主要包括以下四块：一是从那些从事农地借贷机构那里购买合格的贷款，贷款类型主要有农地抵押贷款和农村合作设施贷款；二是为合格贷款相关联的权益提供预付；三是为开展农地抵押贷款的金融机构以抵押贷款或权益为基础发放的债券产品提供还本付息担保；四是针对贷款机构的合格农地抵押贷款发行长期备用购买承诺（"LTSPCs"）①。

---

① 1999 年，联邦农业抵押贷款公司引入长期备用购买承诺业务。联邦农业抵押贷款公司承诺在一些约定事件发生后，购买金融机构的合格贷款；作为承诺的对价，金融机构向农业抵押贷款公司支付一定承诺费用。约定事件一般包括两种情况：一是金融机构决定卖出该贷款，二是承诺覆盖贷款的借款方在 120 天还未还款。2014 年，联邦农业抵押贷款公司在承诺购买方面的收入是 2520 万美元。目前，联邦农业抵押贷款公司的长期备用购买承诺只针对农场信贷体系中的借贷机构。

具体业务实施方面，联邦农业抵押贷款公司的业务主要由四条业务线组成，即农（牧）场不动产抵押贷款事业线（Farm and Ranch）、农业部担保贷款事业线、农村公共设施贷款事业线和机构信贷事业线。农（牧）场不动产抵押贷款事业线下，联邦农业抵押贷款公司主要开展三类业务，一是直接购买并持有农地农房不动产贷款；二是为合格的农地农房不动产抵押贷款发行债券提供担保和承销，以及将农地农房不动产贷款打包证券化；三是为合格的农地农房不动产抵押贷款提供备用的购买承诺。农业部担保贷款事业线主要是做担保贷款的直接购买和持有，并将这些担保贷款打包证券化。联邦农业抵押贷款公司的公共设施贷款事业线，主要做农村电信贷款的购买持有、打包证券化，以及贷款抵押债券的担保承销，这个事业线上没有开展农场牧场事业线抵押贷款的长期备用购买承诺业务。与业务类型相对应，联邦农业抵押贷款公司的业务收入主要包括两块：一是贷款利息和债券利息的差额收入；二是担保、承销和承诺业务的收入。最近的统计数据显示，截至2014年12月底，联邦农业抵押贷款公司在农地农房相关不动产贷款类业务总量为54亿美元，占到公司总业务量的37%；购买农业部担保贷款及债券的总业务量为18亿美元；购买及为金融机构债券担保的业务总量达到61亿美元；购买农业设施贷款相关的业务量相对较小，接近10亿美元。

2. 农地金融二级市场业务的基本逻辑

联邦农业抵押贷款公司所提供的农地金融二级市场服务的流程大致如下。第一阶段，农户以农地农房及其附着农业设施，向从事放贷机构申请不动产抵押贷款。第二阶段放贷机构以农地农房不动产抵押贷款为标的，向联邦农业抵押贷款公司申请三类业务支持，分别是：（1）由联邦农业抵押贷款公司直接购买并持有放贷机构的抵押贷款，使放贷机构回笼贷款资金，联邦农业抵押贷款公司获得相应贷款的权益；（2）联邦农业抵押贷款公司为放贷机构自己发行的抵押贷款关联债券，提供担保、承销等支持，联邦农业抵押贷款公司由此获得担保承销费收入，并确保债券的还本付息；（3）放贷机构按照贷款额度向联邦农业抵押贷款公司支付承诺费，以获得其购买抵押贷款并长期持有承诺。承诺合同期间，放贷机构可以选择按照约定条件将承诺覆盖的贷款卖给联邦农业抵押贷款公司，或由联邦农业抵押贷款公司将其转化为债券承销发行；当然，放贷机构也可以放弃，即不使用备用承诺合同的转化购买及转化债券发行条款。第三阶段，联邦农业抵押贷款公司将持有的抵押贷款，放入"贷款池"或打包为信托产品卖给第三方，或在公开市场上直接发行优质贷款包关联的债券产品；同时，联邦农业抵押贷款公司不定期的在市场上发行短期贴现债券和中长期债券，筹集购买抵押贷款、承诺购买等业务所需的资金。农地抵押贷款二级市场业务的运行逻辑大致如图4-3所示。

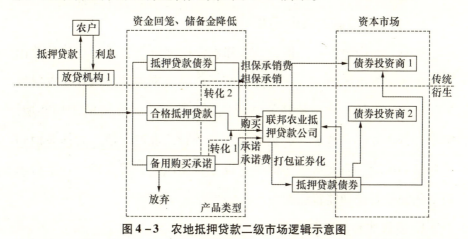

图4-3　农地抵押贷款二级市场逻辑示意图

建立抵押贷款及其衍生品交易的二级市场，对传统从事农地抵押贷款放贷的金融机构而言，可能有以下几个方面的好处。一是和传统单个信贷机构分立发行债券融资的做法不同，在抵押贷款及衍生品交

易的二级市场上，联邦农业抵押贷款公司直接购买了放贷机构的贷款
并打包证券化后卖给第三方，从而让放贷机构能够更及时、便利地回
笼贷款资金，显著提高放贷机构的贷款能力；二是根据相关监管规则，
如果有联邦农业抵押贷款公司担保和承诺购买的贷款，可以降低贷款
的坏账提留准备等，因而抵押贷款的担保和承诺业务可以进一步提升
放贷机构的贷款能力。但作为服务对价，金融机构需要按照贷款额度，
给联邦农业抵押贷款公司支付相应的担保、承诺等费用。三是抵押贷
款的证券化，也有利于放贷机构分散信贷风险。值得注意的是，除了
农业放贷金融机构个体的收益外，从农场信贷体系整体角度来看，依
托联邦农业抵押贷款公司的农地信贷市场二级市场建设，还有利于调
和区域间可贷资金的不平衡，为从事农地信贷市场的金融机构拓展更
多的外部资本市场的融资渠道；另外，信贷资金来源渠道的扩展和竞
争，最终也有利于降低借款农户农场主的利率负担。

（三）农地金融二级市场的风险与监管

和所有的金融创新类似，以联邦农业抵押贷款公司为主体的美国
农地金融二级市场制度，一方面拓宽了金融资本支持美国农业农村发
展的渠道，为从事农地信贷的金融机构营造了更加完善的市场环境；
但是，另一方面农地金融二级市场制度创新，也使农地金融体系面临
一些新的风险，需要从监管体系建设完善和风险处置方案设计上做出
应对的制度安排和监管创新。

1. 监管体系与监管内容

在监管体系建设方面，按照 1991 年《粮食、农业、保育与贸易修
正法案》的要求，1991 年美国农场信贷管理局专门成立了一个独立的
二级市场监管办公室（Office of Secondary Market Oversight，OSMO），

全面负责联邦农业抵押贷款公司运营状况、资产负债及功能职责履行等情况的监管事宜，二级市场监管办公室直接向农场信贷管理局的三人委员会汇报。在监管内容设定方面，通过二级市场监管办公室，农场信贷管理局对联邦农业抵押贷款公司的监管，主要集中在以下三个方面：一是检查联邦农业抵押贷款公司的资本充足率、资产质量、管理表现、盈利情况、流动性以及对利率变动的敏感性；二是监督并发布管理措施规制联邦农业抵押贷款公司的运营；三是监测并评估联邦农业抵押贷款公司运营的安全性、稳健性以及经营任务的实现情况。在监管形式和频率方面，农场信贷管理局的二级市场监管办公室，每年年初发布年度监管计划和任务，全年检查联邦农业抵押贷款公司的运营是否与法律及规章制度相一致，是否满足法定各种资本规则及充足率要求；另外，也根据农地信贷的新形势和新风险，例如近年来农地价格的持续攀升，及时通过发布监管标准调整和风险提示书等形式，定期或不定期地对联邦农业抵押贷款公司经营情况进行监测、提示、评估。按照规定，联邦农业抵押贷款公司必须向农业信贷管理局提交季度运营报告。

除了以农场信贷管理局二级市场监管办公室为主体的业务监管，美国国会农业分委会也会根据需要，请美国审计署对联邦农业抵押贷款公司的运营绩效、安全性及功能发挥情况进行评估。由于联邦农业抵押贷款公司还是一家在纽约证券市场上公开上市的企业，因而美国证券管理委员会（SEC）和纽约证交所也对联邦农业抵押贷款公司负有监管职责。和业务方面的监管不同，美国证券管理委员会和纽约证交所对联邦农业抵押贷款公司的监管，主要体现在上市公司的行为规范方面，即对公司的会计审计准则确立、审计报告发布、公开信息发布、董事会及管理委员会成员组成等进行技术性的审查和指导。

2. 二级市场业务风险与处置应对

联邦农业抵押贷款公司在开展农地金融二级市场业务时，主要面临信贷风险、利率风险和流动性三类风险。这些风险一方面和资本市场的大环境密切相关，另一方面也与联邦农业抵押公司具体业务操作及处置应对手段相关联。

（1）信贷风险。信贷风险大致可以分为两类，分别是来自抵押贷款和担保的信贷风险，以及来自信贷合作机构的信贷风险。前者主要源于联邦农业抵押贷款公司持有的农地抵押贷款资产、农地抵押关联债券担保业务与贷款购买承诺业务。如果贷款的借款人无法还本付息，或者抵押品不足以弥补未偿贷款和抵押品变现的成本，联邦农业抵押贷款公司农地抵押贷款的三类业务都将面临不同程度的金融风险。对此，监管当局和联邦农业抵押贷款公司，一方面制定农地不动产抵押贷款和农村公共设施贷款承销、抵押品评估和归类标准，这些标准对农地不动产抵押贷款的借款人信用、抵押品价值评估等，都做了符合行业规范的详细规定；另一方面针对不同资产情况及时进行评级和相应的损失提留等，对信贷风险的可能损失进行预案控制。截至2014年12月底，农业抵押贷款公司所有未偿业务中，90天逾期的贷款占到0.13%，比2013年下降了0.07个百分点。

农地金融业务的第二类风险源于信贷业务往来的信贷机构。联邦农业抵押贷款公司可能由于和其他金融机构的业务往来而遭受损失，这些往来的金融机构包括：农地抵押贷款担保证券的发行方，以及利率互换业务的对家。对债券发行方可能引致的风险，联邦农业抵押贷款公司的做法是，要求具体交易方和交易必须满足农业抵押贷款公司的一系列的信任标准，比如，要求抵押水平必须在债券发行时确定，并且债券存续期间均不能变动。除了这些，联邦农业抵押贷款公司，一般还要求债券发行方严格控制抵押率，即设定较低的抵押贷款价值比，或要求较高的超额抵押等等；也要求债券发行方在债券存续期间，要符合一些特定的金融指标要求，以确保不出现债券违约问题。截至2014年12月31日，联邦农业抵押贷款公司一共持有的未到期不动产抵押贷款类债券37亿美元，农村公共设施贷款类债券17亿美元，分别比2013年对应项目各多出2亿美元。对于利率互换对家所引致的风险方面，农业抵押贷款公司主要通过多方的利率互换，以机构的平衡分布来分散风险。

（2）利率风险。利率风险是指利率变动对资产负债表中不同时期的资产、负债、资本、收益或支出产生不利影响。由于资产相关的现金流和相关债务之间存在的时间差或时期不匹配，理论上联邦农业抵押贷款公司资产负债表上的所有资产都可能存在利率风险。在联邦农业抵押贷款公司持有的贷款、担保的债券以及农业部担保债券的借款人提前还款的情况下，资产和债务之间的现金流不匹配所引致的利率风险尤其显著。借款人提前还款或延后还款，都将导致农业抵押贷款公司持有的资产与负债现金流的不匹配，将要求农业抵押贷款公司借助资本市场卖出或买入不同价格的资产进行匹配，在一个利率变动比较快速剧烈的市场环境中，这可能带来额外的损失和成本。应对利率风险方面，现今联邦农业抵押贷款公司的做法是根据不同的利率市场环境，维持一系列有较为稳定收入的投资资产组合。

（3）流动性风险。流动性风险通常是指，联邦农业抵押贷款公司由于无法及时变现资产或获得充足资金（融资流动性风险），或者由于市场环境急剧恶化只能以极低的价格进行资产变现（市场流动性风险），这对联邦农业抵押贷款公司的流动性构成极大的压力和挑战。为此，在制度设计方面，一方面，监管层对联邦农业抵押贷款的最低法定资本、资本充足率、核心资本及管理资本等都做了较为细致的规定，同时还根据市场环境对相关资本和流动性要求进行调整，将融资业务冲击引发的流动性风险控制在合理水平；另一方面，按照 1987 年的《农业信贷法案》设定，在极端困难的市场环境下，美国财政部将给联邦农业抵押贷款公司提供总额为 15 亿美元的紧急贷款，用于支持联邦农业抵押贷款公司的相关债务债券权益支付。一定程度上，财政部的授权备付，为联邦农业抵押贷款公司应对极端的市场流动性风险提供了较好的支持和保障。

四、农地价格波动与抵押农地的风险管理

数据显示，2009 年美国农业不动产价值（包括农地及其上设施）大概占到农民农场主资产价值的 84%。除了是农场主投资组合中的单项最大投资。农地不动产还是农场信贷的主要抵押品来源，农地抵押贷款是农场建设扩张和持续运营的主要资金来源。所以，农地价格的大幅度波动，将对农民农场主的资产负债表带来极大影响，进而对农地信贷体系带来很大冲击。因而，农地价格波动和抵押农地的风险管理，一直是美国农地金融制度中的一项核心内容，同时也是农地金融政策监管的重点关注领域。

（一）美国农地价格波动与农场信贷体系的两次危机

过去的一个世纪里，美国农地价格整体呈上涨趋势，从 1900 ~ 2000 年，每英亩农地价格平均从 20 美元上涨到 1050 美元，上涨了 50 多倍。长期上涨的农地价格，一方面成为农场主长期投资收益增长的一部分，鼓励了以农地信贷为依托的农场扩张；另一方面也让通常按

照农地价值50%～85%的比例进行抵押的农地抵押贷款有较好的资产保障。然而，由于长期农地价格本质上是农业部门未来收入流的资本化，因而农产品市场需求急剧下降和宏观层面利率的剧烈波动，都可能使得抵押品市场价值跌破贷款数额，农地抵押贷款次级和坏账比例显著上升，进而危及整个农地信贷体系的安全。

美国农地金融发展历史上第一次大规模的信贷体系危机发生在20世纪30年代的经济"大萧条"时期。20世纪20年代，第一次世界大战期间欧洲农业生产受到极大破坏，对美国农产品的需求增长带动农产品价格和农地价格的持续攀升，1910年到1920年间美国名义农地价格上涨了60%。然而，由于欧洲农业生产比预期恢复更快，同时欧洲国家战后对硬通货的需求增长，国际市场上美国农产品价格开始持续走弱。相应地，1920年以来，美国农地价格从高点的每英亩69美元持续下降，到1930年大概下降了20%，而随之而来的经济"大萧条"，进一步加剧了农产品的过剩，农产品价格和农地价格开始急剧下降，此后整个30年代美国农地每亩平均价格都只在30～33美元之间徘徊。受困于前期农产品价格和农地价格上升引发的农地抵押信贷极度膨胀，农产品价格掉头向下所引发的农地价格迅速下降让农地抵押贷款的不良率急剧上升。据统计，从1929年到1931年，农地贷款不良率从1929年的5%左右，急剧攀升到1931年的23%，而1932年和1934年不良率更是攀升到接近50%的高点。虽然，1934年《紧急信贷法案》实施后，农地贷款的不良率降到27%，但是整个30年代，不良率都维持在20%以上，对整个农地信贷和农地金融体系带来了几乎是毁灭性的打击。

与30年代的农产品与农地市场价格的高起高落相类似，20世纪70年代初期苏联干旱导致农产品需求增加推高了国际农产品价格，受此影响 1976～1981 年间美国农地价格上涨了近 106%，如图 4-4 所示。进入 80 年代，随着欧共体和发展中国家的农产品供应增长，苏联的农产品需求回落，国际农产品价格走低；而为了抗击日益攀升的通货膨胀率，美联储突击提高了借贷利率，这些因素的叠加使得美国农地价格急聚下降。随着农产品价格走弱和宏观利率变量的变化，农地信贷的抵押品价格显著缩水，贷款不良率和坏账率急剧上升，大量提供农地信贷的金融机构倒闭破产，农场信贷和农地金融体系受到极大冲击。据统计，从 1985～1986 年，大约有 20 万～30 万的农场主陷入了借贷困境。

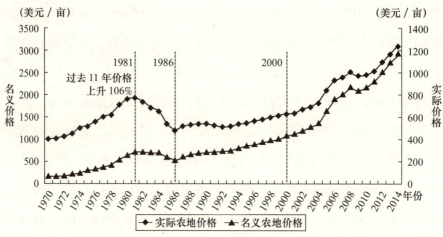

图 4-4　美国名义农地价格和实际农地价格（1970～2014）

注：以 1982～1984 年三年的平均价格为基期计算价格指数，即 1982～1984 年的价格指数为 100%，实际价格 = $\frac{名义价格}{价格指数}$。

数据来源：NASS 的相关年度报告。

（二）抵押农地风险管理的相关措施

近年来，由于利率下降和大豆等农产品出口需求强劲等因素的支撑，美国的农地价格又开始新一轮的攀升，2000 年以来年均名义价格增长率接近 10%。经过以上两次农地价格大幅波动引发农地信贷危机教训后，美国农场信贷管理局和相关政策部门，开始密切关注农地价格波动对农地抵押贷款的潜在泡沫风险，并提出一系列措施和制度设计改善抵押农地的风险管理。

1. 建立农地价格监测体系，把握长期农地价格的变动趋势

美国农业部的农业统计委员会分别建立了年度农地价值抽样调查和五年期的农业普查两项制度。年度农地价值抽样调查在每年的六月份进行，依托大约11000块面积在1平方英里左右的样本农地，对分区域、分类型和设施情况的农地价格及租金的变化趋势，进行数据采集和估算，并通过地区加总、校正和审查后，及时向公众发布农地价格的总体变动情况，为农地投资和农地抵押贷款决策提供信息支持。更为详细全面的五年期农业普查，则通过更为详细全面的地块信息采集，对临近年度农地抽样调查结果进行相应的校正。

2. 建立农地抵押品风险监测体系，提示并监管农地抵押品风险

鉴于抵押品价值对农地信贷资产估值的重要影响，1994年农场信贷管理局的监管部门开始引入专门的抵押品风险监测，将农地抵押品风险纳入农场信贷体系金融机构的监管范围。农场信贷管理局根据农地市场价格、农场收益和租金等情况，向金融机构定期或不定期地发布农地抵押产品风险管理信息备忘录，要求农场信贷体系内的金融机构，按照更加保守合理的收入资本化估值模型对所持有的抵押品价格进行估值，并在此基础上结合市场环境，对不同风险状况的抵押贷款调整适用新的担保承销标准。根据具体需要，农场信贷管理局也会将抵押品风险管理列入专项监管，要求农场信贷体系内的金融机构根据新的估值模型等技术手段，提高抵押贷款产品的损失提留准备等。

3. 加强重点地区和机构的针对性监管及跨部门监管合作

除了强调农地价格基础调查数据质量的提升和普遍性的抵押品风

险提示，针对重点地区、特定类型的农地价格飙升，美国农场信贷管理局也综合利用抵押品风险监测、资产组合价值评估检查、农地价格变化压力测试等手段，对具体地区和类型的农地抵押风险进行有针对性的处置，以防局部风险扩散为系统风险。另外，面对农地抵押贷款、债券及相关衍生品交易创新的日益复杂，农场信贷管理局也开始注重跨部门的监管合作，关注农地价格波动影响抵押品价值，进而影响农地金融体系的其他可能的风险传导机制。

五、启示与借鉴

党的十六大以来，我国农业农村领域的改革发展取得了前所未有的巨大进展，粮食生产实现"十一连增"、农民收入增长实现"十一连快"，农业农村发展正处于一个黄金期。然而，农业总体上仍旧是我国国民经济中的弱势产业，农村依然是我国城乡统筹发展的后进地区，农业、农村和农民是全面推进建设小康社会的"弱项""短板"和"短腿"的格局，并没有得到根本改变，接下来要通过进一步深化农业农村领域的各项改革，理顺农业农村发展中的各项要素交换关系，注重并强化有利于农业农村发展的现代财政金融支持，推进我国农业农村领域的各项工作。就加强现代金融对我国农业农村发展的支持而言，尤其具体到符合我国国情、农情和地情的有中国特色的农地金融体系建设，美国的农地金融制度经验至少有如下几个方面值得借鉴。

第一，要以加快推进农地确权为依托，有序做好农地流转和农地权能建设，夯实农地金融发展的农地价值基础。

美国农地金融制度的实践表明，清晰有保障的农地权利体系是一切农地金融创新的起点和前提。就我国农地金融体系的建设和发展而言，当前最紧迫、最基础的任务是加快推进农村土地的确权登记颁证工作，厘清农地金融创新的权利边界和制度约束，并在此基础上做好农村承包地有序流转、担保抵押等权能建设的各项工作。要在保证农民利益不受损、耕地红线不突破的前提下，积极探索农村承包地"三权"分置的有效实现形式。要通过加大农田设施建设、流通体系完善和产权交易体系等基础性公共产品的支持力度，提升农地的权能价值，为农地金融发展夯实好价值基础。

第二，要以适时启动成立中国农地抵押贷款公司为突破，加大政府在农地金融二级市场及基础框架建设方面的探索和支持力度。

纵观美国百年农地金融的发展历史，政府在农地金融服务体系、二级市场制度创立等基础框架建设上的投入和政策支持不可谓不大。美国政府资金在农地金融机构创立、信贷危机中金融机构救助以及确立最后定额的债务兜底等方面，都发挥了不可替代的作用。毋庸讳言，美国农地金融事实上就是美国政府支持农业发展的最重要政策实践之一。就我国农地金融体系的建设而言，首先要明确政府在农地金融基础框架建设方面的首要职能和责任，出好资、划好策、兜好底，有效建立市场化运作的政策支持机制。鉴于农地抵押债券二级市场在架构全国资本支持农村农业发展的重要桥梁和通道作用，我国应适时启动成立中国农地抵押贷款公司，加快探索符合我国国情的农地金融体系的建设路径和方略，要鼓励农地产权基础条件较好的地方，结合"农地入市"试点等工作，开展农地金融二级市场业务等方面的试点。

第三，要以总结完善合作金融建设经验为支撑，深挖现有金融机构服务"三农"发展的潜力，做好我国农地金融发展的业务网络支持。

美国农地金融的发展经验显示，依托合作社会员制的合作金融形态，是农地金融得以显著降低农地抵押贷款交易成本的关键制度安排。就我国农地金融体系的建设而言，当下的一项重要工作就是及时总结全国各地有代表性的合作金融实践经验，进一步完善符合我国国情、农情、地情的合作金融实现形式。与此同时，要继续深挖现有金融机构服务"三农"发展方面的潜力，深入思考并探索既有金融机构支持"三农"发展方面的项目设计，与我国农地金融体系建设发展方面的交集，尽可能依托并利用已有金融机构的网络和网点等基础平台设施，为农地金融发展提供支持。

第四，要以农地价格基础数据监测体系建设为重点，为我国农地金融发展做好配套性基础信息平台建设。

农地价格及农地经营租赁相关信息，是农地金融机构评估农地抵押品价值、研判市场趋势和评估资产风险的基础。当前，推进我国农地金融体系的建设，必须未雨绸缪地做好农地信息监测体系建设等基础性工作；要依托这一轮农村承包地确权登记等基础信息平台，在国家层面做好农地信息监测的基础架构、数据采集、评估方法和发布机制等工作的统筹，以农业部为牵头单位做好国家农地信息监测、统计及更新的顶层设计，为农地金融发展提供基础信息平台支持。

执笔人：陈春良　曲　东

第五章

台湾地区农地银行及其启示

一、台湾农地金融制度的演进过程

台湾地区农地金融制度的发展是与其土地制度改革紧密联系的。1949～1953 年间，台湾地区以三七五减租、公地放领、耕者有其田为主轴的第一阶段农地改革大幅度改善了农地所有权结构。为了保障耕者有其田，政府发行实物土地债券并搭配公营事业股票，征收地主土地后转给农民耕种，农民分 10 年 20 期偿还购地款。为了支持"耕者有其田"计划的实施，1945 年由国库出资创建了台湾土地银行，专门办理不动产抵押贷款。1953 年 12 月，耕地征收计划顺利完成，共计征收 139249 公顷耕地，分给了 194823 户自耕农。为支持农民获得土地，1953～1963 年，台湾土地银行给农民发放了大量的长期购地贷款。土地改革打下了后来经济奇迹的基础，但也使得农地制度僵化、经营规模难以扩大。

1983～1986 年的第二阶段农地改革以购地贷款、共同委托及合作经营、农地重划为主要内容，希望扩大农场经营规模、推行农业机械化，但实质效益不大。21 世纪初，台湾地区加入了世界贸易组织，外临农业竞争力不足的压力，内部则有农民老龄化严重、户均经营规模小的难题。为提高农地流通速度和利用效率，台湾地区农业行政主管部门2007年正式提出并推动"农地银行"政策。现任台湾地区领导人马英九2007年参选时提出"小地主大佃农"政见，希望让有土地的农民把土地租给有耕作能力、年轻专业的农民，进行大面积的经营。马英九新政府上台后，台湾农委会经过一年多的筹备，于2009年5月公布《推动"小地主大佃农"政策执行方案》，以农地银行为农地买卖和租赁的信息、服务平台，正式扩大办理小地主大佃农政策，启动了第三阶段农地改革。"小地主大佃农"支持政策的重要方面就是向大佃农提供租地长期低息的租地贷款，以农地银行为土地流转和价值评估平台，台湾合作金库、台湾土地银行、中国农民银行向租地农户发放农地抵押贷款，通过农会信用部申请的农地抵押贷款大多是政策性贷款，租地贷款期限3~20年，购地贷款最长可达30年，利息0~1.5%，商业性的经营贷款则由农业信用保证基金提供贷款担保。由此，台湾合作金融金库、台湾土地银行、中国农民银行与农地银行、农信用保证基金共同构成了农地金融体系（参见图5-1）。

作为台湾地区新农业运动的重要一环，农地银行被赋予了"改写台湾农业史"的期待，希望它能够促进农地流通和农地资源的有效利用。"农地银行"是一个买卖、租赁农地的信息和服务平台，它把农地供求双方的信息集中于服务平台，从事一般大型房屋中介业者大多不愿接手的农地买卖、租赁和集中整理的业务。在政府的辅导下，基层农会在农地银行中扮演核心角色，一方面提供农地中介媒合服务，另一方面提供农地利用法令、农业产销经营和项目农业融资贷款等咨询服务。在推动"小地主大佃农"政策中，农地银行主要发挥有效集中土地促进其向专业农户集中的作用，支撑实现农业的规模经营。而

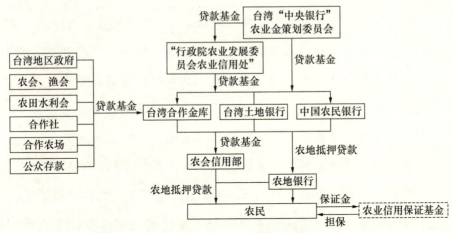

图 5 - 1　台湾农地金融制度体系

随着其土地流转中介功能的健全完善，有力促进农地市场发展，增强农地的市场价值实现能力，从而使原本不符合市场抵押条件的农地具有抵押价值，并且能够通过农地银行实现抵押品的变现。因而，农地银行的建立是台湾农地金融能够扩大发展的重要基础，即能够在完全的政策性基础上，逐步发展起市场可持续的农地抵押贷款业务。当前，我国正处于向农业现代化转变的关键时期，促进农业适度规模经营是推进农业现代化的重要举措，台湾以农地银行为基础活跃农地市场，支撑实现农业规模经营的经验对我国农地管理制度改革和农地金融的发展都具有借鉴意义。本章将重点讨论农地银行的发展经验，为完善农地金融的土地市场支撑环节提供借鉴。

"小地主大佃农" 政策

《推动"小地主大佃农"政策执行方案》指出，政策对象中的小地主（出租人）为持有农地的所有权人，且必须是自然人；大佃农（承租人）为承租农地以扩大经营规模的自然人或农民组织，包括专业农民、产销班、农会、合作社和农业企业，并对各类大佃农的身份和经营面积设定了相关条件。例如，为了引导农业人力年轻化，专业农民参加政策时年龄应在 18 岁以上 55 岁以下，且必须在所学专业、从事农作年数或参加培训时数上达到一定条件，从事有机作物的还有额外的条件。承租农地的范围为合法使用的非都市土地耕地和都市计划农业区，不包括台糖公司土地、公有土地及三七五出租耕地。农地租赁年期以 3 年以上为原则，考虑到作物的轮作需求，不排除短期租约，但承租面积至少 1/2 以上要符合长期租赁的原则。经营条件包括：大佃农应以从事农粮、畜牧或农牧综合经营为主，并尽量优先考虑进口替代或出口扩张的农产品；大佃农承租 2006 年或 2007 年的连续 2 期休耕农地且领取承租奖励者，应以种植水稻、得轮作奖励作物、契作奖励作物和有机作物为限；大佃农承租耕地不得申请休耕补助或平地造林补助。政策支持的重要内容是向大佃农提供租地补贴和贷款。

第一，提供活化 2006 年或 2007 年连续休耕农地的出租与承租奖励及补助：（1）农民、产销班和农民团体依《水旱田利用调整后续计划》承租 2006 年或 2007 年连续两期办理休耕有案的农地，若租赁契约成立，给付出租人每期作每公顷 4.5 万元以上（政府 3.5 万元及承租人支付的 1 万元以上）。租赁双方约定的租约达 3 年以上的，给付出租人每期作每公顷 5 万元以上（政府 4 万元及承租人支付的 1 万元以上）。（2）种植稻米得保价收购，契作饲料玉米每期作每公顷奖励 2 万元，契作牧草或青割玉米每期作每公顷奖励 5 千元，有机作物每期作每公顷奖励 1.5 万元。

第二，提供大佃农长期承租农地租金和经营资金优惠贷款：（1）农地租金无息贷款。承租农地租期为 3 年以上的，可向农会或农业金库申请租金无息贷款，以承租金额贷放。（2）经营低利贷款。

承租农地以扩大经营规模的，可向农会或农业金库申请经营贷款，利息为1.0%，专业农民与农业产销班、农业合作社、农会及农业企业的贷款额度、周转金贷款额度不同。

第三，提供大佃农企业化经营辅导与补助：（1）基础环境改善补助。承租休耕农地有复耕需求或需改善土壤条件和周边环境的，每公顷补助比例最高不超过1/2，补助金额每公顷不超过2万元，以申请1次为限。（2）产、制、储、销设施补助。补助对象为产销班、合作社和农会等组织型大佃农，补助项目以产、制、储、销等共同使用设施（设备）为主，并根据政府年度资源和补助合理性，优先考虑大佃农企业化经营的需求，补助比例不超过1/2。（3）企业化经营管理辅导与咨询服务。以需求为导向，向大佃农提供农业专业训练、企业化经营管理专业训练、经营管理顾问专家咨询服务、健康安全农产品验证辅导与补助等。

2009年12月通过的《"爱台12建设"总体计划》第8项优先建设项目为"农村再生"，"实施小地主大佃农计划"为其中五大重点项目之一。实施计划指出，"实施小地主大佃农计划"概估经费需求为55.82亿元，由农委会主办。

二、台湾地区农地银行的推行经过与政策目标

（一）推行经过

台湾地区的农地银行是参考、仿效日本的做法而规划设立起来的，"农地银行"一词便是源自日本的用语。台湾农委会参与负责推动农地银行的胡忠一博士曾留学日本，日本机场、车站每逢年节张贴

的关于农地银行的宣传广告给他留下了深刻印象，所以早在 2002 年，他便仿效日本的情形，提出了农地银行的构想，但未得到推行。云林县斗南农会总干事张有择、原台南县县长苏焕智早先也曾提出类似的方案，亦未获推行。被称为农地银行"幕后推手"的台湾农委会企划处处长廖安定在接受采访时还指出，2004 年曾推动功能与农地银行类似的"农业资产交易网"，但登录该网的农地数量和成交数都不高。

2003 年 2 月 7 日，台湾地区修正通过《农业发展条例》，增订辅导奖励农民团体办理中介业务的条款——"主管机关为促进农地流通及有效利用，得辅导农民团体办理农业用地买卖、租赁、委托经营之中介业务，并予以奖励"。据此，2003 年 4 月 8 日的台湾地区"中办地字第 0920081590 号令"规定，农业主管机关辅导农会办理农业用地买卖或租赁等中介业务，不受台湾地区《不动产经纪业管理条例》的限制。这两个法规为台湾地区农地银行的建制提供了法律依据。

2006 年 5 月，台湾农委会提出"新农业运动"政策，希望通过漂鸟计划、园丁计划等吸引年轻新农民。但是，不少新农民反映租买农地困难，于是设立农地银行的想法又应运而生。在由谁承担农地银行的信息和服务平台功能这个关键问题上，台湾农委会认为根据台湾地区《农业发展条例》的规定，农会可以扮演农地银行的核心角色，而且还可以发挥它在地方基层长期深耕的基础与信赖关系。2007 年 3 月，台湾农委会邀请各级农会总干事召开"建置农地银行计划"说明会，就农地银行的政策目的、内容、架构、先期作业等事项作了说明。随后，台湾农委会发布了《农地银行之建置与推动计划》和《农会渔会办理农业用地中介业务辅导奖励要点》。2007 年 8 月 14 日，台湾农委会正式办理《农地银行之建置与推动计划》，台湾地区的农地银行开张启用。

（二）政策目标

台湾地区的农地银行以服务农民、提高农地利用效率为最终目标。台湾农委会企划处 2008 年度项目执行计划《农地银行之建置与推动》提出了农地银行政策的实施目标。（1）建立农地租售信息平台和媒合网络：规划并建置以农渔民需求为主的农地银行信息平台，提供农地租售服务、中古农机或渔业资材交换服务、农地利用管理知识、便民服务、案件追踪查询等功能，让农民有统一的农地买卖、租赁信息查询窗口，并能简易地操作和使用。（2）强化农渔会的农地中介服务：辅导并奖励农民团体办理农业用地买卖、租赁中介服务，服务农渔民，促进农地流通和有效利用，并可协助农渔会处理闲置或不良抵押土地资产，增加收益。（3）落实农业新政策与目标的施行：配合新农业运动，推动农业漂鸟体验、留农筑巢、园丁计划等政策，协助农业生力军取得经营农业的农地；进而配套协助提供土地贷款和经营资金，增加农业经营或农企营运效率，促进农业未来转型和升级。

马英九政府上台后，台湾农委会于 2009 年 5 月公布《推动"小地主大佃农"政策执行方案》，将强化台湾地区农地银行的服务管理功能作为扩大推动"小地主大佃农"政策的 5 大措施之一，具体内容是：（1）协助乡镇农会全面性设置农地银行服务中心，并建置小地主大佃农信息服务专区，扩大农地租赁媒合平台；（2）提供农地租赁及休耕农地信息，强化农地租赁媒合服务；（3）协助签订农地租赁契约，保障农地租赁安全及双方权益；（4）配合办理小地主大佃农政策的推广、倡导与后续农地租赁的利用监督及稽查等管理事宜。纳入"小地主大佃农"政策后，除了初期以提供农地租赁、买卖信息以及法令、贷款信息服务外，农地银行在原有基础之上，设立了小地主大佃农信息专区，转向配合小地主大佃农政策、逐步引导农地活化利用，在继续鼓励老农释放农地之外，积极促进休耕、废耕等闲置不用的土地转移给有意经营农业者使用，以扶植专业农民并达到扩大农地经营规模、实现小农结构变成大农结构的政策目标。

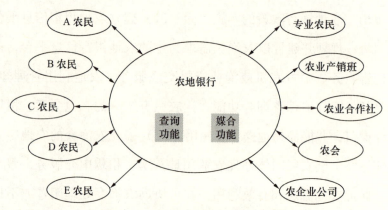

图 5 - 2　农地银行的查询、媒合功能

资料来源：农委会，《推动"小地主大佃农"政策执行方案》，2009 年 5 月 27 日。

三、台湾地区农地银行的筹备内容与运营流程

（一）筹备内容

台湾地区设立农地银行的构想自 2002 年提出后，经过几年谋划，2007 年开始了密集的研讨、规划和准备工作，2007 年 8 月 14 日正式开张。筹备过程主要完成以下三项工作。

第一，开发和推介农地银行信息与服务平台。农地银行除提供信息外，也搭配客服体系，以便让供求双方获取正确且值得信任的信息。台湾地区农地银行网站（http：//ezland. coa. gov. tw）的设计以信息保密、操作便利、知识丰富、服务追踪为方向，平台以案件复核、操作简便、绩效考核和在线服务为管理原则。为提高该网站的知名度，台湾农委会在相关媒体上投放了广告，向农会、农民宣导、推广该项

服务。

第二，提升人员素质，营造农会服务环境。农地银行工作涉及法令和技术，农会中介人员的专业职能和服务环境质量是农地银行能否成功的关键点。为提升人员素质，增强农会人员对农地中介业务法规的了解，台湾农委会在 2007 年办理了 4 场次法规教育训练和 19 场次的系统教育训练。台湾农委会还要求农会办理农业用地买卖或租赁中介业务的人员应具备不动产经纪人或不动产经纪营业员资格，辅导251 家农会的 498 人、22 家渔会的 42 人取得了不动产经纪营业员资格证书。在营造环境质量方面，农会渔会配备了专人和电话专线服务等基本条件，还配合提供计算机查询、接待洽谈的舒适空间。

第三，建立辅导奖励机制和执行规范。为辅导农渔会并建立奖励、执行的一致性，台湾农委会制定了《农会渔会办理农业用地中介业务辅导奖励要点》，除给予开办业务费补助外，还对信息服务、服务环境和专业职能进行评比奖励，把农渔会使用农地银行网站的资料登录、安全维护、回报机制等事项，以及农渔会办中介业务应注意的事项、签订委托销售和租赁契约书、中介业务收费标准和方式等执行规范，都考虑在内。

（二）运营流程

台湾地区的学者根据农地专任委托销售契约书的内容及对十余家农地银行主办人员的调查，归纳出台湾地区农地银行的运营作业流程是：（1）募集农地租售案件。农民将农地租售资料传到农地银行网站或前往农会告知租售信息，网站也链接法院的农地法拍案件。（2）洽谈、实地勘查和拍照。农渔会接获信息后，与农民洽谈细节，并约定时间实地勘查、拍照，确定土地标示、位置和土地利用现况。（3）确定租售条件。确定委托销售价格（租金）、委托期间、报酬、收款条件和方式等。（4）签立专任委托租售契约。确认租售条件后，农渔会理事长与农民签立《农业用地专任委托租售契约书》。（5）农地租售信息上网。（6）募集买方或承租人。农地银行通过网站募集有意者，买方或承租人可电话洽询或到农渔会查阅土地登记誊本。（7）农渔会带买（租）方看地。（8）买卖或租赁价金协商。买卖或租赁双方自行协商价钱，农渔会主办人员可居中斡旋。（9）归卷存档。无论成交与否，相关资料都要归卷存档。（10）到代书处签立买卖或租赁契约，办理产权移转登记。

2009年5月以后纳入小地主大佃农政策后，根据台湾农委会公布的《推动"小地主大佃农"政策执行方案》，台湾地区的农地银行中介服务平台提供小地主大佃农农地租赁媒合服务的流程分为登录农地租赁信息、协助农地媒合与签约和审查大佃农纳入辅导资格要件等三个阶段。

第一阶段是登录农地租赁信息：（1）出租、承租人亲自到农会或登录农地银行网站，填写委托农会出租或承租农地信息；（2）出租人与农会签署委托租赁契约书，并注明该农地是否供本人或亲属投保农民保险；（3）承租人填写农地承租需求表，注明现自有或承租的农地的面积、租期等状况，同时提出农地承租相关条件需求；（4）农地银行服务人员依据出租人及承租人填写的资料内容，判断是否符合小地主及大佃农资格，对于符合资格者，农会将数据转入小地主大佃农信息专区，并进行农地数据搜寻比对，提供出租信息或协助搜寻，协助承租人承租农地成为大佃农。

第二阶段，媒合农地并办理签约。农会积极媒合农地银行小地主大佃农信息专区的农地，协助媒合成功的双方签订租赁契约书，并将相关数据输入农地银行小地主大佃农专区。对于由大佃农自行媒合的农地，农会也将相关数据补登到系统专区。

第三阶段，审查大佃农纳入辅导的资格要件。已完成租地的承租人拟申请纳入小地主大佃农政策辅导对象的，由农会人员检核资料是否符合小地主与大佃农的资格条件，检核符合后录案并将数据转入小地主大佃农信息专区。小地主大佃农自行洽妥租赁土地的，大佃农应检附申请书及租赁契约书等文件，送请农会进行资格审查，将相关数据补登到系统专区。

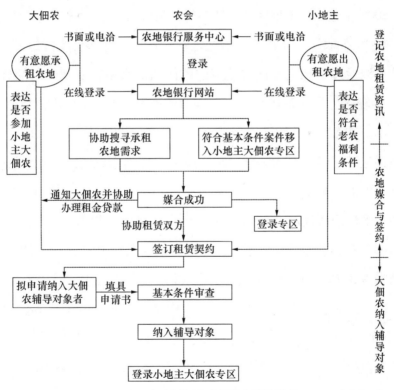

图 5 - 3 农地银行租地登录和媒合流程

资料来源：农委会，《推动"小地主大佃农"政策执行方案》，2009 年 5 月 27 日。

四、台湾地区农地银行政策的成效

台湾地区的农地银行政策得到了基层农会的热烈响应。截至 2008 年 11 月 30 日止，台湾地区共有 273 家农会、25 家渔会成立了"农地银行服务中心"，占农渔会总数的 87.4%，各农渔会累计上网建置农地出租、出售和法拍案件 11574 笔，回报成交案件 1342 笔，成交农地总面积 420.37 公顷，增加贷款 3.1 亿元。

2009 年起，台湾地区的农地银行作为政策平台，被列为扩大推动"小地主大佃农"政策的 5 大措施之一，其服务管理功能得到了强化，因此可以通过小地主大佃农政策的整体绩效来检视农地银行的成效。（1）年轻化。截至 2010 年底，参与政策的大佃农共 703 人，小地主共 8121 人，大佃农平均年龄为 42 岁，与农民平均年龄 61 岁比较，年轻化效果显著。（2）扩大经营面积。2010 年底大佃农完成租赁面积 4056 公顷，加上既有经营的农地 1593 公顷，2010 年大佃农总计经营 5649 公顷，平均经营规模为 8.03 公顷，比户均耕地面积 1.1 公顷高出约 7 倍。（3）种植作物。扩大承租的农地种植水稻的占 72.6%，种植青割玉米的占 5.7%，耕地在一定程度上得到了有效活化，增加了粮食生产。（4）企业化经营。2010 年大佃农申请企业化经营辅导案件共 201 件，审核通过 183 件，补助大佃农办理基础环境改善 1061 公顷，还补助购置曳引机、联合收获机、干燥机、中耕管理机等各项生产设备，补助设置温网室、冷藏库、日晒场等相关设施，帮助大佃农节省了经营人力，提升了效益。

2011 年 9 月，为表彰台湾地区农地银行在提供农地租赁、买卖信息平台以及农地信息、项目农业融资贷款等服务的贡献，台湾农委会举办农地银行颁奖典礼，表扬 30 家农地银行绩优农会。表彰会上，台湾农委会副主任委员王政腾指出，截至 2011 年 8 月，台湾地区参与农地银行服务的农会共计 298 家，占全部农会家数的 98.6%；累计登录农地银行网站建置的农地出租、出售及法拍案件共计 16246 笔，回报成交案件 4325 笔，成交农地为 1258 公顷，增加贷款约 5.1 亿新台币。另据台湾农委会的业务报告，截至 2011 年底，小地主大佃农政策辅导的经营规模达到了 8433 公顷，大佃农平均耕作面积为 8.4 公顷，是台湾地区农户平均农地面积 1.1 公顷的 7 倍多。

表 5－1　　　　　2008～2011 年台湾地区的农地租赁面积　　　单位：公顷

年　份	2008 年	2009 年	2010 年	2011 年
农地租赁面积	139	2580	4056	8433
比上年底增加面积	/	2441	1476	4377

因此，在过去四五年间，作为农地流转的管理与服务平台，农地银行一定程度上发挥了活络买卖和租赁农地市场的作用，促进了台湾地区的农地流通和农地资源的有效利用，并配合推进了"小地主大佃农"政策和第三阶段农地改革的实施，初步达到了促使农业劳动力年轻化和扩大经营规模的目标。

五、启　示

进入 21 世纪后，应对地区内外农业发展环境的变化，中国台湾地区仿效日本的农地银行和农地保有合理化事业的做法，经过多年规划、筹备，从 2007 年起实施农地银行政策，并于 2009 年将强化农地银行的服务管理功能列入"小地主大佃农"政策，作为第三阶段农地改革的重要内容。如上文所述，经过几年的实践，台湾地区的农地银行政策初步达到了扩大经营面积、改善作物种类以及使农业劳动力年轻化、农业经营企业化等目标。

近年来，内地的宁夏平罗、四川成都、陕西杨凌以及湖南的浏阳、永州等地，设立了名称、功能都和台湾地区的农地银行十分类似的农村土地银行。例如，四川省彭州市磁峰镇皇城村成立了农业资源经营合作社（土地银行），农户将土地预存入土地银行，土地银行找到龙头企业或经营大户后，将预存土地集中流转出去。在这个过程中，农民定期获得存地收入，土地银行通过集中存贷获得利润，将利润按存入的面积计算股份，不定期对股东进行二次分红，股东可优先在龙头企业或经营大户基地内务工。在陕西省杨凌示范区，村一级设立了土地银行，土地银行和农户签订委托流转协议书，将零散地块集中后集中"贷出"给农业企业、合作社、大户等，土地受让方向土地银行支付土地租金，土地银行将租金发放给农户。但是，内地农村土地银行的建置和工作还处在起步探索阶段，存在着诸多问题。从体制上看，内地农村土地银行基本上都是村两委领导下的土地流转中介服务组织，人员与村两委基本重合，办公场所也设在村委会；从法律地位上看，这些土地银行大多不具备法人资格，也无法到工商部门注册；从服务功能上看，土地银行还只限于农村土地承包经营权的收储、出租和转包中介服务，而在提供信息、资金筹措、法律咨询、经营辅导等方面的服务还十分薄弱，管理与服务功能欠缺。

海峡两岸的农业生产、土地经营同属小农经营体制，整合农地资源、扩大经营规模是共同面临的问题。台湾地区根据地区内外的新形势，积极推动农地银行政策，取得了较好的成效，并为市场化金融支持农业现代化发展创立了重要的支撑平台。我国农地抵押融资制度发展中的现实障碍是，承包农户农地经营规模小具有抵押价值，而租地经营的规模经营户又不具备完全的土地产权，是否能够抵押仍存在争议。农地抵押制度发展的重要前提是建立类似于台湾"农地银行"土地管理平台，促进土地流转、保障经营者土地权益和支持土地市场价值实现。因此，借鉴台湾地区的经验并予以改进，搭建流转信息及时发布、自愿交易的技术平台与服务组织，增强土地流转机构的管理和服务功能，为农地抵押融资业务提供有效的经营权确权和抵押权市场价值实现的保证。

台湾的农地银行是依托农会发展，农户是台湾地区特有的非营利组织，作为政府与农民间的中介者，在小地主大佃农政策中除了担任大佃农事业主体的角色外，还承担了农地政策执行者的角色。在政府的辅导下，台湾地区基层农会的农地银行作为买卖、租赁农地的信息和服务平台，既提供农地中介媒合服务，又提供农地利用法令、农业产销经营和项目农业融资贷款等的咨询服务。内地没有像台湾地区那样的农会组织，但基层的乡镇政府和村委会相对有力，可以依托这些组织，积极借鉴台湾地区农地银行在建制、人员、工作内容、工作流程、网站设计等方面的经验，完善内地农村土地银行等土地流转服务管理平台的功能，以规范和推进内地的土地承包经营权流转。

执笔人：张清勇

第六章

宁波市"两权一房"抵（质）押贷款调查报告

  浙江宁波江北区是全国最早启动农地抵押贷款的试点之一。基于当地农村资产发展的条件以及宁波市城乡一体化综合配套改革试点的要求，2009 年 4 月江北区率先在全国推出了"两权一房"抵（质）押贷款（即农村土地承包经营权、股份经济合作社股权和农村住房），赋予了农民更完整的集体资产产权，实现了对农民的还权赋能，为盘活农村集体资产、解决农村贷款难问题找到了突破口。我们对宁波江北区、象山县、奉化市"两权一房"抵押贷款情况进行了调研，总结了其试点发展的经验、成效，分析其进一步发展面临的问题与障碍，并就共性的问题提出相应的政策建议。

一、"两权一房"抵押贷款试点发展情况

  截止 2014 年 5 月，全市 11 个县（市）区都积极推进了这个试点，9 家农村合作金融机构开展了"两权一房"或部分权项抵押贷款业务，3 家中银富登村镇银行开办了农房抵押贷款业务；主要涉农金融机构"两权一房"贷款余额 3.32 亿元，1641 户农户从中获益；自 2009 年

开办首笔业务以来，"两权一房"贷款已累计发放 9.93 亿元，惠及
5100 余户。以 2013 年末的数据来看贷款结构，土地承包经营权贷款
余额 217 万元，农房（宅基地）抵押贷款 23079 万元①，经济合作社
股权质押贷款 2200 万元。以发展最为成熟的江北区来看，截至 2014
年 5 月 31 日，已有 2964 户农户获得"两权一房"抵（质）押贷款，
累计发放贷款 38605.81 万元，其中股份经济合作社股权质押贷款
4399.98 万元，农村土地承包经营权质押贷款 1656.3 万元，农村住房
抵押贷款 19216.1 万元，房票质押贷款 13333.43 万元（参见表 6 - 1）。

表 6 - 1　　江北区市区联社"两权一房"抵（质）押贷款情况　　单位：万元

	累放户数	累放金额	当年贷款户数	贷款余额
股份经济合作社股权质押贷款	1079	4399.98	128	601
农村土地承包经营权质押贷款	657	1656.3	53	136.69
农村住房抵押贷款	852	19216.1	157	3228.1
房票质押贷款	376	13333.43	144	4920.68
合计	2964	38605.81	482	8886.47

注：截至 2014 年 5 月 31 日。

目前，宁波市的 9 个涉农县（市）区开展"两权一房"抵押贷款
的情况大致可以分为三个层次：一是江北区、象山县、慈溪市、宁海
县、奉化市，制定了政策文件和实施办法，并建立推行的组织机构，
在全区域内推开"两权一房"，甚至"多权一房"抵押贷款创新业务；
二是余姚市、镇海区，只开展单项抵（质）押贷款；三是鄞州区和北
仑区，正在起草或即将出状态政策，推动这项工作。

宁波"两权一房"抵（质）押贷款的推行为农户提供了一种简

---

① 这是宁波市银监局的统计数据，而根据宁波市人民银行的调查数据，全市农房抵押贷款
余额为 1.6 亿元。

易、快捷、低廉的贷款获得渠道，有效解决了农户生产创业资金短缺、贷款难的问题。江北区"两权一房"贷款可以在 3~5 个工作日内审批到位，周转贷款当天就可以办理完毕。从贷款成本来看，江北区农村住房抵押和"房票通"贷款的利率分别按照不高于央行基准利率上浮 10% 和 20% 向农户发放贷款，并且一些乡镇（街道）对贷款利息还有补贴；象山县在妇联、县总工会、团委的担保支持下对创业者的贷款利率优惠达到 13%，而以农房和农地为抵押贷款利率则可以较现行市场利率下降 30%；奉化市农村宅基地住房抵押贷款利率为 8.1%~8.5%，滕头村农居房抵押贷款在村集体企业的担保下贷款年利率只要 6.4%~6.55%，并可以按月还本付息。

二、创立基础制度条件确保市场可行性

农地抵押贷款的发展需要一系列的制度条件保证农地能够成为有效的抵押品，充分保障金融机构的贷款风险，并强化对金融机构服务"三农"的激励机制。农地抵押贷款的发展需要有三个先决条件：一是明确产权归属及其权责义务，并获得充分的制度性保障；二是农地资产的市场价值得以充分体现，并具有可以实现的具体途径；三是对农地抵押贷款的风险要能够有效地分散，确保农业经营者与金融机构均不至于因为不可抗拒的自然或市场风险而导致经营难以为继。宁波"两权一房"抵押贷款是以其他重要农村经济改革并行推进，并在前期的改革发展中奠定了重要的市场基础，因为解决好了农地抵押贷款发展所需要的核心制度要件，所以"两权一房"贷款能够在全市范围内得到比较好的推广。

（一）以农村产权改革为基础实现"确权赋能"

宁波"两权一房"抵押贷款业务的发展得益于早期农村住房和股价经济合作社改革所奠定的基础。

一是集体资产的股份制改革确立了农民个人对集体资产按份所有。2001 年宁波就出台了《农村经济合作社股份合作制改革实施意见（试行）》，要求对村经济合作社在清资核产的基础上，将资产折股量化到户（人）。在"两权一房"抵押贷款试点启动前，大部分的村经济合作社都已经完成了股份制改造，而且经过近 10 年的改革，很多村经济合作社资产已经积累到了相当的规模，股份经济合作社股权具有规范的管理机制和较高的市场价值。截止 2014 年 5 月，江北区 110 个行政村已有 108 个村改制为股份经济合作社，总资产为 43.29 亿，量化到人的净资产 19.56 亿；2013 年集体可支配收入 2.66 亿元，股份分配 5.41 亿元，人均分红 4251.54 元。五年来，江北区以股权为抵押总共为 1079 户农户发放了 4399.98 万元贷款，户均贷款规模在 4.1 万元。江东区股份经济合作社股权具有更高价值，2013 年股东最高分红 6.8 万元，最低也有 2 万多元，户均贷款规模可达到 20 万~30 万元。

二是集体土地的确权为抵押贷款的开展建立了基础。20 世纪 90 年代，宁波市已经开展了一轮农村集体土地确权工作。截止 2009 年宁波市全市共办理了宅基地使用权证 137.69 万本。伴随着新一轮对农村土地清查和确权工作，2012 年宁波市下发了《关于加快推进农村集体土地确权登记发证工作的通知》，2013 年 6 月宁波已经完成了全市农村集体土地所有权确权登记发证工作，实际确权登记 6979.06 平方公里，共 44351 宗，摸清了每个地块集体土地的使用状况。在当前宅基地登记工作尚难以全面推行的条件下，集体土地确权所提供的信息能够为农房抵押登记及价值评估提供有力的支撑。

三是农村住房改革使农村住房的市场价值得以显性化。2001 年《宁波市宅基地管理办法》中明确了对合规购买宅基地的确权，为宅地基有限范围的流转奠定了制度基础。2007 年宁波市就在部分地区启动了宅基地置换流转的试点。2009 年宁波市出台《关于推进农村住房制度改革和住房集中改建的意见》（以下简称"农房两改"），完善了宅基地可以换住房制度，并要求探索农村住房商品化的制度。基于此，宁波市各个县区出现了大批集中改造建成的农村住房，并且相当一部分经过拆迁安置，农村住房的价值得以明确化和大幅度的提升。比如，奉化的农居房集中改造建设已经将农房土地性质转变为国有土地使用权，可以在一定期限后、补缴土地出让金后可上市交易，因而在抵押贷款的操作上也更加容易；象山县的"农房两改"项目因为交通区位、规划建设、整体配套较好，其住房的市场价值相对普通农房更高且近年来的价值提升较快，能够申请的抵押贷款额度也更高。

（二）以全部门支持突破集体产权抵押的制度障碍

2009 年 4 月宁波江北区率先试点"两权一房"抵押贷款，出台了《关于开展江北区农村"两权一房"抵（质）押贷款工作的试行意见》以及三个配套的管理办法，即《关于股份经济合作社股权质押贷款相关政策的指导意见》《江北区农村土地承包经营权质押登记管理办法》《宁波市江北区集体土地住房（抵押）流转处置试行办法》。宁波市区信用联社在相关部门的支持下，制定了"两权一房"贷款的操作办法，与江北区农林水利局、江北区人民政府农村工作办公室联合下发了《农村土地承包经营权质押贷款试行办法》和《农村住房抵押贷款试行办法》，并要求各街道、镇农村服务中心支持和配合信用社开展"两权一房"抵押贷款业务。

　　为了确保"两权一房"抵押贷款实施的有效性，政策在以下方面给予了充分支持：一是要求通过股东代表大会同意修改股份经济合作社章程和权证说明上的股权"不得抵押"的规定，使股权抵押具有法律效应；二是要求村民代表大会决议同意住房抵押和流转，抵押的农村住房允许按照"地随房走"的原则在江北区的农户之间进行流转，使农房成为有效的抵押物；三是要求各街道（镇）农村土地流转服务中心对抵押的经营权进行价值认定，在收到材料的 5 个工作日内办完抵押登记手续，并向质押权人出具质押登记证明；四是要求各相关部门给予全力的支持与配合，国土、住建部门落实确权办证、抵押登记、过户变更的工作，法院负责农村住房抵押贷款纠纷案件的司法调解和审理，从而确保抵押人、抵押权人的权益实现。

　　农村住房抵押贷款的实施则是以国土、住建部门农村住房确权登记的有效配合为基础。2009 年《宁波市农村住房抵押贷款试点工作实施意见》对江北区试点的经验给予充分肯定，明确要求国土、建设部门配合做好权属登记和发证工作，专门针对有贷款需求的农户给予确权登记支持，颁发"农村住房他项权证"。针对农村住房大多因不符合条件而难以进行确权登记的问题，江北区则让住建局专门出具一个仅限用于抵（质）押的房屋权属证明。

（三）以政策促进农村产权市场的形成

　　支持农村住房和股权在限定范围内流转，打通抵押权实现的市场通道。2007 年宁波市在部分地区启动了宅基地置换流转试点。《宁波市农村住房抵押贷款试点工作实施意见》规定用于贷款抵押的农村住房，经农村住房所在地的村民委员会做出同意住房抵押和流转的书面承诺后，按照"地随房走"的原则，房屋占有范围内的集体土地使用权和房产在同村范围内流转变现，即承认了集体土地随着房屋同时抵押的有效性。《试行意见》明确国土、住建部门对流转后的农村住房及时予以办理土地使用权证和房屋产权证的过户、变更手续。鼓励推行农村宅基地退出机制，农户退出宅基地后，允许跨街道（镇）购买退出拍卖的农村宅基地，并给予确权。这就意味着农村住房流转变现可行，从更大的意义上讲，进一步扩大了农民资产流动的范围，真正成为有效的抵押物，可以让农民住房像城市居民住房一样进入融资市场进行融资活动，满足农民转产转业资金需求。同时，还要求法院负责农村住房抵押贷款纠纷案件的司法调解和审理，让抵押权的实现有充分的法律保障。

构筑产权交易平台，支持资产抵押的价值认定和价值实现。2011年象山在全市率先成立"象山县农村产权交易中心"，开展农村土地承包经营权、林权、农村集体养殖水域承包经营权、农村房屋和集体建设用地使用权交易。截止2014年3月底，累计发生交易项目579宗，交易总额2.01亿元。以此为基础，抵押资产价值可以参考市场交易价值认定，并且通过有效的市场对接提高抵押权价值实现的效率。江北区依托各街道（镇）农村土地流转服务中心进行土地承包经营权的价值认定和抵押登记，为完善"两权一房"抵（质）押贷款制度，已确定在慈城镇建立农村资源流转交易中心。

建立资产回购制度，确立对市场的底线保护。江北区还规定，当贷款无法偿还、且抵押物无人购买时，农村土地承包经营权和股份经济合作社股权由股份经济合作社分别按照不高于原值的70%和60%收购。在农村产权市场尚未有效发育起来的条件下，这确保了抵押权具有实际变现的能力，也对农村产权市场的启动发挥着重要的信心支持作用。

三、从需求出发持续推进模式创新

宁波"两权一房"抵押贷款实施过程中，不断适应需求变化、积极与其他金融授信方式相融合进行业务创新，探索形成了"房票通"、农房按揭贷款、联合授信一卡通等新的业务模式。

（一）以信用为基础的组合授信

信用体系建设是"两权一房"抵押贷款发展的基础，各个开办金融机构加强和完善贷款农户的信用评定管理工作，坚持信用授信、抵押增信的原则探索信贷产品的组合创新。这既确保了对贷款风险的控制，又实现了对农户的便利化金融服务。信用社基于对农户的信用评价和抵押授信发放小额贷款卡，农户凭此可以在三年的有效期内随用随贷、余额周转使用。江北市区信用联社借助"两权一房"抵押贷款有效发展了新的信贷客户，扩大了对农户的信用建档。随着农户信用信息的逐步完善，解决了风险控制中最棘手的信息不对称问题，为农村信用贷款的发展奠定了基础。

象山农信联社以"支农支小"为目标，2009 年以来大力推广农村住房、林权、集体建设用地使用权、海域使用权、渔船、大型农机具"六权"抵押贷款，并在信用体系建设的基础上，积极探索信用贷款、集团授信、抵押贷款的组合授信方式，最大限度实现对农户的增信。2009 年象山县印发了《象山县农村信用评定管理暂行办法》，对农户的信用资信信息进行采集，以此为基础评定信用户、信用村和信用乡镇，并实行每年年审、两年复评的动态管理。目前，根据贷款农户的偿还情况，评定信用户 5.02 万户、信用村 344 个、信用乡镇（街道）

8 个，所有信用户都建立了电子信息档案，近期将利用已有纸质档案将农户电子档案数扩大到 10.8 万户（建档率达到 70%），由此直接测算额度和自动实现贷款授信。在贷款实际发放过程中，象山农信社采取了村民集团授信的方式，建立村委会推荐、村民评定小组评定、信贷联络员催还、集团成员相互监督的机制，在农地抵押贷款发放前对风险实现了预先的控制。根据村每位自然人的资信状况与全年资金需求，结合还款能力与担保状况，给予每位成员预授信，并将所有成员预授信额度加总打包给村，由村里通过信用评议小组自行进行授信审核和贷款管理，决定集团授信额度在各贷款申请成员之间的分配。由此，信用社充分利用了农村熟人社会的信息优势和村社自治理机制，强化了的信用风险的控制，并以"批发信贷"方式大大降低了信用社的管理成本。全县已建立了 490 个村评议小组和 490 名支农联络员，实现村村全覆盖，该模式已经推广到全县 58 个村，贷款授信余额 3.16 亿元。

"六权"抵押贷款的开展也是以对村和农户的信用信息掌握和信用评定为基础。基于对农户的信用评级，发放小额贷款卡，通过"信用授信 + 集团授信 + 抵押增信"的方式确立贷款授信额度，实现"一次授信、余额控制、随用随贷、三年周转"的便利贷款。农村住房抵押贷款根据区位不同给予不同的授信额度，对城区、城郊和农村的农村住房分别给予 30 万元、20 万元和 15 万元的贷款额度。定塘信用社对花港村"农房两改"住房贷款采取了资金打包的方式，为 606 户农民实施集团授信，发放贷款 1300 多万元，实现了农村住房抵押贷款"零售"转"批发"，大大提高了放贷效率。目前，象山农信联社农村住房抵押贷款余额达到 5333 万元，支持户数 456 户。

（二）从住房抵押到"房票"抵押

江北区"两权一房"抵押贷款推出以来受到了广大农民的欢迎，特别是农村住房抵押贷款因为资产独立性更强、抵押价值更高，成为"两权一房"抵押贷款的主力，农村住房抵押贷款占到了"两权一房"贷款的70%以上。随着江北区新一轮城市化的推进，大量农村住房进入了拆迁建设状态，全区27个村被整体拆迁，年均农村集体所有土地住宅拆迁量约为60万平方米，有近万名农户处于等待安置房交付的拆迁过渡阶段，由此也使农房抵押贷款呈现下降趋势。为了解决拆迁过渡期，农户对房屋抵押贷款的需求，2011年出台了《宁波市江北区集体土地房屋拆迁补偿权益质押贷款试行办法》，农户可以凭借与江北区统一征地拆迁事务所和拆迁户所在街道（镇）征地拆迁办公室签订的"江北区农村集体所有土地住宅拆迁调产安置协议"，经过征地拆迁办抵押登记和出具"集体土地房屋拆迁补偿权益登记证书"后向银行申请抵押贷款。为了防范贷款的风险，政策规定在贷款人未偿还银行贷款前不得进行补偿权益和转让其他的安置住房；并且当出现贷款无法偿还情况时，根据贷款人在贷款时签订的《"调产安置"变更为"货币补偿"的承诺》，银行向法院提起诉讼后，将直接以货币补偿的方式由拆迁办划给银行偿还贷款。

基于此，宁波市区联社推出了"房票通"产品，将有形的"农村住房"担保拓宽为包括无形的安置房"期权"即"房票"担保，让处于拆迁过渡时间里的农户，能提前将资产变现，用作生产、经营。并且因为"房票"相对于实物房产有着更明确的价值和更直接的变现方式，风险较低，金融机构对此业务的积极也比较高。宁波市区联社将"房票"的抵押率由60%提高到了80%；农业银行等其他银行也很希望开展此业务。截至2014年5月，宁波市区信用联社房票质押贷款累计发放 376 户，累计发放金额 13333.43 万元，占到了农村住房抵押贷款的累计发放总额的 41%。

（三）以多层次保障机制分散金融风险

宁波"两房一权"抵押贷款在制度设计上建立了多道风险防线，并且在宁波市农业信贷风险保障与农业保险大的制度环境支撑下，"两房一权"抵押贷款的风险得到了有效的控制和防范。到 2013 年末，土地承包经营权和农房使用权抵押贷款发生不良的只有 10 户，不良贷款余额为 217.5 万元，仅占其贷款余额的 0.94%；江北区实施五年来，不良贷款只有 50 万，占累计发放贷款总额的 0.13%。

一是确立了与政府各部门协调推进的贷款管理制度。在"两权一房"贷款的审批和发放中，各相关部门紧密配合放贷的金融机构做好贷前审查，对抵押物进行审核、登记和价值认定，确保抵押物价值能够覆盖贷款风险。江北区股权质押是按照质押股权账面价值的 80% 为上限放贷，土地承包经营权和农村住房抵押贷款原则上不超过评估价值的 60%。同时，为了保证贷款者能够具有偿还能力，在贷款审查时要确保贷款用于创业和发展生产，劳动保障、妇联、团委等部门帮助贷款农民制定创业计划，给予全程跟踪的政策扶持，通过培训、信息服务等方式增强其致富能力；江北区的街道、乡镇还推出了创业农户贷款的贴息政策，减轻了贷款农户的利息负担。

二是确保抵押物价值的有效实现。在允许农村土地承包经营权、股份经济合作社股权以及农村房屋（宅基地）有限范围拍卖转让的基础上，江北区还对抵押物价值实现给予了最后的回购支持。当贷款无法偿还，且抵押物无人拍卖时，农村土地承包经营权和股份经济合作社股权由股份经济合作分别按照不高于原值的 70% 和 60% 收购。奉化滕头村的农村住房贷款则是在村民农居房房产证、土地证到手之前，先由村集体企业滕头集团作担保。

三是建立了政府贷款风险保障制度。2009年江北区政府出台《农村"两权一房"抵（质）押贷专项风险资金管理暂行办法》，江北区财政出资200万元设立专项风险基金，一旦发生贷款坏账，由该基金给予15%的风险补偿。奉化市是由市财政每年按照上年度土地流转经营权抵押贷款余额的5‰逐年提取风险补偿资金。另外，宁波市政府2009年出台了《宁波市银行业金融机构农业贷款风险补偿办法（试行)》，由市财政出资800万元，宁海县、象山县、奉化市按照市出资3∶7的比例配套，共同设立农业贷款风险补偿基金，对上述3个市、16个欠发达乡镇村及3个片区的银行业金融机构，按农业贷款的1%给予风险补偿。目前，风险补偿基金大多已从直接补贴转变为通过担保公司的风险代偿补助或注入资本金的方式对银行给予间接支持，一些地方的农贷担保公司已经具有相当的规模，比如象山县农业融资担保公司资本金达到3600万元。

四是扩大农业保险的支持范围。宁波市从2007年开始推行农业政策性保险，2008年已推广到所有9个涉农县区。根据农户的需求，宁波市每年不断增设保险品种，新设了水产养殖大棚保险、兔养殖、葡萄、草莓、樱桃等保险品种；持续提高保险额度，水稻每亩最高保额为800元，淡水养殖每亩保额提高到5000元；逐渐提高财政补贴比例、降低农民的保费负担，水稻的财政保费补贴率达90%，鄞州区政策性农业保险财政补贴率达到了91.4%。2014年宁波市开办了23个政策性农业保险品种，包括主险23个、附加险5个；截至2014年6月，农险保费收入8750.84万元，保额36.85亿元，投保8.9万户次，同比增长15.77%；已累计向全市70.43万户次农户提供了207.04亿

元的风险责任保障，累计赔款 11.26 万户、42682.4 万元。同时，保监
会已批准宁波开展巨灾保险试点，政府拟每年出资 6000 万元；巨灾保
险中将设置农险大灾分散机制，宁波市将以 800 万元/年再保费补贴的
形式给予保险公司支持，预计可将农业保险覆盖率将由现有 10% 的渗
透率提升至 40%。农业保险的充分保障有利于降低因自然风险所导致
的农业生产经营贷款难以偿还的问题。

（四）探索农村住房"按揭贷款"

随着宁波"农房两改"的推进，很多地区已初步建立了农村商品
化住房的制度。为了支持"农房两改"的建设和农户实现住房条件的
改善，2010 年象山县农村信用合作联社推出了"美居宝"贷款产品。
一方面支持符合条件的经济合作社和县、乡（镇）开发公司用于拆
迁、改造新农村建设的资金需求，另一面支持农户购置"农房两改"
项目中新建或二手的农村集中居住房。并出台了《象山县信用联社农
户住房按揭贷款实施办法》，针对不同用地、户型、性质的"农房两
改"项目进行放款，如出让、划拨、集体等性质土地，多层、高层、
联体等户型房屋。对于土地属性已经变为国有划拨性质的"农房两
改"住房，只要购房者支付 50% 的首付，则可以办理国有土地使用权
证，在限售期满后即可与城市房屋一样上市交易。2013 年，象山贤庠
信用社发放了全市首笔"农房两改"按揭贷款。为了保障住房困难户
及时入住，信用社优先落实 3000 万元信贷授信额度，将月利率由原先
的 9‰。下降到 6‰。

四、农地抵押贷款存在的共性问题与建议

因为宁波的经济基础和金融市场的发展较好，农民生产和创业投资的需求比较旺盛，金融市场的竞争加剧也使信用社、村镇银行将"两权一房"抵押贷款视为抢夺农村有价值客户的重要市场工具，纷纷加大力度推行。但由于仍存在一些现实困境使得大规模的推广还比较困难，目前宁波市"两权一房"抵押贷款余额占涉农贷款余额还不到0.08%，江北区实施五年来"两权一房"抵押贷款余额占宁波市区信用联社江北区的贷款余额比例也仅有1.87%。

（一）确权难制约农地抵押贷款的发展

农地抵押贷款发展的重要条件是取得明确的土地、房产的权属证明，并可以据此进行抵押登记。宁波市较早就完成了村集体资产的股份制改造，明晰了各成员对集体资产的股权份额，为股权质押贷款的开展奠定了重要基础。农村集体土地确权工作也较早就推行，目前已对所有能确权的集体土地都完成了确权，但因为现实中大量农村宅基地的占用和住房建设都不合规，大部分的农村住房面临着难以确权的问题，所以宁波的住房大部分是没有房产证。但为了推行"两权一房"抵押贷款，宁波江北区采取了变通的办法，由区住建局出具一个仅限用于抵（质）押的房屋权属证明，支持业务的开展。

目前，我国农村土地确权工作刚刚启动，全面完成还有待时日。在加快推动农村土地确权工作的同时，应考虑农村土地确权试点与农地抵押贷款试点的匹配性，在开展农地抵押贷款的试点地区优先进行土地确权工作，对有抵押贷款需要的农户给予确权支持，或将农地抵

押贷款试点选择在已经推进或完成土地确权工作的地区。针对目前尚难以确权的土地与房屋，应该基于现实合理性在村民、村委会的认可下，在农户有贷款需要的时候帮助出具用于抵押贷款的权属凭证。对于条件成熟的地区，比如城乡郊区、乡镇周边区等，探索农村住房商品化的机制，允许补缴一定土地使用费的基础上上市流通，赋予农民完整的住房财产权。

（二）农村产权交易市场发育不足，抵押物价值难以实现

尽管政策上允许将抵押的股权、经营权以及农村宅基地住房在一定区域范围内通过流转、拍卖的方式，变现后用于偿还贷款，但现实上，目前我国农村产权交易市场并未实质形成，抵押物很难真正通过市场变现。江北区试点的重要经验是在制度上为抵押物价值的变现提供了切实可行的保障机制，即在拍卖无人购买的情况下由股份经济合作社收购，从而解除了银行的后顾之忧。而农村住房处置却是目前各地试点面临的最大困难，因为既需要考虑债务人家庭基本居住问题，又存在农村人情关系顾虑下不愿意购买他人住宅的问题。当前，全国大部分农地抵押贷款试点地区都没有真正处置抵押土地或房产，但如果不设法激活农村产权交易市场，农地抵押贷款将无法实现可持续发展。

首先，修改相关法律和政策，在制度上确保农地抵押的合法性和有效性，并准予农村土地承包经营权、集体经济股权以及农村宅基地住房在有限范围内转让，对抵押资产的拍卖处置给予司法上的支持。其次，搭建农村产权交易平台，建立资格审查、价值认定、抵押登记、合同备案制度，完善产权基础信息数据、供求信息对接、产权价值评估等市场服务体系，探索建立公立性的农村土地、房产资源开发机构，

通过系统开发和综合利用提升土地与房产价值。再次，建立抵押农地与农房价值实现的保障机制，对于地方财力比较好的地区可以考虑由集体经济组织回购统一经营或政府集中收储综合开发，探索由政府担保以抵押土地进行集中发债，解决抵押价值实现难导致的银行流动性风险。

（三）风险分散机制不健全，致使金融机构缺乏积极性

在当前不成熟的制度和市场条件下，农地抵押贷款对银行和农户来说均面临着较高的风险。农业经营存在自然与市场双重风险、土地投资的回报期也比较长，在缺乏担保和保险保障不足的情况，大部分商业银行不愿意参与。而且土地市场的长周期性决定了土地金融潜藏着巨大的系统性风险，如果缺乏有效的风险防范机制，市场的崩盘可能导致对金融系统、农业生产和农村社会稳定的巨大冲击。宁波市农村中小金融机构愿意积极开展"两权一房"抵（质）押的重要原因是风险补偿制度和农业保险制度的并行推进，提供了必要的保障。但目前因为风险保障力度不足、农业保险保障覆盖率不高，大多数金融机构对未来的风险化解仍有担忧，因而在业务的拓展上还有顾虑。尽管目前宁波的农业保险无论在开设的保险品种，还是保障额度上，均以走在全国前列，但2013年宁波农险的保障额度为45.6亿元，相较于430亿元农业的总产值，农险渗透率也仅为10%；而且针对高附加值的经济作物，农业保险的保障就更显不足。

在国家层面，加大对农业保险的支持力度，提高农业保险的覆盖率和保障率。建立农地抵押的强制保险制度，在申请农地抵押贷款时，金融机构应要求贷款农户按照一定的保障额度购买农业保险；支持保险公司针对特色化、规模化农业的经营权推出赔付率更高的商业保

险，使农地抵押贷款能够通过保险获得充分的还款保障。在国家层面建立农业信贷保险制度，要求开展农地抵押贷款的金融机构按照未偿还贷款的一定比例缴纳信贷保险金，与财政资金共同成立农业信贷保险基金，当出现贷款风险时，由信贷保险基金代为清偿或垫付周转资金。

执笔人：程 郁 王 宾

第七章

湖州市和嘉兴市农村土地经营权抵押调查报告

推动新型经营主体实现适度规模经营，是我国农业现代化发展的重要途径。自2014年中央1号文件明确提出允许农村土地承包经营权抵押融资以来，国家政策积极支持运用土地经营权抵押贷款，满足规模经营主体的贷款需求。2014年9月，中国银监会、农业部联合发布了《金融支持农业规模化生产和集约化经营的指导意见》提出"根据中央统一部署，稳妥推动开展农村土地承包经营权抵押贷款试点，主动探索土地经营权抵押融资业务新产品，支持农业规模经营主体通过流转土地发展适度规模经营"。"积极引导和鼓励金融机构创新涉农金融产品和抵押担保方式，探索土地经营权抵押融资业务，提高对农业规模经营主体金融支持的针对性。"2014年11月，中共中央办公厅、国务院办公厅印发了《关于引导农村土地经营权有序流转发展农业适度规模经营的意见》提出"综合运用货币和财税政策工具，引导金融机构建立健全针对新型农业经营主体的信贷、保险支持机制，创新金融产品和服务，加大信贷支持力度，分散规模经营风险"。

我们通过对浙江湖州、嘉兴市的调查发现，以中央提出的农村土地承包经营权抵押融资试点改革为基础，发展基于土地经营权的农业资产抵押贷款，能够盘活农业经营性资产，有效解决农业规模经营主体贷款难、贷款贵、贷款额度不足的问题。

一、农业规模经营主体需要以抵押增信满足贷款需求

2014 年 10 月我们对浙江湖州市和嘉兴市农业规模经营主体[①]进行问卷调查，获得 305 个有效样本，其平均经营土地规模为 417.81 亩。调查发现，农业规模经营需要较大投资，大量生产性资产的沉淀导致经营者资金周转困难，迫切需要发展农业经营性资产抵押贷款业务，以保障其生产的可持续性。

（一）农业规模经营者存在较大的经营性资金缺口

240 个经营者回答了收入与支出的问题，2012 年、2013 年和 2014 年平均每个经营者的生产性投资总支出分别为 293.85 万元、270.74 万元和 282.61 万元（参见表 7－1）。2014 年生产投资超过 50 万元的经营者达到 151 个，占有效样本的 62.91%，生产投资超过 100 万元的经营者为 105 个，占有效样本的 43.75%。因为固定资产投资额度较大，且回收期较长，2014 年有 23.75% 的经营者存在收不抵支的情况，平均每个经营者的资金缺口为 146.81 万元。而且由于大量投资集中在起步发展期，2012 年收不抵支的经营者数量最多，占到了有效样本的 27.92%，平均每个经营者的资金缺口为 171.88 万元。

农业规模经营主体有较强的资金融入需求，且信贷资金的需求额度较大，小额信用贷款难以满足，迫切需要创新信贷增信方式支持农

---

① 包括专业大户、家庭农场、农业生产企业和农业合作社。

表 7 - 1　　　　湖州和嘉兴规模经营主体 2012～2014 年经营情况　　单位：万元

	2012 年	2013 年	2014 年
总生产投入	293.85	270.74	282.61
其中：固定资产总投入	128.23	105.86	96.05
土地及其附着资产投入	112.30	92.35	85.43
土地及其附着资产占总投入比重（%）	42.92	40.72	37.76
总收入	514.97	556.70	518.67
收支结余	191.73	260.32	231.20
收支结余为负值的样本数（个）	67	64	57
收不抵支者平均资金缺口规模	171.88	136.35	146.81

业规模化经营。调查中，264 个经营者有借款，占到了总样本的 86.55%，平均负债总额为 221.81 万元。其中，160 个经营者的借款总额超过 50 万元，占到了总样本的 52.46%，116 个经营者借款总额超过 100 万元，占到了总样本的 38.03%。并且还有 69 个经营者指出，已有的借款尚不能满足其经营需要，占到了总样本的 22.62%，平均还需要 106.85 万元的借款才能满足需要。

（二）农业规模经营主体希望能以土地经营权抵押贷款

土地及其地上附着设施（包括大棚温室、灌溉设施、畜舍、仓库等）是农业生产性投资的最大部分。2014 年平均每个经营者的土地及其附着设施投资规模为 85.43 万元，占到了生产投资的 37.76%（参见表 7 - 1）。有 48 个经营者的土地及其地上附着设施投资超过了 100 万元，占到了有效样本的 19.83%。土地及其地上附着设施的资产规模较大，且资产具有较强的稳定性，是农业规模经营者最具有抵押价值的资产。农业规模经营者也最希望能够以土地经营权抵押申请贷款。调查中，66.54% 的经营者希望能以土地经营权抵押贷款，33.08% 的经营者希望能以农村住房抵押贷款，27.07% 的经营者希望能以大棚、畜舍、鱼塘、灌溉设施等农业生产性设施抵押贷款。

基于土地经营权的农业资产抵押有效降低了农业经营主体贷款的难度与成本，扩大其获得贷款的规模。调查中，74 个经营者通过土地承包经营权抵押获得过贷款，占有效样本的 26.71%。每个经营者土地经营权抵押贷款的平均年利率为 6.79%，比这些经营者所有借款的平均利率低 0.57 个百分点。用于抵押的农村承包经营权面积平均为 236.71 亩，剩余经营权年限平均为 13.25 年。75.68% 的贷款获得者抵押资产的估值都考虑了地上附着资产价值，平均估值金额为 362.88 万元，评估总价值平均为 353 万元，评估花费在中介等上的费用平均为 1306.25 元。因为考虑了地上附着资产价值，经营者能够获得的贷款额度也相对较高，平均规模为 201.08 万元，满足了农业规模经营者的绝大部分资金需求。在获得土地经营权抵押贷款的经营者中，76.92% 的人经营权抵押贷款是其规模最大的借款，经营权抵押贷款占其近 4 年借款总额的比重平均为 53.88%，19.23% 的人通过经营权抵押贷款完全满足了其资金需求。

经营权抵押贷款额度平均是抵押资产估值的 45.44%。在申请农村承包经营权抵押贷款的经营主体中，80% 表示，贷款还未到期，但肯定能够偿还；7.3% 表示，贷款还未到期，还款还存在不确定性；13.54% 表示，贷款已经到期还款。由于贷款数额低于总体估值贷款，贷款风险小，经营主体还款的比率也很高。

二、基于土地经营权的资产抵押有力支持了农业规模经营

浙江湖州市和嘉兴市是全国较早开展农村土地承包经营权抵押贷款的试点地区，与农业规模经营并行推进，实现了农村金融与农业产

业的良性互促发展。2009 年浙江银监局《关于浙江银行业促进农村改革发展的实施意见》，明确提出要"稳步探索土地承包经营权流转配套信贷产品"。将经营权抵押贷款的对象定位为农业规模经营主体，排除了当前各地试点中面临的有效金融需求不足与抵押资产价值偏低的现实障碍。一是在农地亩均价值不高的条件下，只有规模化的土地经营权才具有充分的抵押价值，能够发挥实质性的贷款增信作用；二是只有规模经营主体才有更大的扩大再生产投资需求，支持其向高效率、高价值的现代化经营方式转型，才能够以农业的高收益确保经营权抵押贷款业务的商业可持续，实现有效地信贷资金配置。

（一）以经营权确权为农业资产抵押奠定基础

规范土地流转、保障土地经营权是开展农村土地承包经营权抵押贷款的基础。2009 年浙江省出台了《关于积极引导农村土地承包经营权流转促进农业规模经营的意见》，在全省推进县、乡、村三级农村土地流转服务平台的建设。目前，全省 80 个县（市、区）、1198 个乡镇（街道）、17928 个村成立农地流转服务组织。长兴县从 2009 年开始就建立了县、乡、村三级农村土地流转服务平台，成立县农村土地流转指导中心 1 个、乡镇（街道、园区）土地流转服务中心 20 个、村级土地流转服务站 240 个，各乡镇、村落实专人负责土地流转合同的登记和备案，并根据合同当事人申请开展土地流转合同的鉴证，对实施土地承包经营权抵押贷款的土地流转合同的合法性、真实性进行审查。长兴县还制定农村土地承包经营权流转备案制度，通过建立流转情况登记簿和土地流转台帐，及时准确记载农村土地承包经营权流转情况，并建立相应的土地流转档案，对流转合同实行登记、立卷、归档，实行制度化和规范化管理。

通过对流转经营权的确权颁证，实现了土地承包权与经营权的分离，并为经营权权能完善和权利保障提供了制度基础。长兴县以吕山乡为试点率先启动土地流转经营权登记发证工作，由此以经营权证替代土地流转合同，作为办理土地经营权抵押贷款的合法依据。2014年，湖州市农业局出台了《湖州市土地流转经营权确权登记发证指导意见》，明确了抵押的承包经营权是经营者依法取得并经湖州市辖区内农村土地流转指导服务中心审查备案后取得的土地承包经营权，并对"经营土地10亩以上或基础设施投入10万元以上、经营期限5年以上"的经营者颁发流转土地经营权证。2014年1~10月已经发证145本，涉及面积15691亩、抵押贷款金额1200多万。嘉兴市2011年制定《嘉兴农村土地经营权登记管理办法》，2012年正式启动流转经营权的登记发证工作，对50亩以上、流转期限五年以上的农业经营主体登记发证，已经核发土地流转经营权证187份，涉及流转面积3.15万亩。

（二）以经营权抵押为基础盘活农业固定资产投资

湖州长兴县和嘉兴嘉善县大力支持农业规模化经营，积极引导土地向新型农业经营主体集中，为土地经营权抵押贷款的实施创造了良好条件。长兴县对农业规模经营主体和促进土地长期、连片规模化流转（即流转面积50亩以上、流转期限5年以上）的乡镇、村集体经济组织均给予奖励支持。截至2014年末，全县农业规模经营大户（50亩以上）3480户，规模经营总面积31万亩。截至2014年10月，嘉善县经营规模10亩以上、期限5年以上的流转面积25394亩，涉及农业经营主体325个；流转100亩以上的规模经营面积55953亩，占流转总面积的36.91%。从我们调查的情况来看，244个经营者流转的土地经营权年限在 10 年以上，占总样本的 80% 。

　　经营土地的规模化和经营权的长期性，不仅大大提高了土地经营权自身的抵押价值，而且有助于经营者在稳定预期下进行整体布局和长期投资。因而，很多农业规模经营主体在土地之上投资建设了大量农业设施，形成了一定规模的农业固定资产。长兴县和嘉善县的经营权抵押贷款，是将土地经营权及其地面附着物（包括农业设施、多年生植物等）整体估值抵押。《长兴县农村土地承包经营权抵押贷款管理办法》对贷款对象、贷款额度、贷款期限、贷款利率和价值评估进行规定。在贷款对象上，主要针对经营土地面积 10 亩以上或投入 10 万元以上，土地流转程序合法、行为规范，未改变土地的农业用途和性质，不超过二轮土地承包期限，具备持续生产能力的农业种养殖业、现代休闲农业、高效设施农业项目等领域；在贷款额度上，原则上不超过借款人农业生产经营项目所需投入资金的 50%，不超过贷款人认定的土地经营权抵押评估价值的 50%；在贷款期限上，根据农产品生产周期和流转土地有效期限综合确定；在贷款利率上，原则上要求银行执行贷款基础利率的优惠政策，地方法人金融机构利率上浮最高不得超过 10%，其他金融组织利率上浮最高不得超过 20%；在价值评估上规定"农村土地承包经营权抵押价值的评估应充分考虑承包期限、流转价款支付状况、地面作物的预期收入等因素"。评估的一般原则为：土地经营权评估价值 = 年租地平均净收益 × 剩余经营期限 + 地上（含地下）附着物价值。比如，长兴县土地经营权流转价格是按每亩 500~600 斤晚稻谷折价，现代农业钢管大棚设施按每亩 1.5 万元估价，对于市场效应比较好的芦荟、湖羊等农产品也可以联合估价抵押。经营权抵押贷款实际更看重的是经营者长期投资形成的生产性资产。在我们的调查中，地上附着物评估价值占整体经营权抵押资产评估价值的比重平均为45.14%，43.28%的贷款者地上附着物评估价值占比超过了50%，13.43%的贷款者地上附着物评估价值高于土地经营权的评估价值。

将地上附着物纳入土地经营权抵押资产计价范畴，相当于扩大了农业可抵押资产的范围，解决了农业固定资产投入在现行制度下无法抵押的问题，让大量沉睡的农业资产能够充分地滚动起来，有效增加了规模经营主体可获得的贷款规模。因而，长兴县和嘉善县土地经营权抵押贷款的额度都比较大，真正发挥了土地资产增信的作用，较为充分地满足了经营者的资金需要。长兴县自2010年4月启动土地经营权抵押贷款试点以来，贷款从2010年平均每笔9.4万元，上升到2014年的平均每笔133.3万元（见表7-2）。截至2014年10月底，嘉善县累计发放61笔土地经营权抵押贷款，累计发放贷款总额12731万元，平均每笔贷款额度为208.7万元。

表7-2　　　　长兴县农村土地承包经营权抵押贷款统计表　　　单位：万元

年份	发放笔数（笔）	发放金额	抵押物价值	贷款期限		年利率（%）	
				1年以内	1~2年	1年以内	1~2年
2010年	42	395	860	325	70	8.6	9.4
2011年	38	689	1465	550	139	8.6	9.4
2012年	14	607	1290	485	122	8.4	9.1
2013年	11	555	1100	380	175	7.8	8.6
2014年 1~10月	24	3199	6250	2449	750	6.6	7.2
合计	129	5445	10965	—	—	—	—

注：截至2014年10月31日。

基于经营权的农业资产抵押解决了大量经营者因自有资金积累不足而转型升级困难的问题，激励了现代农业设施的投资建设，有力促进了农业向高效集约、高附加值方向的跨越式发展。如水口乡 2010 年以农村土地经营权抵押贷款试点为契机,获得贷款 200 万元,当年发展大棚芦笋 750 亩。目前,长兴县大棚芦笋种植面积已达 1 万亩,设施葡萄面积超 4 万亩。

三、多层次保障政策构筑经营权抵押的风险"防火墙"

经营权抵押贷款规模大、集中度高,存在信贷风险难以分散的问题。嘉兴市和湖州市对农业规模经营给予了全方位的政策支持,保障了农业经营的稳定性和可持续性,并以严格的贷前审查、贷后跟踪以及风险补偿制度,确保了贷款的风险可控。到目前为止,嘉兴市和湖州市均未出现过经营权抵押贷款违约的现象。

(一)严把贷前审查,防范信用风险

在经营权抵押贷款的实施过程中,土地资产的抵押只是作为扩大对规模经营主体贷款支持力度的增信手段,贷款发放更主要是基于经营者的人品和项目前景。依托两支团队进行贷前审查:一是由村民代表大会表决成立的村级信用小组,支持农户信用信息的收集和信用评级;二是农业局组织专家或认定评估机构,组成经营权抵押贷款评估小组,对抵押的经营权及其地上附着资产价值进行评估。贷款额度原则上不超过借款人农业生产经营项目所需投入资金的 50%,不超过土地经营权抵押评估价值的 70%,以保障抵押资产对贷款风险的有效覆盖。

长兴县为了控制贷款风险,贷前审查除了对资产评估外,还是以对借款人信用评价为基础。信用审查与资产抵押相结合,大大提高贷

款规模。长兴农村合作银行于 2014 年初开始大力推进"整村授信、整村批发",通过发放"普惠乐"贷款授信证模式,大力拓展基础性客户,落实普惠金融和阳光信贷工程,取得了较好的效果。截止 8 月末,累计建立个人客户经济档案 6.67 万户,经济档案覆盖率为 39.7%,授信 6.4 万户,授信 77.29 亿元;农户小额信用贷款户数到达 7551 户,比年初增加 6771 户,贷款余额 52109 万元,比年初增加 47977 万元。对农户信用情况的了解,为抵押贷款发放提供基础。

长兴永盛牧业有限公司也因为这个机制受益。长兴永盛牧业有限公司,地处吕山乡龙溪村,主要从事湖羊养殖,主要产品为湖羊。企业成立于 2012 年 12 月 6 日,现有职工 20 人,占地 160 余亩,拥有标准羊舍 5456 平方米,存栏种羊 2500 头,钢管大棚 27 亩,青储窖 7 只,辅助生产用房 352 平方米,钢管仓库 900 平方米,办公用房 900 平方米。企业年可出栏量约 5000 头,按 2200 元每头的价格计算,年产值可达 1100 万元,年利润可达 300 万元。经长兴农村合作银行贷款审批小组集体商量,由于该公司实际经营者是长兴县首届青年创业大赛金奖获得者,该企业为县第十一批县级龙头企业,该公司经营者信誉良好,故长兴农村合作银行对该企业风险额度综合授信 500 万元,由企业土地流转经营权及地上附着物提供抵押,且利率定价小组同意给予利率优惠,即基准月利率上浮 20%。

(二) 完善流转市场,降低资产风险

长兴县积极探索抵押物处置方式,依托县公共资源交易中心,积极探索农村产权流转交易平台建设,为农村土地承包经营权抵押贷款的抵押物处置、抵押权利的实现提供平台。当借款人未履行还款义务的,贷款金融机构和金融组织对抵押的流转土地经营权及附着物,可

采取转让、变更、变现、诉讼等方式进行处置，切实维护其合法权益。只有完善抵押物处置平台，为借款人违约后的资产转让提供保障，当违约发生时让资源以最快速度重新配置，才能最大程度降低经济运行风险。

长兴县大量规模农业经营主体的崛起，为经营权资产的处置提供良好的市场条件。目前长兴县新型农业经营主体已涵盖农业生产经营与服务活动全过程，涉及商品蔬菜、花卉苗木、特种水产、名优水果、优质茶叶、高效竹林、现代蚕桑等七大农业特色产业，形成了泗安镇苗木、雉城镇葡萄、洪桥镇特种水产、和平镇白茶、吕山乡芦笋和湖羊等"一乡一业""一村一品"格局。2013 年底，长兴县农业七大特色产业总面积达到 117 万亩，实现产值 42 亿元，占农业总产值的 75%。农业规模经营大户（50 亩以上）1768 户，规模经营总面积 31 万亩。380 家合作社入社成员 1.035 万户，带动农户 5.67 万户，核心基地面积达到 10.7 万亩，联结生产基地 29.69 万亩。135 家农业龙头企业带动农户 10.8 万户，联结种养基地 38.5 万亩。蓬勃发展的农业经营主体，使得农地及其地面设施资产易于转换使用，为农村产权流转交易平台建立与运转，奠定了坚实的市场基础。

（三）加强风险保障，抵御系统风险

农地经营权抵押贷款在加速现代农业发展的同时，也放大了经营风险。贷款的发放都是建立在规模经营主体投资正确，宏观环境平稳运行的假定之下的。但是市场从来都是充满不确定性，经济风险必然存在。

长兴县从农业保险和财政扶持两个方面，完善配套措施，降低经济风险，并为违约的发生做好准备。

第一，农业保险支撑。长兴县鼓励保险公司扩大农业保险覆盖面，引导和鼓励农村土地承包经营权抵押贷款借款人参加农业保险，要求符合农业政策性保险条件的贷款人都应参加农业保险。以芦笋价格指数保险为例，2014年1月，长兴县大棚芦笋价格指数保险试点方案经浙江省农险协调办会议审议后通过，长兴县成为全省首个开展蔬菜价格指数保险的县。长兴是浙江省大棚芦笋的重点产区，大棚芦笋种植面积为7000亩。价格直接决定收益。长兴县大棚芦笋保险一年分三季投保，每亩的保险金额春季为3500元/亩、夏季为4500元/亩、秋季为2240元/亩。保险费率确定为7%。作为政策性保险，政府充分考虑了农户负担问题，按照省财政、县财政、农户2∶4∶4的比例承担保费。每亩每季农户只要承担百元左右费用，最高可获赔4500元。此项保险的推出，缓解了市场价格波动对种植大户收益的影响，即使市场情况不好经营权抵押贷款偿还也有保险赔偿保障。

第二，财政扶持。长兴县和嘉兴县大力培育农业经营主体和支持现代农业发展，以产业的稳定增长确保土地经营权抵押贷款可持续性。着力在税收减免、土地出让金返还等方面加大对规模经营主体扶持，优先安排落实新（扩）建农业企业建设用地和生产配套设施用地指标，在给予大棚等农业设施①建设补贴的同时，及时配套跟进农业道路、水利等基础设施建设。财政对规模经营主体的支持，有效降低了规模经营主体的经营风险。

嘉兴县每年对农业经营主体的扶持资金超过2000万元。长兴县财政不仅支持直接抵押贷款，而且支持规模经营主体的发展。长兴县财政每年安排6000万元的现代农业发展扶持资金，重点用于主体培育与

---

① 长兴县对50~100亩、100亩~300亩、300亩以上的钢管大棚分别给予1800元、2500元、3000元的补助。

产业发展。对获得二星级以上（包括二星级）的合作社，分别给予 1 万元、2 万元、3 万元、4 万元的奖励，对获得国家、省级、市级示范性合作社的，分别奖励 6 万元、4 万元、2 万元；对获得国家、省、市级农业龙头企业称号的，分别奖励 50 万元、20 万元、3 万元。并且在品牌创建、市场营销、标准生产、质量安全、产业发展等方面也给予相应补助。据统计，平均每年近半数扶持资金用于农业经营主体培育。

三是建立风险补偿机制，强化政策的风险分担功能。长兴县建立农村土地承包经营权抵押贷款风险分担与补偿机制，对银行发放农村土地经营权抵押贷款发生风险的，由县财政按实际损失部分的30%对其进行风险补偿。对于额度较大的贷款，推行"农村土地承包经营权抵押 + 政策性担保公司担保"模式，要求政策性担保公司以经营权抵押为基础提供反担保。长兴兴农担保公司对农业担保给予0.15%的优惠担保费率，县财政按日均担保额的6%对其进行奖励。对银行发放农村土地承包经营权抵押贷款发生风险的，建立专项奖励机制，县财政按照银行发放农村土地承包经营权抵押贷款净新增额的千分之五，对客户经理、审批人员和相关管理人员进行奖励。

四、存在的共性问题与建议

浙江湖州市和嘉兴市土地经营权抵押贷款发展取得比较好的成效，关键是定位于土地经营权及其附着资产价值较大、扩大再生产投资需求比较旺盛的农业规模经营主体。但农村土地经营权抵押贷款的发展仍存在许多现实困境，亟须进一步完善配套制度体系，促进形成金融支持农业规模化、现代化发展的可操作手段和市场可持续机制。

（一）促进所有权、承包权和经营权分离，完善"三权分离"的法律制度体系

根据《土地承包法》《最高人民法院审理涉及农村土地承包纠纷案件适用法律问题的解释》第十五条"承包方以其土地承包经营权进行抵押或者抵偿债务的，应当认定无效"，以及《物权法》的相关规定，地方政府认为农村土地承包经营权抵押暂时还缺乏法律基础，存在法律障碍。由此可见，土地所有权、承包权和经营权三权分离的概念体系，在地方还未建立。未来需要加强宣传，并由中央政府提供合法化的解读，降低农地经营权抵押贷款的政策风险。承包权是成员权，属于村集体成员。应该强调，农地经营权抵押贷款，抵押的是经营权，并没有突破村集体封闭的属性。

（二）保障经营主体合法取得的流转经营权，明确赋予土地经营权抵押权能

市场交易从来离不开政府的产权基础设施建设和良好的公共服务。只有扎实做好土地的确权登记颁证，逐步扩大土地流转规模，培育规模经营主体，提高金融服务的便利性和可及性，才能奠定农村土地经营权抵押贷款长远发展的基础。农村产权的确定，既可以保障农村土地承包经营权流转双方的合法权益，也将大大减少农村土地承包经营权抵押贷款的前期工作，有利于提高贷款效率，为金融机构开展农村土地承包经营权抵押贷款业务创造良好条件。

在规范农村土地流转行为的基础上，合理分离土地承包权与流转经营权，按照"依法、自愿、有偿"的原则推动农村土地承包经营权流转，引导土地经营权向新型经营主体连片规模化、长期性流转。修订相关法律明确界定经营者对土地流转经营权及其地上投资资产的合法权利与义务，赋予流转经营权抵押权能，使经营权成为具有法律保障的独立权利。以承包权确权为基础，深化推进流转经营权的确权颁证工作，为经营权抵押贷款的实施创造基础性条件。

积极培育农业龙头企业、农民专业合作社、家庭农场、承包大户等新型市场主体，加大对农业生产经营户的日常技术指导和服务力度，努力推动产业发展并取得经营效益，为开展农村土地承包经营权抵押贷款业务增加有效需求；未来需要提高金融服务的便利性和可及性。地方政府应该加强对抵押贷款户经营状况的跟踪了解，及时掌握经营管理等有关信息，确保抵押贷款风险可控。各金融机构要加大金融产品创新和服务方式力度，简化贷款办理手续，真正使农业生产经营户，贷得到、方便贷。

（三）探索抵押土地经营权的证券化，支持规模经营主体的长期融资

放贷额度普遍低，放贷年限较短，难以满足农业规模经营的资金需求。从现有农村土地承包经营权抵押贷款发放情况看，放款金额一般占抵押评估价值的20%～40%左右，比例偏低，从而直接限制贷款金额。这在控制政策风险的同时，也限制了规模经营主体扩展的速度。相对于近年来流转土地日益增高的租金价格，还有现代农业项目较好的市场前景和较高的投资回报率，银行应该在放贷风险可控范围内，适当提高贷款金额占抵押价值的比例，给广大农民带来更多实惠。而目前大多数贷款采取一年一贷的形式，致使放贷期过短，规模经营主体缺乏长期资金支持。建议在有条件和有需求的情况下，可探索抵押经营权及其附着资产的证券化。

在缺乏长期性资金保障和抵押债权难以兑现的条件下，金融机构

的风控要求决定了其只能发放短期的经营权抵押贷款。商业银行的资金来源以储蓄存款为主，平均期限较短，而农业经营主体抵押农地经营权获得贷款的目的多为满足长期投入，商业银行用储蓄存款发放长期贷款容易产生流动性不足的风险。要解决这个问题，须建立有效的农地经营权抵押贷款筹资机制，从资金来源上根治当前金融机构风险控制与农村金融需求在期限上的不匹配性。要发挥土地的长期融资功能，强化对规模经营主体长期投资的支持，就应允许受托承担农地抵押贷款任务的商业银行以农地经营权抵押贷款为基础发行土地债券并由财政提供担保。发行土地债券，实质是以出售土地债券的形式兑现商业银行的土地抵押权益，从而化解其资金的流动性风险，可以为其开展农地经营权抵押贷款业务供给长期稳定的资金，支持农业长期性生产投资。

（四）完善农地交易市场，解决抵押资产评估难、处置难问题

农村土地经营权抵押价值应由具备资质条件的中介机构进行评估，在中介机构尚未健全前，目前一般由当地农业局组织有关专家进行现场测算并出具相关证明，虽然银行机构予以认可，但缺乏法定性。如果没有当地农业局的协调，交易可能就无法发生。没有恰当的具有资质的中介机构，农村土地经营权抵押贷款就不能自发产生。另一方面，只有流转才能体现资产的价值。目前，由于缺乏资产处置平台，一旦借款人违约，抵押物处置就会出现困难，由此导致资产价值实现难。

完善农村土地产权交易市场，健全信息核实、供需对接、价值评估、法律鉴证等服务功能。一是加强农地基础信息建设，促进农地供需对接。依托村集体经济组织或土地合作社，勘测农地地块基本信息、

收集农地供求信息、审核经营者租赁资格，建立农地经营信息基础数据库，有效对接供需主体，促进土地经营权资源的合理配置和抵押资产价值的快速实现。二是完善农地评估方法，培育市场评估主体。制定农地价值评估方法与标准，针对土地的区位条件、土壤肥力、地面设施以及种植或养殖产品设定供参考的基准价格，通过完善农业资产交易市场定价机制和建立农业资产交易数据库，强化对经营权价值评估的基础支撑。加快建立抵押价值评估中介机构，引入竞争机制，科学制定评估标准，合理评估基准价值，出具价值评估报告，提高评估报告的法定性和公正性。

（五）强化风险保障机制，有效防范经营权抵押贷款风险

推动财政对经营权抵押贷款的直接风险补偿向市场化的担保或保险方式转变，要求超过一定规模的经营权抵押贷款需进行贷款担保或购买贷款保险，由财政对担保或保险费率给予补贴。扩大农业政策性保险的覆盖面、保障额度和保障风险范围，支持发展地方特色化的农业政策保险品种，确保经营权抵押贷款的项目实现应保尽保。

未来应加快农村信用体系建设，将农村土地承包经营权抵押贷款和农村信用体系建设相结合，这也有利于较大幅度提高放贷额度。地方政府应该指导银行机构将产权清晰、经营良好的种植养殖经营户纳入独立的信用库，进行定期评级，对评级较高的农户可适当提高土地经营权的抵押率，适当延迟贷款年限，缓解农村承包户及农村产业化龙头企业等各类经济实体贷款难问题，为农村土地承包经营权抵押贷款业务，深入快速发展营造良好的外部环境。

执笔人：程　郁　陈思丞

第八章

黑龙江肇东县和克山县农村土地经营权抵押调查报告

　　随着我国城镇化进程的不断推进以及农业经营的深度转型，农地资源通过土地流转的方式进行了一场自发的市场调节，并且在此基础上兴起了一大批新型规模化农业经营主体，如专业大户、家庭农场和合作社等，推动着我国传统农业向规模化、专业化、产业化经营的现代农业转型。新型农业经营主体扩大生产规模、改善设施与生产条件需要大量的资金投入，但目前农业现代化面临融资困境。在我国以商业性金融为主导的农村金融体系中，抵押担保品缺乏是农村信贷主体特别是农户面临信贷约束的一个重要原因。农地抵押制度改革一直被认为是解决农业经营主体融资难的重要途径。但由于农业经营的弱质性和低利性，再加上当前还存在"法律上有冲突""农地经营权流转不规范"等因素的困扰，商业银行提供农地经营权抵押贷款的动力不足。

　　我们通过对黑龙江省绥化市肇东县和哈尔市克山县共331个新型农业规模经营主体进行问卷调查，旨在了解其金融需求、农地抵押贷款开展情况、抵押贷款对缓解融资的作用及农地抵押贷款开展过程中存在的问题，并针对产生的问题提出应对性的政策建议。

一、新型农业经营主体发展与融资需求

（一）新型农业经营主体经营的土地规模比较大

我们调查了黑龙江省绥化市肇东县 163 户和黑龙江省齐齐哈尔市克山县 168 户共 331 户规模经营主体，总体而言，这些新型农业经营主体平均经营土地面积 3084.088 亩，其中最小 35 亩，最大 57800 亩。专业大户 152 家，平均规模 1008 亩，家庭农场 23 家，平均规模 1383 亩，合作社 96 家，平均规模 8200 亩，普通农户 56 家，平均约为 286 亩。可见，黑龙江省新型农业经营主体土地经营规模都较很大，不同于我国其他地区，是大农业的典型代表。

表 8－1　　　　　　　新型农业经营主体分类及规模

类　型	数　量	占比（%）	平均规模（亩）	最小规模（亩）	最大规模（亩）
专业大户	152	45.8	1008.394	35.6	12690
家庭农场	23	6.9	1383.243	51	12000
农业生产企业	1	0.3	14350	14350	14350
合作社	96	28.9	8199.997	107	57800
家庭农场/合作社	3	0.9	6050	850	9100
一般农户	56	16.9	286.4786	35	1200

在这些新型农业经营主体中，纯粹经营粮食作物的占据了绝大多数，有 308 户，占比 93.07%，纯粹发展养殖业的有 3 户，占比 0.9%；既经营粮食作物又经营其他品种的有 12 户，占比 3.6%；经营其他作物的有 8 户。绝大多数出资主体为农户独资，占比为 68.10%，多个农户出资占比 5.21%，农户入股占比 24.8%，由非农户出资的占比 1.6% 左右。

（二）固定资产投入需要中长期贷款支持

按照农业经营投入的类型，大体上可以分为 3 类：一是每年的经营性投入，包括种苗（种畜）、农药化肥（饲料兽药）、农机设备租用、农膜（套袋）、水电费、雇工及农业保险等；二是农地租赁费用，主要有以下几种形式，租金年付、租金一次性付清以及合作社的"保租分红"形式；三是一次性固定投入，主要有机械设备、厂房以及生产设施改造费，固定投入属于一次性支出，需多年回收（或多年分摊）。本文测算了新型农业经营主体的 2014 年的各项投入和总体收入和盈利情况，见表 8 - 2。

表 8 - 2　　　　　新型农业经营主体 2014 投入及收入情况　　　　单位：元

项　　目	每亩均值	典型经营主体
经营性投入	364	1122576
土地成本	421	1298364
每亩固定投入	280	863520
投入合计	1065	3284460
收　　入	1254	3867336
利　　润	449	1384716

注：典型经营主体收入 = 各项投入 × 经营主体平均农地规模；每亩固定投入没有分摊，为当年总投入；测算去掉了养殖业经营主体。

从表 8 - 2 中可以发现，新型农业经营主体每亩的利润大概为 449元，而其每年的经营性投入和土地成本合计约有 785 元，可见其盈利并不足以支持其新一年的投入，与此同时，新型农业经营主体每年还需要大量的固定投入。对于大规模土地经营而言，投入巨大，资金缺口巨大，以典型经营主体为例，利润与经营性投入和土地成本的差额，即经营资金缺口平均大概有 100 万元左右。另外，新型农业经营主体平均拥有机械设备价值约为 227 万元，而 2014 年平均利润为 106 万元左右，单就机械设备投资而言，需要 3 年的时间才能够收回。

对于不同的农业经营主体，其投入和产出存在细微的差别，一般农户由于机械设备和雇佣劳动使用较少，经营成本和固定投入较少；而合作社经营成本较低，原因是不用租赁机械设备，每亩新增固定投入也较少，是因为规模化带来的成本平摊；相对而言，专业大户和家庭农场的经营成本和新增固定投入较高。但是共同点是这些新型经营主体每年的利润不足以覆盖每年的经营成本和租金支出，尤其是对于上规模的经营主体，资金缺口巨大。按照各类经营主体的平均规模测算，不考虑固定资产投入，专业大户的平均资金缺口在 30 万元左右，家庭农场 40 万元，合作社 240 万元，一般农户 6 万元左右。

表 8 – 3　　　　不同类型农业经营主体 2014 年投入产出情况　　　　单位：元

类型	每亩净利润	每亩经营成本	每亩租金	每亩新增固定投入
专业大户	464	421.3	414.1	342.5
家庭农场	473	454.7	452.5	265.9
农业生产企业	348			
合作社	343	316.1	413.1	252.5
一般农户	580	247.0	436.8	106.9

对于不同的农业经营主体而言，固定投入中的机械设备投入存在较大差别，其中合作社和家庭农场的投入较大，分别为 668 万元和 51.8 万元，投入巨大。不考虑其他固定投入，仅机械设备就需要 3 年才能完全收回投资。

总之，规模经营农户的投资规模大，而农村内部成长起来的规模经营农户缺乏靠自有资本扩大再生产的能力，特别是固定资产投资回收期长，在缺乏资金融入条件下面临经营难以持续风险。由于固定投资和每年的经营性投入较大，规模经营主体普遍存在融入资金需求，但是其所需要的资金规模目前金融机构信用贷款难以满足（最高 30 万元）。因此，对于新型规模农业经营主体而言，必须探索新的贷款供给模式。

表 8 - 4　　　　不同类型农业经营主体机械设备投入和利润情况　　单位：万元

类　　型	2012 净利润	2013 净利润	2014 净利润	机械设备
专业大户	7.1	13.8	24.5	32.1
家庭农场	7.6	9.3	33.6	51.8
农业生产企业			500	1500
合作社	118.2	262.9	299.0	668.5
一般农户	3.5	4.6	14.1	10.5

二、农地抵押支持新型农业经营主体发展的成效

（一）农地抵押试点改革实施情况

黑龙江省的大规模农业经营使土地经营权抵押具有现实可操作性。2010 年，依据人民银行和银监会"有条件的地方可探索开办土地经营权抵押贷款"的信贷政策导向，黑龙江省出台了《农地经营权抵押贷款的试行办法》，选择克山、肇东、依安等 6 县（市）小范围试点。2014 年，黑龙江省金融办、省发改委、人民银行哈尔滨中心支行联合印发了《关于深入推进农村土地经营权抵押贷款工作的通知》，《黑龙江省农村土地经营权抵押贷款暂行办法》正式出台。

自 2010 年，克山县和肇东市被列为全省土地经营权抵押贷款试点县，率先启动了农村土地经营权抵押融资试点工作。2011 年，克山县润生村镇银行在全省贷出了第一笔土地承包经营权抵押贷款 20 万元，突破了土地经营权不能融资的瓶颈。肇东市农村信用社专门开发出了"黑土地"承包经营权抵押贷款新产品，2013 年以来，信用社直接利用土地承包经营权办理抵押贷款 318 笔，抵押土地 91331 亩，发放贷款 14539 万元。2014 年扩展到龙江银行和建信村镇银行，共发放贷款

表 8 - 5 　　　　　　　　　　黑龙江省农地抵押改革试点内容

项　目	内　容
贷款机制	2 年抵 1 年：农户要用其承包耕地申请 1 年期贷款，需要其与金融机构签订 2 年的土地经营权抵押合同，本年度农户未能按期偿还贷款，金融机构将把第二年度经营权流转给他人
抵押模式	直接抵押、农地反担保（担保公司和企业）
基本条件	合同＋权证：经营权流转合同是合作组织的核心支撑文本。经管站开展经营权抵押业务时，要审核流转合同的合规性，对流转合同档案做标识，为避免出现农户重复抵押，还要延伸审核流转合同所涉及的每个农户的经营权证，并予唯一标识
抵押流程	签流转合同＋抵押合同＋贷款合同：土地承包经营权流转，当事人双方应当签订书面合同。采取转让方式流转的，应当经发包方同意；采取转包、出租、互换或者其他方式流转的，应当报发包方备案。借款人向金融机构借款，应当以书面形式订立抵押合同和贷款合同，并经抵押登记部门办理抵押物登记
纠纷处置	协商＋仲裁或诉讼

注：直接抵押模式即农民或其他农业经营主体以农村土地经营权为抵押物，直接向银行申请抵押贷款；农村土地经营权反担保贷款模式，即农民或其他农业经营主体以农村土地承包经营权为反担保物，由专门成立的融资性担保公司或具有担保功能的物权融资公司提供担保，从金融机构获取担保贷款的模式。

6508 万元，抵押土地承包经营权面积 15.65 万亩，抵押草原承包经营权面积 1200 亩，抵押荒地承包经营权面积 150 亩。同期，肇东市组建了全国第一家以新型经营主体为服务对象的茂源融资担保有限公司，市财政分两年注入 2000 万元专项担保资金，以 1：10 比例放大。引进均信、鼎力、森工 3 家商业性融资担保公司，由政府出面组织与金融部门合作，开发了"金担农"信贷产品，即"金融机构＋担保公司＋新型农业经营主体"的贷款方式，经营主体将自有或流转的土地承包经营权抵押给担保公司，担保公司以其被金融机构认可的资产提供信贷担保，金融机构同时向担保公司让渡一部分利息，贷款主体执行 9.83％ 的新利率标准，较普通农户的贷款利率 10.08％ 降低 0.25 个百分点。同时，中粮集团作为龙江银行大股东，在肇东市与新型经营主体合作建设优质原料基地 100 万亩。公司与新型经营主体签订了生产订单，新型经营主体采取土地承包经营权"反向"担保形式，由中粮集团出面为新型经营主体提供信贷担保，龙江银行先后为五里明农民专业合作社等主体发放贷款 5708 万元。

（二）农地抵押贷款对调查经营主体的支持情况

此次调查中，有 124 户新型经营主体获得过农地（承包）经营权或者收益权抵押贷款，占调查样本的 37.5%。其中 45.7% 的合作社、29% 的种养大户、63.6% 的家庭农场以及 31.4% 的普通农户获得过农地经营权（收益权）抵押贷款。可见，规模较大的合作社和家庭农场是农地抵押贷款的主体。

在这些新型农业经营主体中，农地抵押贷款的平均额度是 98 万元，其中最小为 2 万元，最多为 1000 万元，其中，种养大户平均为 36 万元，家庭农场平均 45 万元，合作社 199 万元，普通农户 11 万元。贷款的平均期限为 1.17 年，最长为 7 年；贷款的平均利率为 10.2% 左右。农地抵押贷款规模和新型经营主体的经营资金缺口基本相当，农地抵押贷款主要是用于期限较短的经营性投入。在获得农地抵押贷款的经营主体中，其主要用途是农业生产基础设施建设投资（17%）、购置农业机械设备（47%）、支付农地租金（71%）、购买化肥、饲料、农膜等农业生产资料（68%）、支付工资的 14%。除农地抵押贷款外，还有约 44% 的经营主体有其他借款或者贷款，贷款平均总额约为 53.7 万元，约为平均农地抵押贷款的 55%。目前新型农业经营主体的平均贷款余额约为 57.9 万元。

当农地抵押贷款无法偿还时，约有 3.7% 的人会选择放弃土地、房产及相关附着物，任凭银行处置，分别有67%和22%的经营主体会选择想方设法筹集资金还上和继续偿还利息和支付租金，希望银行贷款延期。对于规模经营主体而言，农地经营权有相当的还款激励效应。

表8-6　　　　不同类型经营主体农地抵押贷款获得情况　　　单位：万元

类　型	获得农地抵押贷款比率	贷款规模	流动资金缺口
种养大户	29%	36	30
家庭农场	63.6%	45	40
合作社	45.7%	199	240
普通农户	31.4%	11	6

新型农业经营主体对于农地经营权抵押贷款有迫切的需求。在这些新型农业经营主体中，希望用农村土地经营权抵押的比例约为70.56%，以农村住房抵押的比例为41.5%，以农业机械设备抵押的比率约为30%，以农业生产设施（包括大棚、畜舍、鱼塘、灌溉设施及其他辅助基础设施）抵押的比率大概为8.47%，以预订订单和保险抵押的比率合计大概为2%左右。

（三）农地经营权抵押贷款取得的成效

黑龙江省农地抵押贷款自试点以来，取得了一定的成效，主要表现在以下三个方面。

一是拓展了农业经营主体融资的抵押品范围。在试点的过程中，不仅承包农户的经营权，且新型农业经营主体通过流转方式获取的农地经营权都成为抵押的标的物，同时开发了农地经营权以及农地收益权直接抵押的模式、担保公司＋农地经营权反担保模式以及农业企业担保＋农地经营权反担保模式，大大扩展了新型农业经营主体融资的可能性。

二是扩大了农业贷款规模。目前，克山县开展土地经营权抵押贷款业务的金融机构达到了 6 家，累计发放农地抵押贷款 8 亿多元，贷款余额达到 3 亿多元，涉及农户数达到 8 万多户。2013 年以来肇东市发放农地抵押贷款 14539 万元，龙江银行和建信村镇银行共发放贷款 6508 万元，信用社、村镇银行、龙江银行采取"金担农"模式，共为新型经营主体担保 1.3 亿元，同时由中粮集团出面为新型经营主体提供信贷担保，龙江银行先后为五里明农民专业合作社等主体发放贷款 5708 万元。农地抵押贷款成为金融支农的重要途径。

三是贷款利率下降。几年来，随着农地抵押贷款试点工作的深入推进，克山县多家银行贷款利率相继下调，降幅最大的为信用社，由 13.18% 降到 8.1%，降息达 5.08%；润生村镇银行贷款利率由 10.2% 降到 7.8%，降息达 2.4%；龙江银行贷款利率由 9% 降到 7.8%，降息达 1.2%；省建行对仁发合作社信誉贷款年利率仅为 6.9%。

三、农地抵押遇到的问题

虽然黑龙江省农地抵押贷款取得了一定的成效，但是也面临着一些问题。主要表现在以下几个方面。

（一）农地估值低、抵押率低以及期限短

从现有农村土地承包经营权抵押贷款发放情况看，农地抵押贷款平均抵押农地规模是 2449 亩，平均剩余经营权期限是 7 年，平均估值为 458 万元。按照农地评估价值计算，大概每亩农地估值约为 550 元，大致相当于每年的租金。而按照实际获得贷款额度和估值额度计算，平均的抵押率大概在 59%。农地经营权价值仅按照农地租金来评估，

没有计量地上物价值或者农地收益，导致农地经营权估值较低，同时放款金额一般占抵押评估价值的59%左右，比例偏低，从而直接限制贷款金额，导致农地抵押贷款仅能满足期限较短的经营性投入资金需求，限制了规模经营主体扩展的速度。目前，约有69.7%的新型农业经营主体的融资需求没有得到完全满足，平均资金需求为162万元，其中最小为1万元，最大为2000万元。同时，大多数农地抵押贷款采取一年一贷的形式，致使放贷期过短，规模经营主体缺乏长期资金支持。

（二）土地流转合同不规范

在调查样本中，农地经营权的获取方式为与村民自行协商转让的占比约为65%；土地入股合作的约为17%；村集体帮助协调转让的约为8%；由村集体集中后统一发包转让的约为6%，而通过土地流转服务中介转让的不到2%。实际中，一些流转合同在签字、画押、备案等方面不规范、瑕疵多，许多是农民与流转户私下签订的协议，缺少权威的合同认证和合法的确权登记，易在实现抵押权利时产生纠纷。

新型农业经营主体申请农地抵押贷款要与众多农户签订流转合同，一旦其贷款违约，由于受转让主体和土地用途的限制，银行机构可能难以处置抵押的土地经营权，抵押权难以变现。

（三）农地抵押经营权权属不完备

目前土地流转租金大多一年一交，造成抵押的农地经营权权属不完备；影响农地经营权的抵押属性。再者租金交付情况没有有力的书面证明作支撑，影响银行调查工作的真实性难度。在调查样本中，农地流转合同订立的土地流转期限平均为4.45年，其中期限1年的占比

37%；期限 2~5 年的占比 49.2%，长于 5 年的约为 13.8%。但是平均租金支付年限为 2 年左右，其中，租金一年一付的占到 77%，付 2~5 年的占 18%，长于 5 年的仅有约 5%。因承包费每年都上升，发包方农民随行就市，基本采取一年一交方式，一次性交足 5 年以上承包费是极特殊个案。承租土地的大户或专业农场多处于发展初期，受财力所限也难以一次性缴付几年或全部租金。因此，目前专业农场土地流转租金基本采取一年一交方式。

如果租金是一年一付，那么租赁取得的农地经营权是典型的债权。因为承租人只是支付了部分租金，并不具有农地流转合同规定的流转期限内的完整使用权，这类似于房屋租赁中"二房东"的问题，这里可称"二地主"问题①。此时如果以合同规定的经营权期限估值并被用来抵押，其并不能发挥抵押物所具备的贷款偿还约束和保障作用。一是不能有效激励借款人偿还贷款，因为实际的土地经营权不属于自己，还属于流出方，即使失去也不会有损失；二是金融机构难以处置抵押物，因为一方面抵押物有权属纠纷，很难处置；另一方面即使处置了，由于抵押物本身负有未付租金债务，价值也太低。

理论上，土地股份合作社能够较好地解决上述问题，因为土地股份合作社拥有农地的完整经营权。但是在现实中，农地入股存在"股权债权化"或"股权债权混合"的现象，即大部分"土地股份合作社"，采取"保租分红"的盈余分配方式（"保底租金"是债权固定收益，且分配盈余中占份额很大，"分红"是股权收益，占分配盈余的比例很小），此时社员名义上的股份额中，真正能对合作社法人承

---

① 如果将土地承包权人理解为"地主"，则通过短期租赁方式且没有完全支付租金而获取农地经营权，那么类似于房屋租赁纠纷中的"二房东"，在流转期间再次流转农地的主体称为"二地主"。

担民事责任的部分很小，并不承担合作社经营失败的全部风险。此种分配方式下，合作社的农地经营权更像是一种债权，类似于通过租赁的方式从农户处获得农地经营权，是否拥有完整的土地经营权取决于保底租金的支付方式，如果一次支付多年，则土地经营权权属更趋完整；如果一年一付，则土地经营权权属并不完整，其担保物权权能也不完整。在后一种情况下，一旦合作社无力偿还银行贷款且不能按时支付保底租金时，农户可以依法解除合同并收回土地，债权人就无法处置抵押物、实现抵押权。

（四）多重担保且更注重其他担保条件

由于农地评估、流转市场还不完备，即使在土地经营权的担保物权完整的情形下，也难以快速有效地处置抵押物，而在租金年付方式导致租赁土地经营权担保物权不完整的情形下，抵押物更是难以处置，且难以形成对借款人的还款激励。因此，金融机构参与农地抵押贷款创新的积极性往往不高，弱化了农地抵押制度缓解农村贷款难问题的作用。为了规避风险，银行往往设定较低的贷款期限和较低的抵押率。并且银行往往要求借款人在提供土地经营权抵（质）押之外，另外附加其他的担保条件，如融资性担保公司担保、其他抵（质）押资产、个人或组织保证等，而且在核定贷款期限和额度时，往往更看重土地经营权之外的其他抵（质）押条件。结果可能导致土地经营权抵押变成一种摆设。而且，不仅不能增加农业生产经营主体的融资便利性，反而可能变得更麻烦，增加融资交易成本，难以提高农村信贷服务可得性。

实际上，土地经营权或土地经营权收益保证的反担保贷款模式，就是金融机构不愿接受土地经营权直接抵押的一种体现。

四、政策建议

针对黑龙江农地经营权抵质押制度改革与农地抵押贷款业务存在的问题，本文特提出以下建议。

（一）完善农地价值评估、流转、登记与处置制度

1. 探索和完善农地价值评估方法体系

一是形成一套农地价值评估的科学体系；二是要充分发挥当地农业专家在评估土地经营权收益和风险中的作用；三是要在土地评估中考虑时间价值。

2. 完善土地经营权或使用权证制度

在农户土地承包经营权确权颁证基础上，完善规模化经营主体的流转土地经营权或使用权产权制度，合理界定和划分农户土地承包权和经营主体的土地经营权各自的权利边界，严格规定流转的土地经营权不能由经营者私自再流转，明确利益分配方式，充分保障双方的土地权益。对于获得流转土地经营权的经营主体，应该给予土地经营权证或土地使用产权的确权颁证，以明确其对该土地的权利。

3. 完善交易鉴证制度

由第三方主体出具交易鉴证书，使土地流转合同由私权即民事合同，变为具有一定公权性质的司法合同。第三方交易鉴证书可以发挥两个作用：一是起到公证作用，便于依法保障权益和以法律途径解决纠纷，从而提高合同的约束力；二是可以提供充分的关于土地流转的信息，包括流转面积、年限、租金及租金支付方式，从而金融机构可利用交易鉴证书中的信息自主决定是否发放土地抵押贷款，减少银行

和规模经营之间的信息不对称。

4. 建立和完善土地产权交易市场

完善的土地产权交易市场可以在农地抵押贷款的前期和后期发挥重要作用。首先，在前期可以实现农户和规模经营主体的良好对接，规范土地流转合同；第二，在后期可以解决土地经营权抵押违约后经营权的处置问题。目前，很多产权交易市场在前期可以发挥一定作用，但是抵押物处置尚处于起步探索阶段，还未真正及时有效地处置过抵押的土地经营权。因此，需要建立成熟有效的土地产权交易市场，包括信息透明、准确、发达的信息交易平台，独立科学的产权价值评估体系以及准确的产权登记制度。

（二）规范土地流转合同，使土地使用权成为有效的抵押标的物

规范土地流转交易、规范新型经营主体的行为，严格限定土地经营权的利用范围，是完善农地经营权抵押权能的基础和前提。

1. 规范发展土地股份合作社或合作农场，强化入股土地的风险承担责任

对于土地合作社或合作农场，要完全按照股份合作社规范来操作，建立利益共享、风险共担机制，防止产生"二地主"土地流转纠纷问题。有两种策略，一是将一定期限的保底收益一次性支付；二是完全按照股份合作社的标准来建立合作社，农户完全让渡经营权，与合作社利益共享、风险共担，但农户不能随意收回已经让渡的经营权。

2. 规范土地租赁流转合同，明确期限和租金支付要求，落实和增强土地经营权抵押权能

一是支持和鼓励有能力、善于经营的农业生产者较长期租赁土地，使土地经营权具有固定的长期期限。在作为抵押物时，要充分考虑经营权的剩余年限，保证贷款到期后所抵押的土地经营权期限要至少大于一个农作物生长周期，否则所抵押的土地经营权会因为无法使用而变得一文不值。用公式表示即是，剩余土地承包经营期限 ≥ 贷款期限 + 适合种植的果树的生长周期。由此，完善农地评估体系，合理确定抵押物的抵押价值。

二是规模经营主体应一次性向承包人预付至少 3～5 年的租金，相当于在一定期限内一次性买断土地经营权，确保土地流转法律关系的稳定。在签订土地流转合同时，应明确流转土地可用于抵押贷款的授权条款。如果发生借款人违约，债权银行能够具有排他性的权利保障土地处置。

三是租金采取第三方支付的方式。规模经营主体提前一年将租金支付给一个第三方机构或组织，比如乡镇的经管站，经管站在农产品收获之后支付租金给农户。这样的话，规模经营主体已经提前支付了部分租金，而农户也不会提前终止和规模经营主体之间的合约，从而防止双方违约。租金第三方支付的方式能够在一定程度上稳定土地流转合同。

（三）制定金融机构参与农村土地经营权抵押贷款扶持和激励政策

为了促进金融机构开展农地抵押贷款服务，在完善农地承包经营权抵质押制度基础上，地方政府需制定和实施若干扶持、激励政策。

1. 优化诚信环境，减少抵押物处置的社会阻力

一是培育诚信环境，构建和完善农户及农业新型经营主体的信用档案体系，提升金融素养和合同履行意识。二是明确专业大户、家庭农场、合作社等新型农业经营主体的定位和政策支持导向，规范农民

合作社行为和治理结构，培育合格的承贷主体。

2. 建立专门的农地产权资产经营管理公司或托管机构，提高土地处置效率

为了建立快速便捷高效抵押物处置通道，防止司法途径耗时长、久拖不决而贻误农时，建议成立专门的处置抵押农地不良资产的资产经营管理公司，或者支持当地集体组织建立农地临时收储托管机构，在抵押农地无法实现再次顺利交易流转时，及时予以托管、收购和处置，通过专业化的运作，消除银行对抵押物处置难的担忧。对接收抵押农地的托管机构，政府可给予一定资金补助等支持，或者建立收购抵押农地的专项基金。

3. 建立和完善风险保障机制，防范和化解农地抵押物价值波动风险

农地抵押物价值受自然风险和市场风险影响很大。鼓励保险公司创新农业保险产品，扩大农业保险覆盖率，引导农村土地经营权抵押贷款主体积极参与农业保险，分散农业经营主体的经营风险。

建立农村土地经营权抵押贷款风险补偿基金，对金融机构发放农村土地经营权抵押贷款发生风险的，按一定比例进行风险补偿。

4. 建立和完善农地抵押贷款服务奖励制度

为了鼓励金融机构加大农村土地经营权抵押贷款服务创新力度，可建立专项奖励机制，对金融机构发放的农村土地经营权抵押贷款净新增额按一定比例进行考核、奖励。

执笔人：罗　兴

第九章

吉林省延边农村土地经营权抵押调查报告

十八届三中全会指出，要"鼓励承包经营权在公开市场上向专业大户、家庭农场、农民合作社、农业企业流转，发展多种形式规模经营"。2014 年中央一号文件中进一步提出"扶持发展新型农业经营主体"要求。政府扶持发展新型农业经营主体，关键是要找准政策着力点，通过创新体制、完善机制撬动阻碍新型农业经营主体发展的制度性障碍，为新型农业经营主体创造良好的制度环境。近年来，吉林省延边朝鲜族自治州围绕解决新型农业经营主体面临的贷款难、贷款贵问题，组织农业银行等金融机构实施了一系列信贷扶持政策，取得了一定成效，但也反映出许多部门或地方解决不了的实际困难。调研发现，解决新型农业经营主体资金瓶颈问题，不能单靠传统的商业银行信贷模式，亟须创新农村金融体制，开展农地抵押贷款业务，为新型农业经营主体贷款拓宽渠道。

一、延边州新型农业经营主体发展态势良好

延边州幅员面积 4.27 万平方公里，占吉林省的 1/4；耕地面积 38

万公顷，其中农作物播种面积 39 万公顷，农民人均耕地面积为 0.56 公顷。下辖 6 个县 2 个市、66 个乡镇、1051 个村委会。全州总人口 78 万户、218 万人（占吉林省 8%），其中农业人口 23 万户、70 万人，占总人口的 32.1%。由于地处边境，延边州约有 8 万农民长期出国务工和外出打工，若算上随迁子女及老人，已离乡农民大约在 15 万人以上。

大量农村青壮年劳动力外出务工，凸显了农业经营主体日益减少、农业生产方式亟待转变等突出问题，也为那些有一定经济实力和种植经验丰富的致富能手提供了集中土地发展规模经营的机会。针对这一情况，2008 年延边州提出了以培育专业农场推动新型农业经营主体发展的思路。延边州扶持发展的专业农场是指农村种田大户或合伙人或城乡法人或自然人，通过承租农民自愿流转的承包地经营权创办的不同性质的经营实体。类型包括个体工商户专业农场、个人独资企业专业农场、合伙企业专业农场、公司专业农场，以及其他企业法人的专业农场；经营规模水田、蔬菜和经济作物为 30 公顷以上，旱田为 50 公顷以上。延边州在贷款贴息、财政补贴、政策性农业保险、整合支农资金以及税收优惠等方面采取了一系列重点向专业农场倾斜的配套政策，有力促进了全州新型农业经营主体的发展。截至 2013 年底，农行支持的专业农场种植规模 1478 公顷，粮食产量约 1870 万公斤，实现利润 671 万元（其中包含水产养殖户）。

到 2013 年末为止，全州已注册专业农场户数达 715 户，实现产值 6.08 亿元、净利润 2.5 亿元。从所从事行业情况看，以种植业为主的专业农场占绝大部分，其中种植业专业农场 654 户、养殖业专业农场 11 户、种养业结合型专业农场 50 户；从经营规模情况看，种植业 654 户中经营规模 30 公顷~50 公顷的 242 户、50 公顷以上的 412 户；从注册类型看，个体工商户 483 户、个人独资企业 200 户、合伙企业 32 户。专业农场发展不仅带来了丰厚的经济利润，还显著提高了农业集约化水平。据统计，截至 2013 年底，全州共流转农户 54469 户，占全州农户数的 24%，流转土地面积 77911 公顷，占全州耕地面积的 21%。

总之，专业农场是延边州农村改革与农业发展中涌现出的新型农业生产经营组织。专业农场发展提升了当地农业生产的专业化、集约化、规模化、信息化经营水平，有力促进了农业增产、农民增收。

二、融资困难制约新型农业经营主体发展

专业农场在规模经营中资金投入主要分四大部分，一是集中土地所需要的土地租金；二是添置大型农机具，如播种机、插秧机、收割机、烘干塔、大型拖拉机；三是建设仓储设施、加工厂房等；四是每年种植土地投入的种子、化肥、农药、人工费及塑料薄膜、柴油等生产费用，分经营品种不同投入金额也不一样。其中第二、第三项投入属于固定资产投入，一次投入长期使用，这部分投入很难以当年收入来弥补，如果是贷款资金，则需要中长期贷款来满足。大部分新型农业经营主体以家庭为单位，资金、技术等方面的综合实力较弱、生产经营销售等方面运作和管理仍很粗放，对自然灾害、市场波动风险的抵御能力低，无法满足银行要求的担保条件，很难从金融机构贷款，长期贷款更是希望渺茫。一些新型农业经营主体转而向民间贷款人或机构谋求高息贷款，借款年利率最高的甚至达到 50%。过高的融资成本，一方面推高生产资料、土地租金、人工费用等生产成本，扩大经营风险，另一方面也不利于金融监管，容易引发系统性金融风险。据延边州农行测算，全州 715 户专业农场以平均经营土地面积 75 公顷为

基础，按每年每公顷土地租用费4000元计算，平均每个家庭农场每年仅支付流转土地租用费一项就需30万元，再考虑到其他资金需求，平均经营每公顷耕地需融资6000元，平均每个家庭农场的融资需求为45万元，全州家庭农场贷款总需求在3.2亿元左右。但截至2013年底全州金融机构对专业农场的贷款余额合计不足2500万元，还不到总需求的8%，远远满足不了专业农场的发展需求。其中，农业银行7户、累计投放929万元、贷款余额763万元，延边农村信用社6户、贷款余额604万元，邮储银行28户、贷款余额936万元，建设银行4户、贷款余额156万元。我们调查时了解到，一些农场主表达了从生产环节向加工、销售环节延伸产业链的创业想法；还有一些农场主看准了城镇化水平快速提高所带来的农产品需求前景，希望通过扩大租赁耕地面积、购置大型农机具、修建农田水利设施等提升生产的规模化、机械化程度，扩大和升级再生产，实现农业产业的提质增效。

尽管专业大户、家庭农场等新型农业经营主体发展取得了明显成效，但不具备合法有效的可抵押资产，能够得到的信贷支持非常有限，从而进一步提升发展则受到融资约束。目前，商业银行提供的小额贷款、三户联保贷款、信用贷款等品种远远满足不了新型农业经营主体的融资需求。以50公顷规模的专业农场为例，仅支付流转过来的土地租用费一项就达15万~25万元之间，但大部分专业农场以个人出资家庭经营为主，因经营年限短，尚未完成资金、资产的原始积累，自有资金只够买入种子化肥等基本农业生产资料，多数甚至满足不了维持再生产的基本投入，更谈不上扩大再生产。自有的农房、宅基地、自留地、承包地等资产，尚不能作为合法有效的抵押品，找担保公司还需担保和反担保费，专业农场要通过融资方式扩大再生产、购置大型农机具、改造农田水利设施等困难重重。融资困难已成为目前大部分专业农场产量上不去，产值及盈利能力徘徊不前的根本原因。不难想象，随着经济社会发展水平提高，农户的经营意识不断增强，他们对发展农业生产的资金需求将会越来越旺盛。如果不改变现行的信贷模式，新型农业经营主体信贷资金供需不平衡的矛盾也将日益凸显。

三、农业银行延边州支行试点土地经营权抵押贷款业务

根据十八届三中全会精神，2014 年中央一号文件明确提出"在落实农村土地集体所有权的基础上，稳定农户承包权、放活土地经营权，允许承包土地的经营权向金融机构抵押融资"的改革要求。2014 年 3 月，中国农业银行积极响应国家号召，经过实地调查和反复论证，决定在延边推出土地经营权抵押担保贷款业务，这是农行在全国最早开办土地经营权抵押贷款业务试点的地区。此后，根据总行部署；吉林省分行和延边州支行先后 4 次召开会议专题讨论土地经营权抵押担保贷款业务相关问题，研究支持专业农场发展的措施，制定相关制度。试点要求，保证支持新型农业经营主体发展的方向不变，严格按农村经济管理服务站备案承包合同或流转合同资料作为依据，核定可抵押的土地经营权范围，并以此测算评估价值，确定贷款额度。针对家庭农场生产经营的特点，农行依托现有产品资源，将家庭农场贷款的执行利率均控制在央行基准利率上浮 30% 范围内，远低于农村信用社、邮储银行等金融同业利率浮动上限，降低了农场主的经营成本。同时，采取"一户一策"方式，为不同的家庭农场量身定做担保抵押模式，满足其资金需求。这项试点工作的开展有利于拓宽专业农场等新型农业经营主体的融资渠道，有利于专业农场规模经营、提高单产及综合经济收益，有利于农行促进农户贷款业务投放及经营转型，进一步调

整和优化农户贷款结构，从而降低贷款风险。

为了保障土地经营权抵押贷款试点工作的顺利开展，延边州政府成立了"土地经营权抵押贷款工作领导小组"，制定相关配套政策，统一协调推进土地经营权抵押贷款业务，目前已做好了前期准备工作：

一是在全州农村集体经济管理部门（或物权融资服务中心）实现土地经营权的确权、发证、贷款抵押登记以及流转交易等业务。农业银行与州农委签署了全面战略合作协议和土地经营权抵押贷款业务合作协议，明确各自责任和义务，共同促进农村土地经营权抵押贷款业务的健康发展。按试点工作要求，延边各县市都成立了物权融资农业发展公司，挂靠在农村集体经济管理中心，是"一套人马、两块牌子"。农村集体经济管理中心工作职责，包括对农村土地承包合同、农民增收、农村集体资产与财务的管理、服务和行政执法，以及对农业产业化经营、农民专业合作经济组织（含专业农场）发展、农业产业化服务体系建设进行指导等。农户在申请办理贷款之前，需要将一部分土地承包经营权流转到物权融资农业发展公司名下并进行登记，由其以土地预期收益作为还款保证，为农户向金融机构贷款提供担保。该机构具有土地流转、抵押登记、挂牌交易等职能。

二是确定科学合理的农村土地经营权价值评估方法。农村土地经营权价值应该包括流转价格（含附着资产）和地上农作物带来的收益价值两个方面，构成其价值的核心因素应包括土地面积、地上附着资产、地上农作物。考虑到各地方农村土地流转价格不同，不能按一个标准衡量，经与州政府协商，农业银行按所在乡镇前三年平均流转价格评估土地经营权价值。对于已种植有农作物的农地，按照每公顷土地种植农作物品种，根据上年度该品种国家最低保护价或近三年市场价格测算当年年收入，减去种子、化肥、农药、农机具折旧、人工费及塑料薄膜、柴油等生产资料费用后测算当年纯收益，并将其计入农地经营权价值当中。

此外，农行积极与州农委、保险公司沟通，建议开发针对专业农场的贷款保证保险产品，当贷款出现风险时，由保险公司100%承担保证责任，农行以优惠利率来减轻农场主保费负担。

四、推进试点亟待解决的问题

在缺乏其他有效融资抵押品的条件下，新型农业经营主体的巨大资金缺口亟待通过农地承包经营权抵押贷款予以解决。建立农地金融制度是解决农业农村发展所需资金的重要渠道，对农业发展所需长期、低利资金的供给以及优化政府对农业的调控机制具有重要意义。十八届三中全会《中共中央关于全面深化改革若干重大问题的决定》提出，赋予农民对承包地占有、使用、收益、流转及承包经营权的抵押、担保权能；2014年中央一号文件指出"在落实农村土地集体所有权的基础上，稳定农户承包权、放活土地经营权，允许承包土地的经营权向金融机构抵押融资"，为商业银行开展承包地经营权抵押贷款业务提供了有利的政策条件。

但从实践情况来看，多数商业银行开展此项业务，并非受商业可持续的激励驱动，一定程度上只是一种"响应政府号召、树立良好形象"的象征性行为。在具体操作上，商业银行多从权衡收益与风险的角度考虑，对放款对象进行"优选"，只针对那些资金实力强的专业大户和家庭农场发放农地经营权抵押贷款，提供的是一种选择性而非普适性的金融服务。商业银行测算农地经营权抵押价值是按照如下公式：近三年单位面积年均流转价格×经营权面积×（已支付租金租赁年限－已使用租期年限）。而大部分专业大户和家庭农场尚处发展初期，资金实力弱，已支付租金的剩余年限一般在 1～3 年，而抵押率又比较低，一般不超过40%，可贷额度很少。比如，在吉林延边朝鲜族自治州，以经营50公顷农地、每公顷流转价格4000元的家庭农场为例，可贷额度仅为8万元，根本满足不了生产经营的资金需求，杯水车薪，意义不大。对商业银行而言，开展农地经营权抵押贷款业务也基本上只具有象征意义。其核心原因是，单靠商业银行按照商业原则提供农地融资服务，不能解决农地融资供给不足的问题。

一是土地流转合同不规范。延边州农民因出国外出务工等流动性很强，一些流转合同在签字、画押、备案等方面不规范、瑕疵多，许多是农民与流转户私下签订的协议，缺少权威的流转中介，缺乏合法的确权登记，易在实现抵押权利时产生纠纷。专业农场申请农地抵押贷款时要与众多农户签订流转合同，一旦农户出现贷款违约，由于信息不对称和受转让主体、土地用途的限制，银行机构难以处置抵押的土地经营权，抵押权难以变现。据统计，全州只有75.8%的家庭农场以正式书面合同签约流转，而约有10.6%的家庭农场与承包人委托的村委会或亲属、邻居签约流转，采用简单口头约定方式流转的占8.7%。另外，专业农场经营土地中有不少册外地（即未集体登记在册土地的范围内），与村集体承包经营关系不明确，尚未签订正式承包经营合同，无法列入抵押价值确认及流转抵押登记范围。

二是土地流转租金一年一交。延边州2013年末为止专业农场数为715家，签订承包期限都在10年（含）以上，其中661家（占92.4%）成立于2010年后。因承包费每年都上升，发包方农民随行就市，基本采取一年一交方式，一次性交足5年以上承包费是极特殊个案。这种方式从长远看，不仅会增加专业农场生产经营成本，也会影响专业农场长期发展或经营转型的想法；不仅直接减少专业农场可贷款额度，也给银行贷款增加了不可预见的风险。再者租金交付情况由于没有有力的书面证明，增加了银行贷款调查工作的难度。为了支持农地抵押贷款的发展，延边地区对于流转期限较长，但租金一年一付的情况，采取由流转土地承包户和村委会联合签名同意支持抵押的方案，由村集体给予抵押权实现的保障，但因为不完全支付租金的经营权实际上是不具有完全产权，这种方式存在经营者违约，不继续支付租金而使抵押权失效的风险。

三是土地价值评估难度大。尽管延边州和各县市要求以农业部门为主体建立农村土地流转及抵押管理系统，综合土地地理位置，流转租金、平整程度、所种作物情况进行评估，但各县市发展也不均衡，多数地区正酝酿或尚处筹备中，一定程度影响土地经营权发证、抵押登记、办理他项权利等业务的全面开办。目前，在农村土地承包经营权价值评估定价方面存在"三缺"，即一是缺乏权威的土地价值评估机构和有专业资质的评估人员；二是缺乏成熟的土地评估制度，程序不规范；三是缺乏科学的评判标准和评估经验。在抵押价值的确定上人为主观判定成分比较大，对农民和银行的利益都易造成不利影响。

四是农业经营风险难把控。农业面临着自然风险和市场风险双重压力，属弱势产业。在目前没有比较成熟的模式可以控制农业经营风险的情况下，土地承包经营权抵押贷款风险不易控制，影响金融机构放贷积极性。

五、政策建议

目前，通过农地承包经营权流转，专业大户、家庭农场等新型农业经营主体大量兴起，不仅促进了我国传统农业向规模化、专业化、产业化的现代农业转型，也产生了较大的生产性融资需求。由于农业经营的脆弱性和低利性，再加上当前还存在"法律上有冲突""土地确权工作滞后""农地经营权流转不规范"等因素的困扰，商业银行提供农地经营权抵押贷款的动力不足。解决农地融资问题，政府要顶层设计、总体安排，给予推动和支持。

（一）积极培育土地承包经营权流转市场

鼓励农户参与土地承包经营权流转，逐渐培育家庭农场、种养大户、农业龙头企业等新型农业生产经营主体，提升借款人抗风险能力与经济实力。政府要做好土地流转公共服务，通过流转市场的发展，畅通收益权市场化处置的渠道。建立有效的农地经营权流转平台能够规范土地流转行为、监管土地利用、约束抵押贷款的偿还，对于开展农地抵押贷款业务具有举足轻重的基础作用。农地经营权流转平台应有一定的管理功能，由政府保证规范有效运营。目前，我国各地建立的农地经营权流转平台在为农地经营权交易提供中介服务和政策监管方面比较薄弱，在一定程度上制约了农地经营权抵押贷款业务的开展。

一是全面完成农村土地确权登记，将全部册外地补充登记为册内地，以完善对土地的管理；二是监督土地流转合同的签订及事后监督流转合同的执行；三是保障贷款逾期后的土地再流转，当借款人到期无法偿还金融机构贷款时，以抵押的农村土地经营权再流转所得价款清偿贷款本息；四是增加贷款贴息，进一步促进新型农业经营主体的发展。

（二）保障相关配套政策落实到位

政府要解决金融机构解决不了的制度环境问题。修订完善法律法规，对金融机构农地经营权抵押权益的实现给予充分的法律保障；建立农地经营权抵押的强制保险制度，使农地经营权抵押贷款能够通过保险获得基本的还款保障；建立抵押土地的回购和收储制度，对难以流转实现抵押权的土地进行政策性收储等等。另外，监管部门要实行差异化监管措施，适度放宽对农地经营权抵押贷款的风险容忍度。对积极开展农村金融创新的银行机构给予奖励和税收优惠政策。

政府要加强引导，积极搭建质押登记、交易流转等服务平台。财政补贴和税收优惠政策要向土地流转大户、家庭农场、农民合作社倾斜。新型农业经营主体销售的自产农产品免征增值税；新型农业经营主体从事农林牧渔业项目的所得，可以免征、减免企业所得税；建设直接为农业生产服务的生产设施而占用农村集体林地、牧业用地、农田水利用地、养殖水面以及渔业水域滩涂等农用地的，免征耕地占用税；直接用于农、林、牧业的生产用地（不包括农副产品加工场地和生活、办公用地），免缴城镇土地使用税。

（三）加强农业政策性保险

建立更加有效的农业风险转移分散机制，发挥农业保险防范和化解农业生产和信贷风险的作用。应由政府牵头各保险公司为新型农业经营主体提供政策性农作物保险，可以作为农户受灾且土地经营权无法再流转情况下的贷款风险补偿渠道。由政府及农户共担保费，针对因暴雨、洪水、内涝、风灾、雹灾、旱灾、冰灾7种自然灾害造成的农作物损失提供保险，赔偿金力求覆盖金融机构贷款金额。另外，贷款保证保险业务也有着一定的市场空间和发展潜力，更是防范和控制金融机构贷款风险的有效方式，有助于丰富农户贷款担保方式，也可成为金融机构"三农"业务创新的又一个突破。

（四）商业银行要提高农地抵押贷款的能力

一是要建立健全管理机制，制定完善的农地经营权抵押贷款管理办法和实施细则，明确支持重点，优先支持专业大户、家庭农场、农民合作社、农业产业化龙头企业等新型农业经营主体；要适当放权和进行流程创新，以保障农地经营权抵押贷款的可获得性和便利性。二是要建立健全相对独立的业务核算系统，为农地经营权抵押贷款相关的预测、决策、规划、控制和责任考核评价等提供支持。三是要加强涉农风险识别、评估和管理能力建设，建立健全农地经营权抵押贷款的风险管控机制和制度。要从贷前调查、审查、审批和贷后管理各环节层层落实责任，严格贷款用途和对销售收入资金的监管，防止资金离农化现象的发生。同时，要加强与政府部门、保险公司、担保或偿债基金等的沟通协调与合作，多方面、多渠道分散风险。

执笔人：王　宾

第十章

甘肃省陇南市"三权"抵押贷款调查报告

如何激活农村物权的资本潜力，服务于农民生产生活、农业发展和农村建设？陇南市农村物权抵押贷款创新探索出了许多有益经验。该市林权抵押贷款各项配套政策已建立健全，但开展土地承包经营权和宅基地使用权（包括农村居民房屋）抵押贷款试点工作，仍面临确权成本高、配套机制（如评估、抵押登记、产权流转等）缺失等障碍。基于此，陇南市重点完善"三权"抵押贷款试点工作中的各项配套政策。

一、陇南市"三权"抵押贷款实施情况

2014年1月24日陇南市人民政府办公室印发《陇南市"三权"抵押贷款实施方案》，确定武都区角弓镇、成县小川镇、徽县江洛镇、西和县何坝镇为"三权"抵押贷款试点乡镇。

通过协调市建行、市农行、甘肃银行建设路支行等机构积极向上级行争取政策，将"三权"纳入抵押品范围；并把"三权"抵押贷款试点工作纳入《2014年陇南市金融工作目标管理责任书》。截至2014

年11月末，陇南市"三权"抵押贷款累计发放金额已超过22亿元；其中，林权抵押贷款16亿元，土地承包经营权抵押贷款1348万元，农村居民房屋产权押贷款3.8亿元。

发放的土地承包经营权抵押贷款共计185笔，平均每笔贷款额度为7.28万元，贷款利率各金融机构不等，平均为7%左右，贷款期限由于产业周期不同有所差异，目前发放贷款多为1年。

二、"三权"抵押贷款的作用机制

目前，该工作已取得初步进展，逐步发挥出抵押贷款加强信用体系建设、扩大投资的功能。

（一）以抵押强化信用体系建设，推助农村普惠金融

1. 以抵押强化信用约束：走向普惠金融

"三权"抵押贷款可以有效助推普惠金融。首先，信用是农村金融有效运行的重要机制，缺少信用记录已经成为农户方便地获得普惠金融服务的最大障碍。然而，信用记录的建立需要以信贷的发生为基础。赋予农民经营权与住房财产权抵押功能，可以解决金融机构以资本为限放贷规则下服务农村的困境，并为未来开展信用贷款建立信用记录基础。

其次，普惠金融难以普惠的重要原因是金融机构发放信用贷款的信用评价机制仍然是基于家庭财产和收入。在农村土地住房等财产不被认可的条件下，大部分农户的信用评级难以符合贷款的要求，或根据这样的信用评级能够获得贷款的额度和概率比较低。但承包经营权和住房财产权是绝大多数农户都拥有的资产，其抵押权的赋予增强了

金融的普惠性。虽然按照个体家庭的资产总额，能够获得的贷款额度还比较小，但获得性大大提高。在抵押支持下，有贷款需求的农户能够比较容易获得贷款，不像过去需要找人联保、找关系，贷款的直接和间接成本大幅度降低。

第三，抵押贷款可以优化信用环境。以个人或家庭的资产抵押为基础，产生一定的还款压力，强化了农户的信用意识。

小农家庭将是农业生产的主体，如何增加小农家庭的信贷可得性，不仅关系到普惠金融目标的实现，也关系着农业的发展和稳定。当前，小额信用贷款并没有解决大多数农户的信贷可得性问题，因为在很多情况下，信用甄别是基于贷款偿还能力而非偿还意愿，信用评价的重要标准是家庭收入而不是个人信用记录，低收入农户容易受到信贷排斥，且信用贷款的利率成本比较高。从银行来说，完全依靠信用，银行的风险还是过大。农村物权抵押贷款可以替代信用机制，降低银行风险，为数量众多的小农家庭提供"起步贷""小额贷""灵活贷"，走向普惠金融。

2. 陇南实践的效果

陇南市对农村物权抵押贷款的探索，逐渐实现金融普惠目标，为众多农户提供了贷款。

（1）涉农贷款成本降低，手续简化。通过确权颁证、制定抵押物参考价格、简化评估程序等措施，将借贷双方的操作成本降低，同时通过政府增信，降低银行的风险成本。开展"三权"抵押贷款试点以来，陇南市涉农贷款利率总体处于下降的趋势。在对"三权"抵押贷款配套政策继续完善的基础上，涉农贷款利率还有进一步下降的空间。

（2）提高农民贷款的积极性。以农村"三权"作为抵押，拓展了抵押物范围，有效激活了农村土地、房屋、林地等闲置资产的财产权、收益权。与农户小额信用贷款相比，农民"三权"借贷额度更大，还款周期也更长，在一定程度上可满足农村专业大户、经济能人的资金需求。这对于支持陇南市油橄榄、花椒、核桃、中药材等特色产业发展，搞活农村经济，助推小城镇建设步伐，推动农民增收具有重要意义。

（3）农户还款意愿提升，信用环境优化。政府通过搭建担保平台或建立风险补偿金的办法为农户贷款提供增信，虽可以一定程度缓解农户贷款难的问题，但完全靠政府支持不利于农户信用意识的培养，贷款很多被视为政府支持，增加政府的债务负担。"三权"抵押物是农民的主要资产，将"三权"抵押后，农户对政府的依赖意识减弱，主动还款意愿明显提高。同时"三权"抵押贷款的发放，使冒名、借名贷款问题得到有效遏制。

4 万元承包地经营权贷款让农民"过好日子"

西和县是著名的半夏之乡，种植面积已经达到了 2.7 万亩，产量占全国四成左右，虽然去年中药材价格持续下跌，但半夏的价格一直保持稳定并且稳中有增。种植半夏虽然高收效但也需要高投入，据西和县农牧局经作站工作人员介绍，半夏要有高质量与好"卖相"，就要提前 20 天播种，再利用棚膜、遮阳网控制温度与光照，经人为干预延长半夏的生长周期，提高种茎产量，这些都需农民大量的资金投入。强芳红家里有 6 口人，最主要的经济收入就是种植的一亩半夏，她一直想扩大半夏种植面积，因为没钱买种苗、没钱建大棚，这个想法一直被搁置了起来。

强芳红以自家4亩地的土地承包经营权作抵押，在西和县农村合作银行贷到了4万元，作为半夏种植的发展资金。7月23日，强芳红顺利地拿到了4万元贷款，她对记者说："以前我也想过在银行贷款，但银行贷款太难了，首先要有公职人员担保，要么有城里的房产证作抵押，这两样我都没有，所以家里从没贷过款，这4万元是我贷到的第一笔贷款，这些钱将用来扩大半夏种植面积，多挣些钱盖房子，供娃娃上学，过好日子。"

可以看到，农户强芳红通过抵押贷款获得了第一笔贷款，增加了半夏的产量和质量，也增加了家庭收入。同时，还应该看到通过这第一笔贷款，强红芳建立了与银行的联系，并得以建立信用记录，为今后更便捷、低价地获得金融服务开了个好局面。

（二）以抵押强化供应链合作，推进农业产业化经营

1. 抵押促产业合作：农业组织化

农村"贷款难"问题，本质是金融机构和借款申请者之间信息不对称造成的信贷配给。对于融资困难的农户、企业和合作社等主体，供应链金融提供了一种非常重要的融资新理念，不仅仅以单个企业的资产为抵押作为还款保障，而是着眼于与企业有密切交易关系的整个产业链，来评估其经营价值和契约信誉。

供应链合作与抵押贷款天然具有互补性，一方面，金融机构得以利用供应链中的物流、信息流、价值流、信誉流，减少信息不对称问题；另一方面，一旦发生呆坏账，借款人的抵押物可以在供应链中得到更快速地处置，降低金融机构风险。

抵押贷款强化了供应链合作和供应链金融发展。合作社以供应链

担保的形式对农户提供担保，没有产生额外的担保费用，如果出现违约，承包经营权可以在合作社内流转，抵押品并不会出现很多贬值损失。另外，因为合作社帮助农户获得贷款，农户参与合作社意愿也会增强，有助于强化合作社的稳定性。

在这种抵押贷款模式中，合作社充当了信贷中间平台，提供担保，将非正规信用转换为正规信用，形成一种新的农村信贷管理机制降低金融机构的风险和管理成本。金融机构向合作社批发贷款，也降低了管理成本和抵押品处置成本。

2. 陇南实践的效果

通过反担保贷款产品创新，"三权"抵押贷款扩大了公司、合作社、协会等组织的投资。市建行采用"公司（合作社）＋基地＋农户"模式，推行"农耕文明"涉农贷款业务；武都农村合作银行研发了"协会＋农户＋银行"模式的"椒红宝"及"公司（合作社）＋基地＋农户"模式的"金橄榄"信贷产品。在此模式下，合作社（协会）为农户提供担保，农户用土地承包经营权向合作社（协会）进行反担保，有效控制了风险，取得了显著成效。全市累计发放土地承包经营权反担保贷款2.3亿元。

市农牧局要求，各县区农村土地流转服务中心及乡镇土地流转服务站要高度重视，认真负责地做好对各自区域内农村土地承包经营权流转的管理、颁证工作，指导流转双方的合同签订，并登记备案。确保土地承包经营权流转工作严格按照"依法、自愿、有偿"的政策要求进行，坚决防止因土地流转损害农民利益，进而为金融支持土地规模经营的新型农业经营主体做好全程服务。

承包经营权抵押贷款支持合作社发展

2014年7月，陇南市在农村发放土地经营承包权抵押贷款，西和县何坝镇民旺马铃薯合作社董事长郭大权是第一批贷到款的人。通过土地流转，民旺马铃薯合作社建起了产业园区，目前园区有标准化的育苗培养棚、成片的示范种植区和气派的办公大楼，占地3000多亩。

"合作社通过抵押这些土地的经营承包权，贷款360万元，专门培育马铃薯苗……"郭大权说。"在没有实施农村'三权'抵押贷款之前，这些土地是沉睡的资源，做不了抵押物。每年合作社需要钱，只能通过'五户联保'的方式，最多能贷40万元。"没有抵押物，贷不到急需的资金，是郭大权这几年的切身感受。

市建行采用"合作社＋基地＋农户"的涉农贷款模式，为武都区裕春茶叶农民专业合作社的社员提供了120万元的1年期贷款，用于茶叶种植、收购资金的经营周转，目前已实现投放。裕春茶叶农民专业合作社用流转过来的120亩土地承包经营权（包括地上附着物）作为抵押，并提供连带责任保证，有效解决了涉农主体抵押物缺乏的问题。

合作社社员以合作社的农地经营权为抵押获得较大额度的贷款资金，解决了前期投资和经营周转资金问题，加强了合作社的效益和凝聚力，也为大银行提供了一个服务小农户的低成本、低风险渠道。这种模式不仅增加了获得贷款的可能性，有利于农民将土地连片进行规模经营，提高土地的经营价值，进一步促进了农业产业化和组织化。

三、"三权"抵押贷款的制度保障

陇南市农村物权抵押贷款模式，与其他地区试点相比较，具有以下特色和亮点：第一，组建农村物权抵押贷款交易中心，为农户贷款提供一站式服务。在四个试点乡镇设立农村物权抵押贷款交易中心，金融机构、确权颁证机构、评估机构、抵押登记机构、资产管理公司等单位集中进驻便民大厅，根据相应职能开设办公窗口，为农户贷款提供一站式服务，方便农户、提高贷款效率。第二，完善政府增信方式，推进"三权"抵押贷款市场化运作。有别于其他试点地区将政府增信前置的模式，陇南市通过整合风险补偿金和担保两大资源，将政府增信后移，解决"三权"抵押虚化问题。第三，建立"三权"交易流转和收储制度，缓解"三权"资产处置变现难问题。很多地区在试点工作中遇到的一个最大问题是"三权"资产处置变现难。为此，陇南市建立农村产权交易中心，成立农村资产管理公司，为"三权"贷款抵押物提供交易、流转的平台，对于暂时不能交易、流转的抵押物，通过农村资产管理公司进行收储。第四，各银行创新了多种"反担保"贷款产品，由专业合作社、产业协会、集体经济组织等为农户进行担保，农户再以物权向担保方提供反担保，为"三权"优先在"三农"内部处置提供机会，进一步解决了"三权"资产处置变现难问题。

（一）构建抵押可行的制度基础

1. 扎实确权

确权包括两个方面，即明确农民的土地权属和农民可抵押的权利范围。

一是出台《陇南市农村土地承包经营权抵押贷款实施细则》（以下简称《细则》）等政策文件，明确农经等相关部门的确权颁证任务，要求对申请贷款的农户或经营主体，各县区农经局要按需、优先确权颁证。同时，加快落实农村土地承包经营权确权登记颁证工作。全市9县区共有15个乡镇，152个村，614个村民小组，正在深入开展土地承包经营权确权登记颁证试点工作，涉及3.35万农户，涉及二轮承包土地面积29.75万亩。2014年加快推进试点工作任务，为明年全面推开确权登记颁证工作积累经验。按照省的部署，力争用三年时间完成全市农村土地确权登记颁证工作，为土地经营权抵押贷款奠定坚实的基础。

二是明确作为贷款抵押物的凭证，既可以是承包权证或合同，也可以是土地流转合同。《细则》规定，"土地承包经营权权人必须取得由县级人民政府颁发的土地承包经营权证或依法签订的二轮土地承包合同书；二轮土地承包经营权证书和与其相对应的二轮土地承包合同书具有同等法律效力，都可以作为贷款抵押物。"另外，"专业大户、农民专业合作社、家庭农场、农头企业等经营主体流转的农户承包土地，以农村土地承包经营权流转合同为抵押物；签订的土地流转合同必须经过村组、乡镇农业承包合同管理部门鉴证或公证部门公证，经过鉴证或公证的土地承包经营权流转合同，可以作为贷款抵押物。"最后，《细则》还规定，"贷款期限不能超过二轮土地承包合同的剩余年限。"武都区柏林乡，3000多户颁发他项权证。

2. 明确部门登记管理职责

办理"三权"抵押贷款首先要通过抵押登记取得他项权证。通过以市政府办发文的形式，明确了林权、土地承包经营权、宅基地使用权、农村居民房屋产权抵押登记机关分别为林业、农牧、国土和建设等行政主管部门。同时，要求各部门要结合实际，落实出台"三权"抵押贷款登记管理实施细则，完善抵押登记办法，简化登记程序，提高办理效率。各相关主管部门在便民服务大厅设有窗口，负责抵押登记手续和受理还款后抵押注销登记。

3. 缓释"三权"抵押贷款的法律风险

根据 2014 年中央 1 号文件对"三权"抵押贷款方面的要求，陇南市在积极探索的过程中，进一步补充完善相关政策，明确"三权"抵押的有效性。同时，要求县区法院要依法受理和稳妥审理、执行涉及"三权"抵押贷款的案件，依法保障金融债权，切实维护各方合法利益。

（二）强化抵押资产资本化的市场基础

1. 建设农村产权交易平台

农村资产能否抵押关键在于抵押品是否有价值、有市场。通过出台《陇南市农村产权交易试点工作实施方案》等政策文件，要求逐步建立县、乡两级农村产权交易服务平台，规范农村产权交易程序和交易行为，搭建专门的"三权"交易平台，让农民的产权得以顺畅地流转变现，提高资产使用效率和运转速度。西和、成县分别在何坝镇和小川镇挂牌成立了农村物权交易中心，启动了土地承包经营权交易工作；武都区农村产权交易中心正在积极筹建中。

2. 助推评估机构建设

引导抵押物价值评估体系建设。出台《陇南市"三权"抵押贷款实施方案》、《陇南市成立农村物权抵押贷款交易中心试点工作方案》等政策文件，要求市林业局、市农牧局、市国土局、市建设局等部门，通过整合现有评估机构资源、组建等多种形式，分别牵头负责林权、土地承包经营权、宅基地使用权、农村居民房屋产权评估机构的建设和引进工作；并建议经办银行对单笔额度不高的农村物权抵押贷款进行自行评估。

指导评估规范。《细则》规定，"银行业机构可通过协商评估、自行评估、评估公司评估等方式确定抵押物价值；各县区农经局制定并公布本区域内农村土地承包经营权及附着物评估基准价格（最低保护价）。""贷款金额在 50 万元以内的，其抵押物价值认定原则上可由借贷双方协商确定；贷款金额高于 50 万元的，可委托有资质的专业评估机构评估，评估费按最低标准执行。"

（三）建立市场保护与风险保障机制

1. 成立农村资产管理公司

通过以市政府办发文的形式，要求各县区成立由政府控股的农村资产管理公司。《细则》规定，借款人到期无法偿还债务的，银行可与借款人（抵押人）协商处置抵押物，处置所得价款由银行优先受偿，其超过债权数额的部分归借款人所有，不足部分由借款人继续清偿；借贷双方协商不成的，根据三方协议，农村资产管理公司对抵押物进行收储，农村资产管理公司和经办银行按6:4对银行贷款本息进行代偿。农村资产管理公司通过农村产权交易平台对收储的土地承包经营权进行再流转，土地承包经营权优先在本集体经济组织内部进行流转交易。

对于"三权"抵押贷款试点工作得以成功开展，农村资产管理公司发挥了基础性作用。由于金融机构与借款者存在严重的信息不对称，金融机构就必须以很高的利息和其他好处（风险升水）弥补高风险，这样容易把那些只具有平均利润率的贷款项目排除在外，反而只有冒险或早已决定赖账的项目才能接受。首先，农村资产管理公司降低了"三权"抵押贷款的逆向选择问题。通过明确地承诺对银行贷款损失本息进行部分偿付，农村资产管理公司托住了银行的潜在风险损失，使银行以更低的利息和更方便的贷款手续服务农户、合作社等主体。其次，农村资产管理公司以政府信用作为背书，以较少的财政资金，撬动了大量金融资金，促进了农村金融市场发育。

2. 建立配套保险机制

引导涉农保险公司创新涉农保险产品，扩大种植业、养殖业、林业保险业务范围。推进涉农信贷和保险合作，鼓励借款人对"三权"抵押物进行投保，建立抵押物风险保障机制，以减少银行风险。

3. 政治动员和组织协调

陇南市各级党委政府、各相关单位都被充分动员起来，协同开展农村物权抵押贷款制度创新。政府市政府成立"三权"抵押贷款工作领导小组，由市委分管领导任组长，市政府分管领导任副组长，市中级法院、市政府金融办、发展改革委、财政局、国土资源局、建设局、规划局、农牧局、林业局、人行陇南市中心支行、陇南银监分局等部门负责人为成员。领导小组负责"三权"抵押贷款工作的组织、协调、指导和督查，领导小组下设办公室，设在市政府金融办，负责日常工作。

各县区相应成立工作领导小组，建立"主要领导亲自抓、分管领导具体抓"的工作机制，坚持典型示范、全面推进的原则，做好贷款服务，有力确保"三权"抵押贷款工作顺利推进。

将"三权"抵押贷款工作纳入市政府年度工作考核体系，由市金融办负责考核，对"三权"抵押贷款工作排名靠前的县区提请市政府进行表彰奖励。将"三权"抵押贷款工作纳入市长金融奖评定体系，鼓励各县区和银行业机构积极推进"三权"抵押贷款工作。人行陇南市中心支行把"三权"抵押贷款工作纳入综合考评考核；陇南银监分局按照涉农贷款监管政策的相关规定，对"三权"抵押贷款实行有区别的信贷管理和考核政策。

四、问题与对策

（一）确权滞后制约"三权"抵押贷款工作

确权是抵押的逻辑和现实前提，土地确权是"三权"抵押贷款的基础。土地、房屋、经济组织的股份等，都能在未来产生较稳定的收益，"三权"抵押贷款可以把未来的收益作为抵押，换取当前可以利用的资金进行农业现代化投资，激活农业发展。然而，要把未来的权利变现，需要对这些权利有清晰的界定和牢靠的保护，农地确权颁证就是给一个可信的法律凭证，让交易各方都清楚明白。只有持有效的法律凭证，农地的相关权利才可能被银行接收为抵押物。

陇南市在"三权"抵押贷款试点地区率先推进确权工作，以农地确权为支撑推广抵押贷款试点，两项工作都能得到以较低成本开展，也让农户享受到了确权的实惠。所以，未来政府应该加快确权、扎实确权，为抵押贷款工作打好基础。确权要想扎实、迅速，就必须调动农民和基层干部的积极性，就必须在确权之前就让各方都清楚一个法律凭证的巨大好处，应该加大对抵押贷款的宣传力度，让农民清楚确权的好处以调动农民积极性。

（二）抵押土地分散化管理难、处置难影响银行积极性

许多申请"三权"抵押贷款的农户，所抵押经营权对应的土地大

多较为细碎分散，难以估价和处置。

一是推进农村产权交易市场建设，加强价格发现功能。"三权"要向成功获得抵押贷款，除了确定清楚权利为何，还要有较低的信息费用和交易费用，发现"三权"价值几何。在农村产权市场发育初期，政府的角色至关重要。一方面，政府需要直接介入市场，例如以政策和优惠措施培育农村产权评估主体、建设产权评估体系、成立农村资产管理公司；另一方面，政府要建设和维护市场体系，例如建设产权交易平台、明确各部门管理责任等。陇南市通过有效地组织协调，政府较好地发挥了把市场"扶上马、送一程"的积极作用。

二是完善农村产权交易中心运作，探索建立"三权"抵押贷款管理信息系统。健全农村产权交易中心交易规则，规范交易流程，完善交易功能，加强交易监管，促进农村产权依法规范流转，维护交易主体的合法权益。同时，参考房地产交易管理信息系统，在完善流程的前提下，建立"三权"抵押贷款管理信息系统，不断深化为民服务，优化办事流程，使"三权"抵押贷款流转交易功能得到真正发挥。

三是加强农村资产经营管理公司对抵押土地运作能力，对农地进行集中化的开垦、平整、修复以及农业现代化生产的基础设施开发建设，提高土地的生产力，进而盘活耕地资源、提升土地价值。

四是积极协调金融部门，争取更多的政策支持。对接人行兰州中支、省银监局等金融监管部门，争取省银监局出台适合"三权"抵押融资特点的差异化监管政策，适当提高"三权"抵押贷款风险容忍度。协调相关银行业机构向上级行争取更多的试点倾斜政策。目前，农业银行总行已出台了农村土地承包经营权抵押贷款管理办法（试行），将陇南市礼县确定为试点县。陇南市将进一步加强与省、市农业银行的衔接，协助农业银行做好礼县的试点工作。

（三）贷款期限过短，难以支持回报周期长的农业投资

技术改进、土壤改良、设施建设等现代农业投资，初次投资金额大、收回成本需要数年甚至十几年，然而目前"三权"抵押贷款的期限仍然以一年为主。在条件成熟时，应积极支持农村资产管理公司利用抵押资产或股权再融资，政府信用支持引导金融资本流向农村；融资资金用于对发放农地抵押贷款的金融机构，发放批发贷款。

大力推动政策金融通过抵押贷款发挥支农作用。抵押贷款的本质是把未来稳定的收益权利变现，政策金融也可以利用这个工具。农村的道路、水利、设施建设、土地平整和改良等，对农地生产非常重要，但苦于资金不济一直落后衰败。农地生产率提高是农民增收、农业发展、国家粮食安全的核心，既能产生当前的利益，又有"功在当代、利在千秋"的长期社会效益。其中，政策金融支持理应当仁不让，支持企业、合作社、大户投资于受益面广、回报期长、社会效益大的建设。

（四）贷款风险防范的前置和后端保护相结合

加强贷前审核，贷款仍然是以信用和发展项目为基础，抵押只是作为制度操作上的保障。

一是发挥"三权"抵押贷款在农村信贷市场的主渠道作用。将发挥"三权"的抵押担保功能和落实"双联贷""妇小贷""双业贷款"等惠农信贷政策相结合，农户利用"三权"对惠农贷款进行抵押担保，整合农村信贷资源，推动农户诚信意识进一步增强，有效降低银行贷款风险降低。

二是鼓励合作社互助金融发展，并与正规金融合作共赢。合作社与农户的信息不对称，远远小于正规金融机构与农户，在信用评价、

项目评估、资产处置等方面又具有更"接地气"的组织优势。未来，应该鼓励合作社办互助金融，并且逐渐升级扩大到乡镇、县、市的联合合作社与互助金融。另一方面，应该加大正规金融与合作社金融的结合，例如陇南市"合作社＋农户"的"三权"抵押贷款，合作社为担保中介，顺利实现金融支农。

三是加强保险和农业支持政策支持，确保经营项目顺利发展，以农业保险来分散经营失败者与金融机构的风险。在有效的保障和支持体系下，"三权"抵押贷款极少会到真正需要处置资产的地步。

执笔人：董　玄

新型农业经营主体的信贷需求调查
（调查问卷）

调查地：_____省（自治区、市）_____市（地区）

_____县（市、区）_____乡（镇、街道）村（社区）

受访者：

姓名：_____；电话/手机：_____

调查者：

姓名：_____；电话/手机：_____

调查日期：_____年_____月_____日

A. 新型经营主体的基本特征

A01 贵经营主体属于什么类型？_____（可多选）

    ［1］专业大户　　　　　　［2］家庭农场

    ［3］农业生产企业　　　　［4］合作社

    ［5］一般农户　　　　　　［6］其他，请说明_____

A02 开始实现规模化经营的时间是_____年

A03 是否有工商注册_____（［1］是；［2］否）；注册的时间

_____年

A04 主要经营项目种类_____

[1] 粮食 　　　　　[2] 蔬菜

[3] 水果 　　　　　[4] 花卉苗木

[5] 养殖 　　　　　[6] 其他，请说明_____

A041 具体种植和养殖的产品包括_____

_____（请填写具体名称）

A05 该经营主体负责人（户主）信息：

A051 年龄_____岁

A052 性别_____（[1] 男；[2] 女）

A053 受教育水平_____（填写编码）

[1] 未上学 　　　　　[2] 小学

[3] 初中 　　　　　[4] 高中/中专/技校

[5] 大专/高职 　　　　　[6] 本科

[7] 研究生及以上

A054 在此之前从事什么职业？_____

[1] 专业务农 　　　　　[2] 自营工商业

[3] 农林产品销售 　　　　　[4] 工业企业

[5] 房地产企业

[6] 科技型企业（包括信息技术、生物技术等）

[7] 金融机构 　　　　　[8] 政府/事业单位；

[9] 其他，请说明_____

A055 是否党员_____（[1] 是；[2] 否）

A056 是否本村、乡（镇）人_____（[1] 是；[2] 否）

A057 是否是或曾经担任村干部_____（[1] 现在是；[2]

曾经是；［3］否）

  A058 是否退伍军人_____（［1］是；［2］否）

A06 该经营主体创立时的出资主体是？_____

  ［1］农户家庭独资   ［2］多个农户家庭合资

  ［3］农户入股   ［4］企业投资；

  ［5］私人老板独资   ［6］多人（非农户）合伙投资

  ［7］其他，请说明_____

B. 土地利用情况

B01 目前实际经营的土地面积_____亩，其中自有承包地_____亩。

  其中：有设施（包括大棚、温室）种植的面积_____亩；

  畜禽舍/水产养殖的生产设施用地面积_____亩；

  仓库、管理和生活用房及配套基础设施面积_____亩。

B02 流转获得的土地是否获得政府颁发的土地经营权证？_____

  ［1］是；［2］否（跳转至 B03）

  B021 经营权证实际核发的经营面积为_____亩

B03 经营土地是如何获得的_____

  ［1］与村民自行协商转让 ［2］土地入股合作

  ［3］由村集体帮助协调转让

  ［4］由村集体集中后统一发包转让

  ［5］通过土地流转服务中介转让［6］其他，请说明_____

B04 土地流转或入股合同订立的时间是_____年，

  B041 合同规定的土地经营使用权的期限是_____年；

  B042 如果土地是租赁，转入土地的年租金是每亩_____元

（如粮食请换算），需要一次性缴纳多长时间的租金，即一次付
_____年的租金（B043）；

B044 如果是土地入股（否则跳转至 B05），请回答：2013 年每亩
土地每年的分红_____元。

B05 当前经营的土地是否集中连片（即能够实现规模化经营）？_____
[1] 是；[2] 否

B051 经营土地分散在几个地块_____块，各自的面积分别
是：地块 1 _____亩；地块 2 _____亩；地块 3
_____亩；地块 4 _____亩；地块 5 _____亩（如
果不止 5 块地，填写最大的 5 块地）。

C. 生产经营情况

C01 生产经营的劳动力投入：

C011 家庭或合伙成员投入的劳动力数量_____人；

C012 雇佣的农业工人_____人；C013 承包给_____户
农户经营。

C02 当前自有的农业生产设备数量_____台，总资产价值
_____万元，具体设备的名称是_____。

C03 2012 年的净利润是 _____万元，2013 年的净利润是
_____万元，2014 年预计净利润能有_____万元。

C04 近 3 年的生产投资情况（单位：元）C0301_ 2012 – C0314_ 2014

	2012 年	2013 年	2014 年
01 购买生产设备			
02 建生产性房舍（畜舍、厂房、仓库等）			
03 租用土地支出			

续表

	2012 年	2013 年	2014 年
04 生产设施改造（大棚、温室、灌溉等）			
05 买种苗/种畜禽			
06 购买农药化肥			
07 租用农机设备			
08 饲料/兽药/防疫			
09 购买农膜、套袋等			
10 水/电/燃料费			
11 雇工支出			
12 税收支出			
13 农业保险保费支出			
14 其他（请说明_____）			

注：2014 年的生产投资是预计全年的生产投资，请根据已经发生的投入以及按照常规情况还可能发生的投入进行估算。

C05 近 3 年的毛收入（不扣除经营成本）情况（单位：元）C0401_ 2012 – C0408_ 2014

	2012 年	2013 年	2014 年
01 粮食作物种植收入			
02 经济作物种植收入			
03 养殖业收入			
04 工商经营收入			
05 房屋土地出售或租赁收入			
06 政府支持生产的补贴与奖励			
07 其中：农业保险保费补贴			
08 其他（请指出：）			

注：2014 年的收入是预计全年收入，请根据当前的生产情况和市场价格趋势，大致估算全年能够实现的价值。

C06 生产的产品是如何销售？_____

［1］商贩来收购　　　　　　［2］加工企业收购

［3］合作社/协会组织统一销售　［4］直送超市

［5］网络电商平台　　　　　　［6］消费者直接订购

［7］消费者来观光、采摘　　　［8］自有直营店

［9］其他，请说明＿＿＿＿＿＿

C07 通过统一购销、生产服务、技术支持等方式与＿＿＿＿＿＿户农户
有业务关联。

D. 金融需求行为

D01 是否以农村土地使用权或住房为抵押申请过贷款？＿＿＿＿＿＿

（可多选）

［1］没有（跳转至 D05）

［2］以农村承包土地经营权或收益权（回答 D02 部分）

［3］以农村住房（回答 D03 部分）

D02 农村承包土地经营权抵押贷款获得的时间是＿＿＿＿＿＿年，获得
的贷款金额是＿＿＿＿＿＿万元，贷款期限＿＿＿＿＿＿年，年利率
约合＿＿＿＿＿＿%。

D021 用于贷款抵押的农村承包经营权面积＿＿＿＿＿＿亩，剩余经
营期限＿＿＿＿＿＿年，评估价值＿＿＿＿＿＿万元，评估、中介等
费用＿＿＿＿＿＿元。

D022 贷款评估时是否考虑地上附着物的价值＿＿＿＿＿＿（［1］是；
［2］否），计入评估价值的地上附着物具体有什么（请说明）
＿＿＿＿＿＿，评估价值为＿＿＿＿＿＿万元。

D023 该笔贷款的用途是＿＿＿＿＿＿（可多选）

［1］农业生产基础设施建设投资

　　[2] 购置农业机械设备　　　　[3] 支付土地租金

　　[4] 引进新技术、新品种等

　　[5] 购买化肥、饲料、农膜等农业生产资料

　　[6] 支付人员工资　　　　　　[7] 工商业创业投资

　　[8] 其他，请说明＿＿＿＿＿＿

　　D024 该笔贷款是否已经或者能够按期偿还＿＿＿＿＿

　　[1] 还未到期，但肯定能够偿还

　　[2] 还未到期，还款还存在不确定性

　　[3] 已经到期还款

D03 农村住房抵押贷款获得的时间是＿＿＿＿＿＿年，获得的贷款金额是 ＿＿＿＿＿＿ 万元，贷款期限 ＿＿＿＿＿＿ 年，年利率约合＿＿＿＿＿＿％。

　　D031 用于贷款抵押的农村住房面积＿＿＿＿＿＿平方米，宅基地占地面积＿＿＿＿＿＿亩，评估价值＿＿＿＿＿＿万元，评估、中介等费用＿＿＿＿＿＿元。

　　D032 该笔贷款的用途是＿＿＿＿＿＿（可多选）

　　[1] 农业生产基础设施建设投资[2] 购置农业机械设备

　　[3] 支付土地租金　　　　　　[4] 引进新技术、新品种等

　　[5] 购买化肥、饲料、农膜等农业生产资料

　　[6] 支付人员工资　　　　　　[7] 工商业创业投资

　　[8] 其他，请说明＿＿＿＿＿＿

　　D033 该笔贷款是否已经或者能够按期偿还＿＿＿＿＿

　　[1] 还未到期，但肯定能够偿还

　　[2] 还未到期，还款还存在不确定性

　　[3] 已经到期还款

D04 如果上述农村土地使用权或住房抵押贷款不能偿还，您将会怎么办？＿＿＿＿＿＿（也可自行描述）

[1] 放弃土地、房产及相关附着物，任凭银行处置

[2] 想方设法筹集资金还上

[3] 继续偿还利息和支付租金，希望银行贷款延期

[4] 其他，请说明＿＿＿＿＿＿

D05 除了上述农地抵押贷款外，近 4 年内是否还有其他的借款或贷款＿＿＿＿＿＿

[1] 是；[2] 否（跳转至 D06）

D051 除了上述农地抵押贷款外，其他的借款或贷款的总额是＿＿＿＿＿＿万元。

D06 到目前为止，该经营组织（包括法人及负责人个人）的负债余额（即未偿还借款）还有＿＿＿＿＿＿万元。

D07 已有的所有借款是否能够满足你的生产发展的需要？＿＿＿＿＿＿

[1] 是（跳转至 D08）；[2] 否

D071 您还需要＿＿＿＿＿＿万元贷款才能更好地满足生产发展的需要？

D08 您最希望能够用于抵押申请贷款的资产是什么？＿＿＿＿＿＿

[1] 农村土地经营权　　　　[2] 农村住房

[3] 农村集体建设用地　　　[4] 农业机械设备

[5] 农业生产性设施（包括大棚、畜舍、鱼塘、灌溉设施及其他辅助基础设施）

[6] 预订订单　　　　　　　[7] 保险保单

[8] 其他，请说明＿＿＿＿＿＿

D09 请你具体说明一下 2011 – 2014 年期间金额最大的三笔借款的

情况：

D091 第一笔借款的情况：

1）借款的时间_____年，借款金额是_____万元，借款期限_____月，年利率约合_____％。

2）借款的来源是_____

[1] 农村信用社   [2] 农业银行

[3] 村镇银行   [4] 其他银行

[5] 小额贷款公司   [6] 资金互助社

[7] 亲戚朋友   [8] 民间高利贷

[9] 其他，请说明_____

3）借款的用途是_____

[1] 农业生产基础设施建设投资 [2] 购置农业机械设备

[3] 支付土地租金   [4] 引进新技术、新品种等

[5] 购买化肥、饲料、农膜等农业生产资料；

[6] 支付人员工资   [7] 工商业创业投资

[8] 家庭消费   [9] 归还其他贷款

[10] 其他，请说明_____

4）借款是否需要抵押或担保_____

[1] 都不需要

[2] 需要抵押，抵押物是_____（①城市房产；②个人汽车；③有价证券；④其他）

[3] 需要担保，由谁担保_____（①亲戚朋友；②乡村干部；③合作社社员；④小组联保；⑤担保公司；⑥其他，请说明_____）

D092 第二笔借款的情况：

1）借款的时间_____年，借款金额是_____万元，借款期限_____月，年利率约合_____％。

2）借款的来源是_____

[1] 农村信用社　　　　　　[2] 农业银行

[3] 村镇银行　　　　　　　[4] 其他银行

[5] 小额贷款公司　　　　　[6] 资金互助社

[7] 亲戚朋友　　　　　　　[8] 民间高利贷

[9] 其他，请说明_____

3）借款的用途是_____

[1] 农业生产基础设施建设投资[2] 购置农业机械设备

[3] 支付土地租金　　　　　[4] 引进新技术、新品种等

[5] 购买化肥、饲料、农膜等农业生产资料；

[6] 支付人员工资　　　　　[7] 工商业创业投资

[8] 家庭消费　　　　　　　[9] 归还其他贷款

[10] 其他，请说明_____

4）借款是否需要抵押或担保_____

[1] 都不需要；

[2] 需要抵押，抵押物是_____（①城市房产；②个人汽车；③有价证券；④其他）

[3] 需要担保，由谁担保_____（①亲戚朋友；②乡村干部；③合作社社员；④小组联保；⑤担保公司；⑥其他，请说明_____）

D093 第三笔贷款情况：

1）借款的时间_____年，借款金额是_____万元，借款期限_____月，年利率约合_____％。

2）借款的来源是_____

[1] 农村信用社 　　　[2] 农业银行

[3] 村镇银行 　　　[4] 其他银行

[5] 小额贷款公司 　　[6] 资金互助社

[7] 亲戚朋友 　　　[8] 民间高利贷

[9] 其他，请说明_____

3）借款的用途是_____

[1] 农业生产基础设施建设投资 [2] 购置农业机械设备

[3] 支付土地租金 　　[4] 引进新技术、新品种等

[5] 购买化肥、饲料、农膜等农业生产资料；

[6] 支付人员工资 　　[7] 工商业创业投资

[8] 家庭消费 　　　[9] 归还其他贷款

[10] 其他，请说明_____

4）借款是否需要抵押或担保_____

[1] 都不需要

[2] 需要抵押，抵押物是_____（①城市房产；②个人汽车；③有价证券；④其他）

[3] 需要担保，由谁担保_____（①亲戚朋友；②乡村干部；③合作社社员；④小组联保；⑤担保公司；⑥其他，请说明_____）

参考文献 References

[1] Brent Gloy, Land Values: Current and Future Prospects, Farm Credit Administration Regulators' Roundtable on Farm Real Estate Collateral Risk, 2011

[2] Brian C. Briggeman, Farmland Booms and Busts: Will the Cycle be Broken?, Kansas Society of Farm Managers and Rural Appraisers, 2012

[3] Charles W. Calomiris, Glenn Hubbard and James H. Stock, The Farm Debt Crisis and Public Policy, Brookings Papers on Economic Activity, 2, 1986

[4] Deininger, K. , Land policies for growth and poverty reduction. A World Bank Research Report. New York: World Bank and OxfordUniversity Press, 2003

[5] Farm Credit Administration, Annual Report of Farm Credit System 2013

[6] Farm Credit Administration, Annual Report of Farm Credit System 2003

[7] Farmer Mac, Farmer Mac Annual Report (2014 10 – K), 2015

[8] Feder G, and A. Nishio, The benefit of land registration and titling: Economic and social perspectives. Land Use Policy. 1998, 15 (1), 25 – 43

[9] Harold Derrick, U. S. Agricultural Real Estate Trends: 1994 – 1999, Farm Credit Administration, Office of Examination, 1999

[10] Lerman, Z, C. Csaki, and G. Feder, Land policies and evolving farm structures in transition countries. World Bank Working paper 279, 2002

[11] Mitch Morehart, Farm Real Estate Collateral: Trends in Debts, Leverage, and

[12] Nickerson, Cynthia, Mitchell Morehart, Todd Kuethe, Jayson Beckman, Jennifer Ifft, and Ryan Williams. Trends in U. S. Farmland Values andOwnership. EIB – 92. U. S. Dept. of Agriculture, Econ. Res. Serv. February 2012

[13] Prospects for Future IncomeGrowth, Farm Credit AdministrationRegulators Roundtable, 2011

[14] Raghuram G. Rajan and Rodney Ramcharan, Land and Credit: A Study of the Political Economy of Banking in the United States in the Early 20th Century, NBER Working Paper 15083, 2009

[15] Raymond J. Saulnier et al. , Agricultural Credit Programs, in Federal Lending and Loan Insurance, Princeton University Press, 1958

[16] Robert Coleman and John Moore, Farmland Values and Collateral Risk Guidance, 2010

[17] Soto, H. D. , The Mystery of Capital: Why Capitalism Triumphs in the West and Fails Everywhere Else, New York: Basic Books Press, 2000

[18] U. S. General Audit Office, FARMER MAC: Some Progress Made, but Greater Attention to Risk Management, Mission, and Corporate Governance Is Needed, GAO Highlights, 2004 – 04 – 116

[19] USDA, Land Values Summary 2000, 2004, 2009, 2013, National Agricultural Statistics Service

[20] 藏波, 杨庆媛, 周滔. 农村土地收益权证券化的农户意愿及其影响因素——基于重庆市11个典型村的调研. 中国人口·资源与环境, 2013 – 23 – 6

[21] 曾庆芬. 产权改革背景下农村居民产权融资意愿的实证研究——以成都"试验区"为个案. 中央财经大学学报, 2010 (11)

[22] 陈保基. 农业委员会业务报告. 农政与农情, 2012 (238)

[23] 陈建智. 专访农地银行幕后推手农委会处处长廖安定. 丰年, 2009 (4)

[24] 陈锡文. 农地抵押贷款不宜在我国普遍推广. 半月谈, 2010 (4)

[25] 陈锡文. 土地承包权和宅基地抵押应慎行. 农村工作通讯, 2009 (10)

[26] 陈锡文. 应准确把握农村土地制度改革新部署. 中国党政干部论坛, 2014 (1)

[27] 党国英. 关于农村土地产权改革的若干认识与操作问题. 中共杭州市委党校学报, 2014 (1)

[28] 邓昂. 基于信托制度的农村土地流转制度改革路径探析. 农业经济, 2013 (8)

[29] 高杨. 进一步加强农村土地承包经营权流转管理和服务工作. 农民日报, 2011 – 8 – 22

[30] 郭继. 土地承包经营权抵押的实践困境与现实出路——基于法社会学的分析. 法商研究, 2010 (5)

[31] 韩俊. 赋予农民更加完整的土地财产权. 新世纪, 2013 – 6 – 24

[32] 韩俊. 尊重农民的土地财产权利. 理论视野, 2004 (3)

[33] 黄庆杰, 王新. 农村集体建设用地流转的现状、问题与对策——以北京市为例. 中国农村经济, 2007 (1)

[34] 黄守宏, 叶兴庆, 张顺喜, 李攀辉. 关于"三权"抵押贷款问题的调查与建议. 国务院研究室调研报告, 2013 – 6 – 20

[35] 惠献波. 农村土地抵押融资实践模式的探索与路径选择——基于农地金融试点的实证观察. 西南金融, 2014 (3)

[36] 金媛，林乐芬．规模经营、农地抵押与产权变革催生：598 个农户样本．改革，2012（9）

[37] 李树杰，牛国艳．美国农业金融体制演变研究．金融教学与研究，2002（1）

[38] 李伟伟，张云华．土地承包经营权抵押标的及其贷款操作：11 省（区、市）个案．改革，
2011（12）

[39] 李文龙等．农村土地经营使用权抵押的枣庄模式．金融时报，2010 – 5 – 29

[40] 廖安定．台湾农地改革政策的回顾与展望．农政与农情，2008（193）

[41] 廖安定．新农业运动——"农地银行"之建置与推动．农政与农情，2007（180）

[42] 林乐芬，赵倩．推进农村土地金融制度创新——基于农村土地承包经营权抵押贷款．学海，
2009（5）

[43] 刘明尧，丁文，彭中．土地流转的鄂州模式：释放农地金融活力的典范．农村金融研究，
2014（2）

[44] 刘攀．我国农村土地使用权流转融资模式选择——基于金融功能视角．农村金融，2011（6）

[45] 刘奇．农地抵押贷款的困境．中国金融，2014（5）

[46] 刘盈，申彩霞．农村土地抵押融资需求调查及影响因素分析——以重庆市开县、忠县为例．
安徽农业科学，2010（9）

[47] 陆磊．撬动土地金融创新的"键钮"．中国农村金融，2014（10）

[48] 罗剑朝，杨婷怡．农村产权抵押融资试验典型模式比较研究．农村金融研究，2014（6）

[49] 罗剑朝，庸晖，庞玺成．农地抵押融资运行模式国际比较及其启示．中国农村经济，2015
（3）

[50] 马九杰，周向阳，蒋逸，张永升．土地流转、财产权信托与农业供应链金融创新——龙江银
行"五里明模式"剖析．银行家，2011（11）

[51] 马九杰，周向阳，陆建云．担保抵押制度改革与农村金融产品及服务创新．沈阳农业大学学
报（社会科学版），2011（6）

[52] 马义华．农村土地产权流转制度的缺陷与农地证券化选择．改革与战略，2011（2）

[53] 农业委员会．推动"小地主大佃农"政策执行方案，2009 – 5 – 27

[54] 蒲坚等．解放土地．北京：中信出版社，2013

[55] 邱继勤，邱道持．王平．农村土地抵押贷款面临的挑战与政策检讨——以重庆市开县为例．
农村经济，2012（2）

[56] 阮建青．中国农村土地制度的困境、实践与改革思路——"土地制度与发展"国际研讨会
综述．中国农村经济，2011（7）

[57] 沈月娣，汪建丰．农村土地流转制度改革创新研究．农业经济，2010（7）

[58] 施玉明．农村集体资产抵押贷款法律问题初探．现代金融，2002（7）

[59] 孙文生，刘蓉．风景这边独好：统筹城乡科学发展的杨凌实践．陕西日报，2012 – 08 – 01

（14）

[60] 田新元. 农地确权将加快土地改革步伐. 中国改革报, 2013 - 8 - 5

[61] 万广军, 杨遂全. 农村产权抵押融资的抵押物研究. 经济体制改革, 2011 (2)

[62] 汪小亚. 关于农村土地经营权抵押贷款问题的研究. 中国金融, 2009 (6)

[63] 王冠玺. 从法律视角谈我国农村土地融资的相关问题与建议. 财政研究, 2010 (8)

[64] 王利明. 中国物权法草案建议稿及说明. 北京: 中国法制出版社, 2001

[65] 王兴稳, 纪月清. 农地产权、农地价值与农地抵押融资———基于农村信贷员的调查研究.
     南京农业大学学报（社会科学版）, 2007 (4)

[66] 王玉真. 农地银行政策”的目标. 新活水, 2008 (19)

[67] 魏碧珠, 徐宏明. “农地银行绩优农会颁奖典礼暨农地加值三加一计划发表”活动纪要. 农
     政与农情, 2011 (232)

[68] 吴海涛, 方蕾. 对杜蒙县农村土地承包经营权抵押贷款的调查与思考. 黑龙江金融, 2012
     (2)

[69] 吴红缨. 国开行重庆试点农村土地承包经营权抵押. 21 世纪经济报道, 2006 - 02 - 28

[70] 吴文杰. 论农村土地金融制度的建立与发展. 农业经济问题, 1997 (3)

[71] 吴雨冰. 农房抵押试点问题研究. 中国房地产, 2011 (11)

[72] 闫广宁. 对同心县农村信用联社开展土地承包经营权抵押贷款情况的调查与思考. 西部金
     融, 2008 (8)

[73] 杨国平, 蔡伟. 农村土地承包经营权抵押贷款模式探讨. 武汉金融, 2009 (2)

[74] 杨鸿谦. 不动产中介交易制度应用于推动农地银行作法之探讨. 土地问题研究季刊, 2008
     (4)

[75] 杨敏宗, 苏宗振. 99 年“小地主大佃农”推动成果及改进措施. 农政与农情, 2011 (225)

[76] 于丽红, 陈晋丽, 兰庆高. 农户农村土地经营权抵押融资需求意愿分析——基于辽宁省 385
     个农户的调查. 农业经济问题, 2014 (3)

[77] 于丽红, 兰庆高. 农村金融机构开展农地经营权抵押贷款的意愿——基于辽宁省沈阳市的调
     查. 农村经济, 2013 (8)

[78] 苑鹏, 杜吟棠, 吴海丽. 土地流转合作社与现代农业经营组织创新：彭州市磁峰皇城农业资
     源经营专业合作社的实践. 农村经济, 2009 (10)

[79] 张红宇. 积极稳妥开展农村土地承包经营权抵押试点. 清华大学中国农村研究院“三农”决
     策要参, 2013 (34)

[80] 张笑寒. 美国早期农地金融制度及其经验启示. 农村经济, 2007 (4)

[81] 张岩, 高雅, 张颖. 农村土地融资模式创新—土地收益抵押贷款证券化研究. 知识经济,
     2013 (17)

［82］张迎春，吕厚磊，肖小明．农村产权确权颁证后融资困境解决了吗——以成都市为例．农村经济，2012（5）

［83］张宇，陈功．农地使用权抵押贷款证券化研究．经济与管理，2010（4）

［84］张云华，李伟伟，伍振军．农民土地经营权抵押贷款值得推广——宁夏同心县土地抵押贷款调查报告．国务院发展研究中心调查研究报告，2010（163）

［85］张志铭．推动农渔会建置农地银行服务体系之成果与展望．农政与农情，2008（198）

［86］赵宏宇．农村集体建设用地使用权流转问题探析．土地市场，2012（9）

［87］赵毅，王新，胡睿宪．谈京郊农村集体土地流转问题．前线，2004（1）

［88］郑风田．土地承包经营权抵押试点利远大于弊．郑风田的博客，2009－5－15

［89］中国农业银行湖北省分行课题组．中国农村产权交易所运作模式比较研究——基于农村产权抵押融资的视角．农村金融研究，2014（6）

［90］中国物权法研究课题组．中国物权法草案建议稿：条文、说明、理由与参考立法例．北京：社会科学文献出版社，2003

［91］钟甫宁，纪月清．土地产权、非农就业机会与农户农业生产投资．经济研究，2009（12）

［92］周诚．土地经济学原理．北京：商务印书馆，2003

［93］周萍．土地信托银行视角下农村土地流转新路径．商业时代，2014（12）

［94］周萍．以信托为手段践行农村土地流转．特区经济，2014（1）

［95］周其仁．农村产权制度的新一轮改革．财新网，2011－3－4

［96］周其仁．农地产权与征地制度———中国城市化面临的重大选择．经济学（季刊），2004（1）

［97］周其仁．农地同地同价同权之我见．中国经济周刊，2005－8－30